Matthias Prinz

Bis in die letzte Instanz

MATTHIAS PRINZ

BIS IN DIE LETZTE INSTANZ

Eine Lebens- und Rechtsgeschichte

Osburg Verlag

Frontispitz:
Prinz-Porträt von Helmut Newtons Ehefrau June (Künstlername Alice Springs)

Osburg Verlag GmbH
Heimhuder Straße 81
D-20148 Hamburg
info@osburgverlag.de

Erste Auflage 2025

Lektorat: Gerd Püschel, Augustusburg
Umschlaggestaltung: Judith Hilgenstöhler, Hamburg
Satz: Hans-Jürgen Paasch, Oeste
Druck und Bindung: Print Best OÜ, Viljandi, Estland
ISBN 978-3-95510-379-8

Inhalt

I

Der plötzliche Herztod

Am 28. Oktober 2014 war ich tot. Bei meinem täglichen Morgenlauf bin ich umgefallen: Herzstillstand! Ich war in den Jahren zuvor vierzehn Marathons gelaufen, zweimal New York, zweimal Berlin, zehnmal Hamburg und habe zwei Dutzend olympische Triathlons bewältigt. Jeden Morgen lief ich um unseren Hamburger Binnensee, die Alster, siebeneinhalb Kilometer, an manchen Tagen zweimal. In den Marathonvorbereitungen bin ich manchmal über zwanzig Kilometer am Tag gelaufen, um mich an die Belastung zu gewöhnen.

An dem Tag, der mein Leben radikal veränderte, bin ich keine eineinhalb Kilometer weit gekommen. Dann habe ich meiner Frau Alexandra und unserer Tochter Antonia, die mit mir liefen, gesagt: »Mir geht's heute nicht so gut, lauft ihr mal allein weiter. Ich gehe ein wenig.« Die beiden liefen weiter. Meine Frau wunderte sich über meine ungewöhnliche Schwäche und kam zurück, um nach mir zu sehen. Ich fiel in ihren Armen um und lag am Alsteranleger Krugkoppelbrücke auf dem Boden. Alexandra versuchte, den Rettungsdienst zu alarmieren. Eine junge Lufthansa-Stewardess, die gerade vorbeijoggte, warf sich auf mich und begann eine Herzmassage, bis ihr die Knie bluteten. Sie schaffte es, mein Herz wieder zum Schlagen zu bringen, und rettete mir das Leben. Aber von der Hüfte abwärts bin ich seitdem gelähmt.

Ich, der Taekwondo-Weltmeisterschaftsteilnehmer und Schwarzgurt, Ozeanübersegler, Windsurfer, Kitesurfer, Skitourengeher, Marathonläufer, Triathlet, sitze im Rollstuhl. Seit dem Unfall sind fast elf Jahre vergangen. Elf Jahre mit Depressionen, Traurigkeit, Weinen, Selbstmitleid, aber vor allem immer mit dem klaren Ziel weiterzukämpfen: Ich will leben und wieder laufen!

Ich hatte bis zu meinem Zusammenbruch ein großartiges Leben. Spannend, bunt, fröhlich, erfolgreich. Ich war der bekannteste

Medienanwalt in Deutschland. Zu meinen Mandanten gehörten Königs- und Fürstenhäuser, weltbekannte Künstler und Schauspieler, Designer, Fotografen, Showstars, Sportler, Politiker und die Creme der deutschen Wirtschaft. Darunter so bekannte Namen wie die monegassische Fürstenfamilie, das schwedische Königshaus, der Sultan von Brunei, Karl Lagerfeld, Ferdinand Piëch, aber auch Politiker wie Gerd Schröder, Walter Scheel, Hans-Dietrich Genscher oder Jürgen Trittin. Ich vertrat Mandanten häufig aufgrund einer in den Jahren der Zusammenarbeit gewachsenen Vertrauensposition nicht nur im Medienrecht, sondern auch im Vertragsrecht, in unternehmerischen und privaten Angelegenheiten. Mehr als zehntausend mündliche Gerichtsverhandlungen habe ich in all meinen vierzig Jahren als Rechtsanwalt geführt. Die Zivilkammer 24, die Pressekammer des Hamburger Landgerichts, hatte immer freitags Sitzungstag. An diesen Freitagen habe ich manchmal zehn Verfahren und mehr verhandelt. Beklagter links, Kläger rechts. Oft blieb ich den ganzen Sitzungstag über rechts sitzen. Die Gegner auf der linken Seite, die vorwiegend größere Medienunternehmen vertraten, wechselten in jeder Verhandlung.

Mit vielen meiner Prozesse habe ich Rechtsgeschichte geschrieben und als Erster bis dahin unbekanntes juristisches Terrain betreten: im Presse- und Medienrecht – aber auch im Standes- und Verfassungsrecht. Mein berühmtestes Urteil habe ich vor dem Europäischen Gerichtshof für Menschenrechte in Straßburg erstritten: den Schutz der Privatsphäre auch für solche Personen, die im Blickpunkt der Öffentlichkeit stehen, und für deren Kinder. Paparazzi-Fotos, die Prinzessin Caroline von Monaco zeigten, wurden für rechtswidrig erklärt und durften nicht mehr veröffentlicht werden. Meine Reputation als Anwalt führte dazu, dass mir zwei Professuren verliehen wurden und ich Gründungsmitglied der Media Professional School in Berlin wurde. Zusammen mit dem Journalisten und Juristen Butz Peters verfasste ich das Buch »Medienrecht«, welches viele Jahre das Standardwerk für alle Medienrechtler war und in keiner juristischen Bibliothek fehlen durfte.

Ich lief Marathons in Hamburg, Berlin und New York, fuhr zum Kitesurfen nach China, Ägypten, Vietnam oder zu den Outer Banks in North Carolina, war Mitglied in exklusiven Vereinen wie dem Club an der Alster und dem Norddeutschen Regattaverein. Mein gesellschaftliches Leben war glamourös. Ich war gern gesehener Gast auf dem Rosen- und Rotkreuzball in Monaco, bei der Aids-Gala in der Berliner Staatsoper, beim Bundespresseball, bei Ausstellungseröffnungen, Filmpremieren und Modeschauen in Hamburg, Berlin oder Paris. Mit Prinzessin Caroline von Hannover fuhr ich Ski am Arlberg. Mit dem VW-Chef und Porsche-Enkel Ferdinand Piëch besuchte ich das 24-Stunden-Rennen in Le Mans, die Autosalons in Genf, Paris und Frankfurt, die Salzburger Festspiele und den Wiener Opernball. Der berufliche brachte auch den finanziellen Erfolg. Ich konnte mir ein Haus im vornehmen Hamburger Stadtteil Rotherbaum kaufen und machte viele Reisen.

Alles in allem also: Ein wunderschönes Leben, zwar anstrengend, aber erfolgreich, geachtet, glücklich und zufrieden. Dieses Leben hätte ich gerne ohne Rollstuhl fortgeführt.

Der nach einem Attentat querschnittsgelähmte Politiker Wolfgang Schäuble hat in einem Interview auf die Frage, was für einen Rollstuhlfahrer am schlimmsten sei, geantwortet: »Es gibt für Rollstuhlfahrer wirklich bessere Situationen, als sich mit anderen Leuten um das Büfett zu drängen, dann vielleicht auch noch von oben vollgekrümelt zu werden.« Diese Erfahrung habe ich auch gemacht. Man fühlt sich schon unterlegen, weil man mit den anderen Gästen nicht auf Ohrenhöhe ist und daher im Partylärm die Gespräche der anderen kaum hören und noch schlechter mitreden kann. Mittlerweile kenne ich auch die Behinderteneingänge der meisten Gerichte und vieler Hotels, da ich trotz Rollstuhl weiterarbeite und vor Gericht verhandele. Auch auf diese Ortskenntnisse hätte ich gerne verzichtet.

Nicht behinderte Menschen haben überhaupt keine Vorstellung, wo überall Rampen fehlen und für Menschen im Rollstuhl ein Zugang nicht möglich ist. Bei einer Beerdigung habe ich erlebt, dass ich mangels barrierefreien Zugangs weder in die Kirche noch zur anschließenden Trauerfeier gelangen konnte. Überall Treppen, aber keine Rampen.

Kindheit, Jugend und Familie

Geboren wurde ich am 27. August 1956 in Berlin. Mein Vater war Journalist, meine Mutter Fotografin. Sie waren nach dem Zweiten Weltkrieg wie viele Menschen arm. Es war nicht daran zu denken, ihr erstes Auto, einen VW-Käfer, aus irgendwelchen Rücklagen oder den laufenden Einnahmen zu bezahlen, sie mussten sich das Geld von der Bank leihen. Mein Vater, Günter Prinz, arbeitete in den Fünfzigerjahren als freier Journalist und als Polizeireporter für verschiedene Blätter, unter anderem für die Berliner Zeitungen *BZ* und *Tagesspiegel*. Er brauchte den Käfer, weil er, wie alle Polizeireporter, den Polizeifunk abhörte, und wenn ein schwerer Unfall oder ein Mord passiert war, raste er sofort zum Tatort, um darüber zu berichten. Außerdem schrieb er Serien und Reportagen zu berühmten Kriminalfällen. Wie viele junge Journalisten wurde er allein nach den Zeilen bezahlt, die aus seiner Feder stammten und tatsächlich gedruckt wurden. Ein Festgehalt war für ihn damals noch in weiter Ferne, ganz zu schweigen von der Vorstellung, dass er einst als Vorstandsvorsitzender die Geschicke des größten deutschen Zeitungsverlags bestimmen würde. Wir wohnten in der Tannenbergallee in Berlin in einer kleinen und sehr dunklen Parterrewohnung. Sechzig Jahre später bin ich noch einmal dorthin gefahren, um mir das Haus, in dem ich einen Teil meiner Kindheit verbracht hatte, anzuschauen, aber es war nicht mehr da. Ich erinnere mich daran, wie ich als kleiner Junge in meinem Bett lag, mein Vater neben mir seine Artikel tippte, mit einer alten Reiseschreibmaschine auf den Knien, und seinen schlafenden Sohn bewachte. Ein ständiger Abnehmer seiner Kriminserien war die Zeitschrift *Quick*. Diese bunte Illustrierte mit vielen Fotos war damals das konservative Gegenstück zum *Stern*. Der *Stern* war ein starker Konkurrent der *Quick* und Henri Nannen dessen fast genialer Chefredakteur. Woche für Woche buhlten die beiden Zeitschriften um die höchste Auflage. 1959 engagierte der *Quick*-Chefredakteur meinen Vater als seinen Stellvertreter und unsere kleine Familie musste von Berlin nach München übersiedeln. Ich war drei Jahre alt. Wir zogen in eine Wohnung in Bogenhausen, später in eine Doppelhaushälfte in Pasing und schließlich in unser erstes Eigenheim in Lochham bei München, wo ich auch in die Grundschule ging.

1966 wechselte mein Vater zum Axel-Springer-Verlag, der in München den Verlag Kindler und Schiermeyer (Branchenspott: Schwindler und Schmiermeyer) gekauft hatte. Er entwickelte dort später die Zeitschriften *Eltern* und *Jasmin*, »Die Zeitschrift für das Leben zu zweit«, kümmerte sich um das Teenager-Magazin *Bravo* und die Illustrierte *Revue*. Außerdem gehörte noch *Twen*, ein schickes Heft für junge Erwachsene mit spannenden Texten und eindrucksstarken Fotos, zu den Produkten der Verlagsgruppe. Mein Vater sollte das Münchner Zeitschriften-Portfolio für den Springer-Verlag weiter ausbauen. Doch dann machte die von der Bundesregierung eingesetzte Günther-Kommission, welche die negativen Folgen der Pressekonzentration in Deutschland untersuchen sollte, einen Strich durch Springers Planungen. Der breit aufgestellte Springer-Verlag, zu dem auch *Bild* und mehrere Tageszeitungen in Hamburg und Berlin gehörten, musste im Jahr 1968 *Jasmin*, *Bravo*, *Eltern* und *Twen* an den Stuttgarter Unternehmer Hans Weitpert verkaufen, dem neben dem Belser-Verlag auch eine der größten bundesdeutschen Druckereien gehörte.

Der Printjournalismus stand damals in voller Blüte. Es gab noch keine privaten Fernseh- oder Radiosender und auch das Internet war noch nicht erfunden. Zeitungen und Magazine waren, neben ARD und ZDF, die wichtigsten Informationsmedien. Morgens in der Bahn schauten die Leute nicht aufs Smartphone, sondern in

Mutter Carlotta, Vater Günter Prinz

die *Bild*-Zeitung, die sie vorher am Bahnhofskiosk gekauft hatten. Chefredakteur der in Hamburg erscheinenden *Bild* war seit 1965 Peter Boenisch, der spätere Staatssekretär und Regierungssprecher. Unter seiner Führung erzielte das Blatt täglich eine verkaufte Auflage von mehr als vier Millionen Exemplaren. Doch nach diesem Rekord sackte die Auflage ab. Das Blatt traf nicht mehr den Geschmack der Leser. Als sie unter drei Millionen Exemplare fiel, löste Axel Springer Peter Boenisch im Jahr 1971 ab und machte meinen Vater, der noch in München für die ehemaligen Springer-Blätter arbeitete, zum *Bild*-Chefredakteur.

Axel Springer war immer ein großzügiger Arbeitgeber. Wir hatten gerade das neue Haus in Lochham gekauft, die Familie ächzte unter der Hypothek. Als Springer davon Wind bekam, zahlte er meinem Vater die Resthypothek als Bonus für seine Münchner Tätigkeit. Auch das trug dazu bei, dass mein Vater sofort bereit war, die schwierige Aufgabe als *Bild*-Zeitungs-Chefredakteur zu übernehmen und nach Hamburg zu ziehen. Das bot ihm die einmalige

Matthias Prinz als Schulanfänger

Chance, zu zeigen, was er alles konnte. Am 6. August 1971 übernahm er die *Bild*-Chefredaktion, steigerte die Auflage in kurzer Zeit um eine Million Exemplare und dann weiter auf fünf Millionen. Jede mehr verkaufte Zeitung spülte zusätzliches Geld in die Springer-Kassen. Mein Vater gewann immer mehr Ansehen im Verlag. Keiner seiner Vorgänger oder Nachfolger als *Bild*-Chefredakteur hat jemals diese Auflagenhöhe erreicht. Für ihn war das ein beruflicher Triumph. Für mich war der damit verbundene Umzug nach Hamburg weniger schön, da ich in München bereits einen festen Sport- und Freundeskreis hatte. Meine beiden jüngeren Geschwister Nicola und Leo hatten mit dem Ortswechsel weniger Probleme.

Bevor die Familie meinem Vater nach Hamburg folgte, mietete er zusammen mit seinem Freund, Axel Springer junior, der unter dem Pseudonym Sven Simon ein bekannter Sportfotograf war, eine Wohnung im Stadtteil Pöseldorf. Axel war ein großartiger Fotograf und machte fantastische Sportfotos. Er hatte schon in München bei *Twen* für meinen Vater gearbeitet und zog nun mit ihm zurück nach Hamburg. Axel wurde durch einige seiner herausragenden

Fotos berühmt. Unter anderem hatte er Uwe Seeler mit hängendem Kopf nach der Niederlage gegen England im Endspiel der Fußball-Weltmeisterschaft 1966 im Stadion von Wembley fotografiert. Ein Bild, das die *Welt am Sonntag* zum Sportfoto des Jahrhunderts kürte und das heute zu den unbestreitbaren Ikonen der deutschen Sportreportage gehört. Auch Axels Foto von Willy Brandts »Kniefall von Warschau« ist legendär.

Ich, damals fünfzehn Jahre alt, besuchte meinen Vater häufig in Hamburg. Der Stadtteil Pöseldorf ist klein und fein. Die prachtvolle Villa, in der heute Jil Sander wohnt, lag gegenüber der Wohnung meines Vaters, ebenso die Hamburger Musikhochschule. Von der Wohnung aus waren es nur ein paar Schritte bis zur Alster. Wir machten dort schöne Spaziergänge und saßen abends gern in den Alt-Pöseldorfer Bierstuben, die es heute nicht mehr gibt. Die Bierstuben waren nur hundert Meter von der Wohnung entfernt und daher ideal für unsere abendlichen Treffen. Dabei erzählte er mir viel von seiner Mammutaufgabe im größten deutschen Zeitungsverlag.

Damals habe ich das erste Mal verstanden, wie wichtig Auflage ist. Wenn Axel Springer beispielsweise den Preis für ein Exemplar der *Bild-Zeitung* von fünfzig Pfennig auf eine Mark erhöhte, verdoppelte er damit seinen Umsatz aus der Anzahl an verkauften Exemplaren. Durch die Preiserhöhung verlor er aber auch an Auflage, weil viele verärgerte Kunden den höheren Preis nicht zahlen wollten und die Zeitung nicht mehr kauften. Da sich die Anzeigenpreise in der Regel an der Höhe der Auflage orientieren, bedeutet eine gefallene Auflage nicht nur weniger Verkaufserlös, sondern auch Einbußen bei den Anzeigenerlösen. Ein Verleger ist also daran interessiert, einen Chefredakteur zu haben, der möglichst viel Auflage zu einem möglichst hohen, aber vermittelbaren Einzelpreis schafft. Gleichzeitig wollen die verschiedenen Werbepartner eine anständige Produktqualität, in deren Umfeld sie sich wohlfühlen. Der Springer-Verlag erhöhte den Preis der *Bild-Zeitung* regelmäßig um fünf Pfennige oder später fünf Cents, um so die Umsätze ohne Auflagen- und Anzeigenverluste zu maximieren, aber auch auf sich ändernde Kostenstrukturen zu reagieren. Mein Vater schlief dann jedes Mal schlecht, weil er um seine Auflage fürchtete.

Für die Neukonzeption der *Bild*, die zu höheren Auflagen führen sollte, holte mein Vater sein Team aus München nach Hamburg. Das waren Redakteure, die vorher *Jasmin*, *Twen* und *Eltern* gemacht hatten und eigentlich keine Boulevardjournalisten waren. Eine Boulevardzeitung beschäftigt sich mit leichter Kost. Bestimmende Themen sind Sex, Kriminalität, Skandale, Sport, aber auch allgemeiner Klatsch und Tratsch über Prominente. Mit seinem Leitsatz, »Wir schreiben über das, worüber die Leute morgen beim Frühstück sprechen«, wies mein Vater den Weg zu auflagenstarken Themen. Die Mannschaft bestand aus fähigen Journalisten, ehrgeizig und erfahren, und produzierte in der Fuhlentwiete in Hamburg eine sehr viel leichtere und lässigere *Bild*, als sie Peter Boenisch gemacht hatte. Sie nahmen die schwere, konservative Politik raus. Stattdessen erfanden sie Aktionen wie »Ein Herz für Kinder« oder »BILD hilft«. Beide Aktionen gehörten später zum Markenkern des Blattes: dem Anspruch, »Stimme des Volkes« zu sein. Gleichzeitig machte seine politisch konservative Ausrichtung den Springer-Verlag zum Hauptgegner der Achtundsechziger-Bewegung. Während der Fußball-Europameisterschaft 1972 verkaufte *Bild* täglich über sechs Millionen Exemplare, also doppelt so viele wie unter dem Vorgänger meines Vaters. Im Verlag war Günter Prinz damit unverzichtbar geworden. In unserem neuen Familienhaus im grünen Elbvorort Rissen sahen wir ihn kaum.

Mein Vater liebte Gärten und das Gärtnern und so hatten wir schon in einem der Münchener Vororte ein kleines Häuschen mit Garten. In Rissen wurde der Garten dann entsprechend größer. Ich kannte meinen Vater in dieser Zeit eigentlich nur in Gummistiefeln, denn, wann immer er in unserem Hamburger Garten war, hatte er Gummistiefel an und einen Spaten in der Hand. Als Sabine Neidhardt später meine Kanzlei-Partnerin wurde und das erste Mal meine Eltern und mich besuchte, war sie erstaunt, dass der

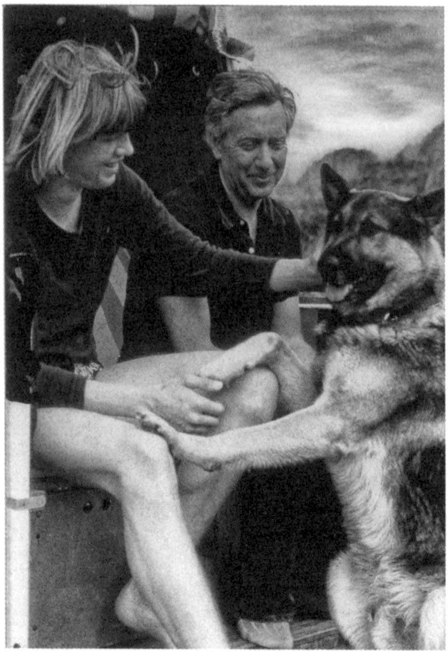

Mit Vater und Lieblingshund Armin

nette Gärtner, der doch vorher in schmutziger Arbeitskleidung im Garten herumgeschlurft war, beim Mittagessen mit am Tisch saß und sich als Günter Prinz zu erkennen gab. Das hat sie mir zum Tod meines Vaters vor fünf Jahren noch einmal geschrieben. Und ich habe mich dann wieder an diese Geschichte erinnert, wie wir damals am Tisch saßen und herzlich lachen mussten. Das war bei weitem nicht der einzige Fall, in dem mein Vater für den Gärtner gehalten wurde.

Die Hamburger Elbvororte haben im Gegensatz zu den Stadtteilen an der Alster den Nachteil, dass sie sehr weit draußen liegen. Man muss fünfundvierzig Minuten mit der Bahn fahren, bis man in der Stadt ist, und irgendwann auch wieder zurück. Ich fand es grauenhaft, aber meine Eltern liebten das Leben im Grünen. Ich war damals fünfzehn und kümmerte mich in dieser Zeit mehr und mehr um mein Taekwondo-Training. Bei meinen

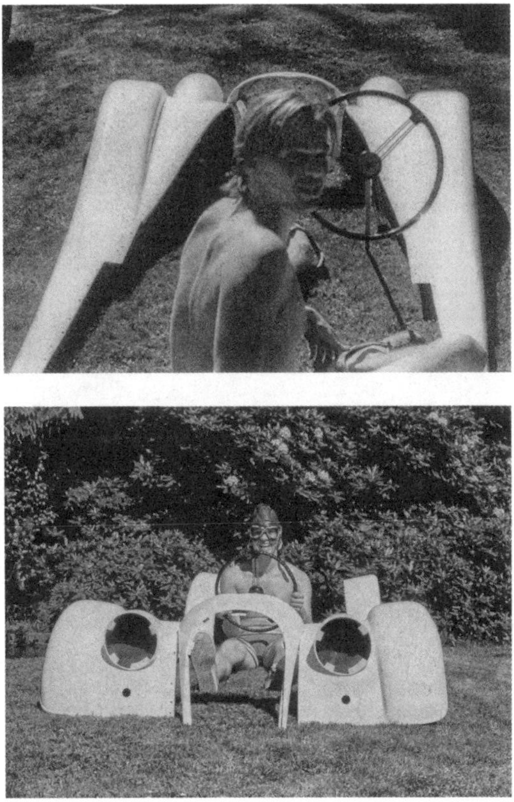

Im entkernten Sportwagen: Den Morgan im elterlichen Garten fachgerecht zerlegt, verzinkt, lackiert und wieder zusammengebaut

Klassenkameraden im feinen Blankeneser Gymnasium kam das gar nicht gut an. Sie spielten Golf, Hockey oder Tennis. Ich zerschlug Ziegel und Bretter. *Bild*, Kampfsport und ein bayrischer Akzent, das war für die hanseatischen Jungs zu viel. Erschwerend kam hinzu, dass ich eine lange blonde Mähne hatte. Aber mir war das vollkommen egal. Schule war für mich Zeitverschwendung, zumal der Unterricht im Hamburger Gymnasium zu meiner Überraschung sehr viel leichter war als in München.

Langeweile hatte ich nie. An den Wochenenden unternahm ich viel mit Axel Springer Junior, der mir ein brüderlicher Freund wurde. Axel nahm mich mit zu meinem ersten Beatles-Konzert, 1966 im

Besuch beim Vater in Rissen: Die Eltern liebten das Leben im Grünen

Zirkus Krone in München, und 1971 zu meinem ersten Bundesligaspiel, das Bayern München mit 11:1 gegen Borussia Dortmund gewann. Im Jahr darauf reisten wir gemeinsam mit meinem Vater zum Lachsfischen nach Norwegen. Der Lachs, den ich dort als Sechzehnjähriger fing, war größer als ich und kam geräuchert kurz vor Weihnachten zu uns nach Hause. Mein Vater bezahlte das fachmännische Räuchern und den gut gekühlten Transport. Ich schenkte den Fisch. Anschließend gab es viele Jahre Räucherlachs mit Ofenkartoffeln als Bestandteil der familiären Weihnachtsfeier.

Am 19. Mai 1972 explodierten im Hamburger Springer-Haus an der Fuhlentwiete drei Bomben der Terrorgruppe RAF und verletzten siebzehn Menschen. Axel, mein Vater und ich waren gerade gemeinsam in Schierensee in der Nähe von Kiel angeln, als unser Chauffeur angelaufen kam und von dem Bombenanschlag berichtete. Wir sprangen ins Auto und fuhren zurück nach Hamburg. Schierensee ist ein herrschaftliches Landgut in Schleswig-Holstein, das damals Axel Springer gehörte. In dem landschaftlich reizvollen

Gelände gab es Fischgründe, die Axel, mein Vater und ich manchmal gemeinsam nutzten. Axel jagte dort auch und wir verbrachten Stunden mit Tontaubenschießen im Gutspark. Ein großer Spaß! Die Fahrt von Schierensee nach Hamburg dauert normalerweise eine gute Stunde. Wir haben es nach dem Bombenanschlag in fünfundvierzig Minuten geschafft, die Bremsen des Jaguars qualmten und wir waren plötzlich mittendrin in der Terrorismusbedrohung.

Von diesem Tag an änderte sich unser Leben entscheidend. Meine beiden Geschwister und ich sollten mit Leibwächtern in die Schule gebracht werden, wogegen wir uns allerdings erfolgreich sperrten. Doch die Angst vor weiteren Anschlägen wuchs nach der Ermordung von Hanns Martin Schleyer im Jahr 1977 und die Sicherheitsvorkehrungen wurden noch einmal verschärft. Als dann 1989 Alfred Herrhausen ermordet wurde, kamen die Erinnerungen an die Siebzigerjahre wieder hoch. Meinen Vater hat der Tod des Co-Chefs der Deutschen Bank, mit dem er beim Börsengang des Axel-Springer-Verlags 1985 eng zusammengearbeitet hatte, sehr betroffen gemacht.

Mein Vater gab sich Mühe, trotz seiner Arbeitsbelastung und der vielen Sicherheitsmaßnahmen die Familie nicht zu vernachlässigen und möglichst viel mit uns Kindern zu unternehmen. Er hatte allerdings immer nur samstags frei, weil an diesem Tag die *Bild am Sonntag* gemacht wurde, für die er am Anfang seiner Tätigkeit in Hamburg nicht zuständig war. Diese Samstage verbrachten wir mit langen Spaziergängen im nahegelegenen Waldgebiet Klövensteen oder mit Sport. Mein Vater war ein leidenschaftlicher Schwimmer und Tennisspieler, in unseren Urlauben auf Sardinien sind wir häufig gemeinsam lange Strecken geschwommen und haben jeden Morgen Tennis gespielt. Ich hatte insgesamt ein inniges Verhältnis zu meinem Vater, an das ich mich sehr gern erinnere. Die Beharrlichkeit und Begeisterung, mit der er noch im hohen Alter dreimal in der Woche im Club an der Alster morgens um acht Tennis spielte, hat mich tief beeindruckt. Von seinem achtzigsten Lebensjahr an verlegte er das Training und spielte erst um neun Uhr. Diesen Luxus gönnte er sich. Er starb 2020 im Alter von einundneunzig Jahren. Bis zu seinem Tod unterhielt er in den Alsterarkaden am Hamburger Rathausmarkt ein Büro im vierten Stock. Er ließ sich an jedem Werktag dorthin fahren, stieg dann als Fitnesstraining die Treppe bis zur vierten Etage hoch und schaute von dort aufs Hamburger Rathaus. In den letzten Jahren stellte er im Treppenhaus erst einen und dann mehrere Stühle auf, damit er beim Treppensteigen Atempausen machen konnte. Mein Vater verkörperte beispielhaft den Grundsatz »Never Give Up«, nach dem auch ich lebe. Ich habe unglaublich viel von ihm gelernt und bin ihm dankbar für alles, was er mir an Werten und Weisheiten vermittelt hat.

Axel, meine damalige Freundin Hanne und ich verbrachten den Silvester-Abend 1979 im Springer-Gästehaus »Klenderhof« in Kampen auf Sylt und spielten das Strategiespiel Risiko. Wir hatten Spaß und lachten viel. Axel war ein Mann mit großem Humor und Witz. Er machte ständig Witze, die ich teilweise noch erinnere, aber hier nicht wiedergeben kann. Kurz nach Neujahr fuhren Axel und meine Freundin gemeinsam mit dem Autozug von Sylt nach Hamburg zurück. Ich wollte noch ein paar Tage auf Sylt bleiben. Und dann passierte das Schreckliche: Um zwei Uhr in der folgenden Nacht zum 3. Januar verließ Axel das Haus im Stadtteil Alsterdorf mit seiner langläufigen Smith & Wesson 38, setzte sich auf eine Parkbank in der Brabandstraße, steckte die Pistole in den Mund und erschoss sich. Ich war am Boden zerstört. Nichts hatte während unserer Tage auf Sylt auf dieses tragische Geschehen hingedeutet. Aus diesem Verlust meines Freundes und späteren, ähnlichen Ereignissen habe ich gelernt, dass der Suizid zu oft die grauenhafte Konsequenz jahrelanger Depressionen ist. Und eine besondere Tragik liegt darin, dass man den Menschen meist nicht ansehen kann, wie verzweifelt sie sind, selbst wenn man ihnen nahesteht. Keiner hatte sich vorstellen können, dass Axel suizidgefährdet war. Im Rückblick kann ich nur vermuten, dass er mit seiner Position als Springer-Erbe nicht zurechtkam. Ich glaube, er hatte sich für die Fotografie als Beruf unter Pseudonym entschieden, um nicht mit seinem Vater konkurrieren zu müssen. Wahrscheinlich hat er meine Entscheidung für die Rechtswissenschaften ähnlich interpretiert und in mir einen Seelenverwandten gesehen. Wir verstanden uns jedenfalls hervorragend. Aber über seine tiefste Verzweiflung hat er weder mit meinem Vater noch mir sprechen können.

Günter Prinz hat den großen Aufstieg geträumt und erlebt, den sich viele Deutsche nach dem Krieg wünschten. Seinen Beruf als Journalist hat er nie von oben herab betrieben. Er war zu keinem Zeitpunkt eingebildet oder belehrend. Er hatte ethische Vorstellungen von Journalismus, die wir beide teilten. Journalisten haben mich oft gefragt, ob ich als Anwalt von Medienopfern einen Interessenkonflikt mit meinem Vater hatte. Nein, den hatten wir nicht. Wir diskutierten selten über Veröffentlichungen in den Medien. Mein Vater war in der letzten Phase seiner Tätigkeit bei Springer Vorstandsvorsitzender und damit für alle Zeitungen des Konzerns verantwortlich, nicht nur für *Bild*. Ich habe in dieser Zeit die Sylt-Gemeinde Kampen gegen das damals zum Springer-Verlag gehörende *Hamburger Abendblatt* vertreten und in diesem Rechtsstreit zum ersten Mal die Ankündigung einer Gegendarstellung auf der Titelseite einer Tageszeitung durchgesetzt. Darüber haben wir auch im Familienkreis gesprochen. Grundsätzlich waren wir beide große Fans von Qualitätsjournalismus, der – wie es das Bundesverfassungsgericht formuliert hat – den freien Austausch der Fakten und Meinungen sichert. Diese Funktion, da waren wir uns einig, können erfundene Geschichten nicht haben. Und schon gar nicht Verletzungen der Privatsphäre. »Was Du nicht willst, was man Dir tu, das füg auch keinem anderen zu.« Diesen Satz habe ich sicher ein paar hundert Male bei Gerichtsverhandlungen zitiert. Und ich finde darin immer noch die beste und überzeugendste presserechtliche Argumentation, die auch mein Vater teilte. Kein Chefredakteur möchte Lügengeschichten über seine eigene Familie mit der

Schlagzeile »Ehe kaputt – Scheidung!« lesen oder Paparazzi-Fotos seiner Frau im Bikini mit Babybauch auf der Titelseite sehen.

Schwierig ist die Abgrenzung zwischen Meinungsäußerung, die immer zulässig ist, weil Artikel 5 des Grundgesetzes die Freiheit der Meinungsäußerung garantiert, zur Tatsachenbehauptung und zur Schmähkritik. Letztere ist eine Form der Meinungsäußerung, bei der nur noch die Herabsetzung des Anderen, nicht aber eine sachliche Auseinandersetzung im Raum steht. Das sind typisch schwammige Juristenbegriffe, die in der Praxis jedoch eines bedeuten: Schmähkritik gibt es fast nie. Meinungsäußerungen sind meistens zulässig. Aber was unterscheidet eine Meinungsäußerung von einer Tatsachenbehauptung? Beide sind für Juristen in erster Linie Äußerungen. Die Meinungsäußerung aber unterscheidet sich von der Tatsachenbehauptung durch Aspekte des Abwägens und Dafürhaltens.

Ich finde, eine gute Schlüsselregel ist schon mal, dass alles, was mit »Ich meine« oder »Wir meinen« beginnt, meistens auch Meinungsäußerung ist. Auch die Feststellung »Du hast ein schönes Auto« ist eindeutig eine Meinungsäußerung. Der Satz »Du hast einen Golf GTI« ist eine Tatsachenbehauptung. Daneben gibt es noch ein paar Verästelungen wie unzulässige, verbotene Eindrücke. Das zu erläutern, würde hier zu weit gehen. Zusammengefasst kann man sagen, dass ein Medienrechtsanwalt seine Mandanten vor verletzender Berichterstattung schützt, indem er die richtigen juristischen Vorgehensweisen kennt, vorschlägt und sie bei den von ihm vertretenen Unternehmen mit dem Chef der Rechtsabteilung und der Kommunikationsabteilung abstimmt. In vielen Fällen führt dies in der Konsequenz dazu, dass man sich entscheidet, einen auf Krisen spezialisierten externen PR-Berater einzuschalten

Béla Anda war Regierungssprecher von Gerhard Schröder und später Mitglied der Chefredaktion der *Bild-Zeitung*. Er leitet heute eine eigene PR-Agentur und berät Unternehmen wie auch berühmte Persönlichkeiten in PR-Fragen und im Umgang mit der Öffentlichkeit.

Springer-Vorstand Günter Prinz mit der Erstausgabe der von ihm gegründeten AUTO-BILD

Der Claim auf seinem LinkedIn-Eintrag lautet: »You can win in the courtroom but lose in public – so don't!« Bei meiner Lehrtätigkeit an der FU in Berlin habe ich immer auch eine Vorlesung zum Thema »Prozesse, die man nicht führen sollte« gehalten. Auf der Website unserer Kanzlei hieß es dazu viele Jahre lang: »Laut oder leise, wir können beides.« Warum? Ich habe vielen Mandanten abgeraten, Prozesse zu führen, wenn ich diese kontraproduktiv fand. Das gilt insbesondere für Wirtschaftsberichte mit falschen Tatsachenbehauptungen. In solchen Fällen will sich der Chef des angegriffenen Unternehmens meist sofort mit juristischen Mitteln zur Wehr setzen, weil er die Berichterstattung als persönlichen Angriff empfindet. Ich rate hingegen oft dazu, erst einmal abzuwarten, welches Echo diese falschen Behauptungen auslösen. Nach einer ersten verletzenden, unwahren Berichterstattung prüfe ich im Internet und in anderen Medien ganz genau, ob es zu einer ernstzunehmenden Folgeberichterstattung oder Kursreaktionen an der Börse kommt. Ist das nicht der Fall, weil die Erstberichterstattung zwar dem Unternehmenschef missfällt oder gar ehrverletzend, aber nicht so schwerwiegend ist, dass sich irgendjemand dafür interessiert, rate ich von juristischen Maßnahmen ab. Man muss nämlich immer bedenken, dass mündliche Verhandlungen vor Gericht grundsätzlich öffentlich sind. Es besteht das Risiko, dass bei der Geltendmachung von Ansprüchen gegen Medien vor Gericht auf den Zuschauerbänken auch Medienvertreter sitzen, welche über die Auseinandersetzung berichten. Dann ist meistens die gerichtliche Auseinandersetzung Gegenstand der Berichterstattung und nicht mehr der ursprüngliche Vorwurf. Das gilt insbesondere dann, wenn die Informationen, die verbreitet werden, offensichtlich wertvoll sind, aber nur unter besonderen Umständen rechtswidrig sein sollen. Das betrifft zum Beispiel die Berichterstattung aus Aufsichtsratssitzungen oder Ermittlungsakten. Letztlich galt das auch für den Springer-Verlag in der Causa Wallraff in den Siebziger- und Achtzigerjahren. Der Enthüllungsjournalist Günter Wallraff hatte sich 1977 unter dem Namen Hans Esser in die Außenredaktion der *Bild*-Zeitung in Hannover eingeschlichen und dort dreieinhalb Monate als Redakteur gearbeitet. Über diese Zeit schrieb er in der Folge sein vielbeachtetes Buch »Der Aufmacher – Der Mann, der bei ›Bild‹ Hans Esser war«, in dem er der *Bild*-Zeitung unsaubere Recherchemethoden und schwere journalistische Versäumnisse vorwarf. Der deutsche Presserat sprach der Zeitung daraufhin sechs Rügen aus, rügte aber auch den Autor wegen seiner »nicht zulässigen verdeckten Recherche«. Der Springer-Verlag führte in den folgenden Jahren viele Prozesse, bei denen es unter anderem darum ging, ob Wallraffs Berichterstattung rechtswidrig war. Das führte dazu, dass nach jeder mündlichen Verhandlung über den Fall berichtet wurde. Genau dies aber konnte nicht im Interesse des Springer-Verlages sein. Es drängt sich auf, dass Wallraffs Buch wahrscheinlich erst durch die vielfältige Berichterstattung über die Prozesse zu einem jahrelangen Bestseller wurde. Ich habe vielen Mandanten von Rechtsstreitigkeiten abgeraten, weil ich sie entweder für nicht erfolgsversprechend hielt oder aber für nicht sinnvoll in Bezug auf die Erwartungen meiner Auftraggeber. Viele sind dann enttäuscht zu anderen Anwälten gegangen, die zu einem Prozess rieten. Ich habe das natürlich verfolgt und mich in der Regel immer bestätigt gesehen, weil in den meisten Fällen diese Prozesse zu noch größerer, ungewollter Öffentlichkeit führten und auch oft wegen der natürlichen Sympathie des Gerichts für David gegen Goliath verlorengingen. Umgekehrt besteht natürlich auch die Möglichkeit, rufschädigende Inhalte durch mündliche Verhandlungen ein für alle Mal zu erledigen. Die mündliche Verhandlung vor Gericht ist die Gelegenheit, bei welcher der Anwalt alle Dinge sagen kann, die er sich später in der Prozessberichterstattung wünscht. Die Terminvorbereitung in solchen Fällen geht daher immer in beide Richtungen: Was sag ich dem Gericht? Wie formuliere ich die Argumente für das Gericht, wenn ich sie in Wirklichkeit an die Presse und die Zuhörer richten will? Richtig strukturiert und geplant, kann eine mündliche Verhandlung wie eine Pressekonferenz sein. Es gibt für diese sogenannte Litigation-PR inzwischen einige versierte PR-Profis, welche die Verhandlungen perfekt vorbereiten und begleiten, je nach Größe des Falls und der Präferenz des Mandanten. So versucht man, die schon erwähnten David-gegen-Goliath-Situationen zu vermeiden. Oder wie ein amerikanischer Jurist sagen würde: Hard cases make bad laws.

In einem anderen Skandal vertrat ich erstmals meinen Vater – in der sogenannten Barschel-Affäre. In seiner Ausgabe vom

7. September 1987, sechs Tage vor der Landtagswahl in Schleswig-Holstein, erschien der *Spiegel* mit dem Titel »Waterkantgate« und einem Artikel über angeblich rechtswidrige Methoden der CDU im Wahlkampf gegen die SPD. Deren Spitzenkandidat Björn Engholm sei im Auftrag der CDU von Detektiven beschattet worden. Außerdem war er anonym wegen Steuerhinterziehung angezeigt worden.

Am Montag nach der Wahl, bei welcher die CDU ihre absolute Mehrheit verloren hatte, erschien eine weitere *Spiegel*-Geschichte zu diesem Thema. Auf dem Titel: Ein Bild von Uwe Barschel mit der Zeile »Waterkantgate – Uwe Barschels schmutzige Tricks.« Der Ministerpräsident habe einen ehemaligen Journalisten namens Rainer Pfeiffer beauftragt, eine Abhöranlage in sein Autotelefon einzubauen, damit dieses Delikt dann pressewirksam entdeckt und als Abhörskandal der SPD angekreidet werden könnte. Barschel wehrte sich gegen diese Unterstellung. In einer Pressekonferenz am 18. September 1987 erklärte er: »Über diese Ihnen gleich vorzulegenden eidesstattlichen Versicherungen hinaus gebe ich Ihnen, gebe ich den Bürgerinnen und Bürgern des Landes Schleswig-Holstein, der gesamten deutschen Öffentlichkeit, mein Ehrenwort. Ich wiederhole, ich gebe Ihnen mein Ehrenwort, dass die gegen mich erhobenen Vorwürfe haltlos sind.«

Kurz darauf trat Barschel vom Amt des Ministerpräsidenten zurück und wurde einen Tag später im Hotel Beau Rivage in Genf tot in der Badewanne seines Zimmers gefunden. Die Obduktion ergab eine Medikamentenvergiftung, aber die Umstände blieben mysteriös. Im schleswig-holsteinischen Landtag wurde ein Untersuchungsausschuss eingerichtet, der den ganzen Vorgang untersuchen sollte. Vor den Ausschuss geladen wurden auch mein Vater und dessen Büroleiter Gerd Rattmann. Ich war der Zeugenbegleiter der beiden. Der Hintergrund der Vorladung war folgender: Als Barschel 1987 im bevorstehenden Wahlkampf den damaligen Springer-Chef Peter Tamm um personelle Hilfe bat, vermittelte dieser ein Gespräch zwischen Pfeiffer und dem schleswig-holsteinischen Regierungssprecher Gerd Behnke, das im Büro meines Vaters stattfand, weil dieser zu dem Zeitpunkt nicht in Hamburg weilte und sein Büro für das Gespräch frei war. Der Ausschuss wollte wissen, wie es zu diesem Treffen gekommen war. Dabei kam folgende Geschichte ans Licht: Gruner + Jahr hatte ein paar Monate zuvor die *Hamburger Morgenpost* gekauft. Springer befürchtete dahinter den Plan, das bis dahin regionale Hamburger Boulevardblatt zur bundesweiten *Bild*-Konkurrenz auszubauen. Daraus wurde zwar nichts, aber Claus Jacobi, der Ex-*Spiegel*-, Ex-*Welt am Sonntag*- und Ex-*Welt*-Chefredakteur war bereits vom Springer-Verlag beauftragt worden, möglichst schnell eine Redaktion zusammenzustellen, um der erwarteten Konkurrenz durch eine bundesweit erscheinende Gruner + Jahr-Tageszeitung den Wind aus den Segeln zu nehmen. Pfeiffer, der vorher für den *Weser-Kurier* geschrieben hatte, war von Jacobi für diese Redaktion angeheuert worden und nun durch das Scheitern der G+J-Tageszeitung überflüssig geworden. Als Jacobi vor dem Untersuchungsausschuss gefragt wurde, warum er ausgerechnet Rainer Pfeiffer für seine neue Tageszeitung angeworben hätte, antwortete er: »Ich kam mir vor wie ein Familienvater an Heiligabend, der noch kein einziges Geschenk hatte. Ich musste nehmen, was ich bekommen konnte.« Durch diese Aussage wurde deutlich, dass mein Vater mit Pfeiffer und der ganzen Barschel-Affäre nichts zu tun hatte.

In seiner Redaktion war Günter Prinz in jeder Beziehung ein Idol. Er trug Oberhemden, bei denen er die Manschettenknöpfe nicht schloss. Also trug die gesamte Redaktion Hemden, deren Manschettenknöpfe nicht geschlossen waren. Er ließ sich in seinem Jaguar von einem Chauffeur fahren. So war es für alle Kollegen das größte Karriereziel, einmal einen Jaguar-Dienstwagen zu haben und einen Chauffeur dazu. In seinem Büro ließ mein Vater eine Dusche einbauen, damit er nach dem Tennis morgens noch duschen konnte, bevor der Arbeitstag begann. Als nach dem Ausscheiden meines Vaters gleich zwei Chefredakteure die *Bild*-Chefredaktion übernahmen, war einer von beiden – ich weiß nicht genau, wer – am Tag des Dienstantritts bereits morgens um drei Uhr im Verlag, um sich das Büro mit der Dusche zu sichern. Nachdem diese Okkupation zu einem Mordsstreit zwischen dem neuen

Chef-Duo geführt hatte, ließ der Verlag auch in ein zweites Büro eine Dusche einbauen, und die beiden Herren waren zufrieden.

Die Karriere meines Vaters wäre ohne meine Mutter Carlotta nicht denkbar gewesen. Sie hat ihm den Rücken freigehalten, uns drei Kinder, meine jüngere Schwester Nicola, meinen kleineren Bruder Leonard und mich, großgezogen und das Haus in Rissen geführt. Sie war eine bildhübsche Frau und hatte als Theaterfotografin bei Ruth Wilhelmi in Berlin eine Fotografinnenausbildung gemacht. Mein Vater als Journalist und meine Mutter als Fotografin hatten also auch eine berufliche Verbindung. Meine Mutter stammte aus einer Seglerfamilie, ein Onkel war bei den Olympischen Spielen gesegelt. Sie brachte meinem Vater auf dem Wannsee das Segeln bei. Eine Passion, die ich von ihr geerbt habe, ebenso wie meine Leidenschaft für Fotografie, die ich vor allem während meiner langjährigen Freundschaft mit Helmut Newton ausleben konnte. Das fotografische Lebenswerk meiner Mutter ergäbe eine beeindruckende Sammlung von Porträtfotos. Die Gesichter von Menschen zu fotografieren war ihre große Leidenschaft. Meine Mutter hat im Laufe ihres Lebens eine bewegende Auswahl ihrer schönsten Porträtfotos zusammengestellt – Schwarz-Weiß-Fotos, selbst entwickelt und geschnitten. Das ist Fotografenhandwerk, wie es solches heute kaum noch gibt. Sie war immer neugierig auf Menschen. Noch im hohen Alter von über neunzig Jahren war es ihr Schönstes, in ein Café zu gehen und Menschen mit dem Blick der Fotografin zu beobachten. Sie war neugierig und bereiste mit uns Kindern die Welt. Die Sommerferien verbrachten wir immer mit der ganzen Familie, aber mit unserer Mutter unternahmen wir Bildungsreisen. Sie bereitete alle Touren mit Reiseführern vor, in denen gelbe Klebezettel steckten. So besichtigten wir von der Akropolis in Athen über die Festung Masada in Israel bis zu den Pyramiden in Ägypten all die Orte, die sie in ihrer unbändigen Neugier unbedingt sehen wollte. Als meine Mutter mit siebenundneunzig Jahren starb, sagte ich in meiner Trauerrede, dass sie uns antiautoritär erzogen und damit ein großes Geschenk gemacht hat. Ihr Leitspruch war: Kinder brauchen Wurzeln und Kinder brauchen Flügel. Beides zusammen hat sie uns Kindern gegeben und ich habe gemeinsam mit meiner Frau versucht, auch unsere Kinder in diesem Sinne zu erziehen.

Kurz vor unserem Umzug nach Hamburg hatte ich den Beginn des neuen Schuljahres auf dem Kurt-Huber-Gymnasium in München völlig verschlafen und stand auf einer Sechs in Latein. Meine Mutter besorgte mir einen Nachhilfelehrer und machte jeden Tag Latein-Hausaufgaben mit mir. Ohne ihre Hilfe hätte ich wahrscheinlich das Gymnasium vor der Mittleren Reife verlassen müssen. Der Umzug nach Hamburg war meine Rettung. Das Gymnasium Kirschtenstraße in Hamburg-Blankenese war so viel einfacher als das Kurt-Huber-Gymnasium in München. Am Ende habe ich das Große Latinum mit einer Zwei bestanden. Das lag aber nicht an meiner Leistung, sondern an dem hoffnungslos unterlegenen hamburgischen Schulsystem.

Meine Mutter legte wenig Wert auf eine repräsentative Rolle, ging zum Golfspielen statt in den Club Falkenstein lieber in den nicht ganz so feinen Club Wendlohe, weil ihr der gesellschaftliche Auftrieb im feinsten Hamburger Golfclub lästig war. Zwei Mal im Jahr verreisten unsere Eltern. Im Januar nach Mombasa oder Barbados meistens ohne uns Kinder, im Sommer mit allen drei Kindern nach Italien.

In der Hamburger Society war mein Vater ein eher seltener Gast. Gesellschaftliche Veranstaltungen lagen ihm gar nicht. Er war jedes Mal froh, wenn er wieder zurück in seinem Garten in Rissen war und nicht von irgendwelchen Leuten auf die *Bild*-Zeitung angesprochen wurde. Damals hatte *Bild* bei vielen Menschen einen schlechten Ruf. Mein Vater musste das Blatt ständig verteidigen gegen Vorwürfe aus der Boenisch-Zeit, als das Blatt noch viel politischer war als unter seiner Führung. Das gefiel ihm natürlich nicht. Auch bei unseren abendlichen Tischgesprächen spielte diese Thematik eine Rolle. Ich lernte dabei, wie

Journalisten und Verleger denken und was sie mit ihren Zeitungen und ihrer Macht bewirken können.

Der Freundeskreis der Familie war klein und von Menschen geprägt, die mit den journalistischen Medien zu tun hatten: Zum Beispiel Heike und Johnny Jahr, die als Miteigentümer der Verlagsgruppe Gruner + Jahr eigentlich Konkurrenten, aber privat die besten Freunde meiner Eltern waren. Mit ihnen und ihren Kindern zogen wir jedes Jahr in den Sommerurlaub. Weitere Jahr-Geschwister und Kinder von *Spiegel*-Gründer Rudolf Augstein gehörten ebenfalls zu unserer Reisegruppe, ebenso mitunter die beiden Brüder Franz und Frieder Burda. Der Beruf meines Vaters brachte es mit sich, dass er auch Helmut Schmidt und den Bundespräsidenten Walter Scheel gut kannte. Der gesellschaftliche Kontakt mit Prominenten und Politikern war allerdings immer mit sehr viel Sicherheitspersonal verbunden. Wie ein hochrangiger Politiker lebte auch mein Vater ab 1972 bis 1990 nur noch mit Personenschützern und Begleitfahrzeugen.

Die große Leidenschaft meiner Jugend galt dem Taekwondo, einer koreanischen Kampfsportart. Ich hatte mit zwölf Jahren angefangen – im ESV Neuaubing, dem Eisenbahnersportverein Sportfreunde München-Neuaubing e. V. Ein Klassenkamerad hatte mich zum Training mitgenommen. Dort lernte ich Kwon Jae-hwa kennen, den berühmtesten Meister dieser Zeit, der gerade einen Lehrgang in diesem Sportverein gab. Kwon sprach mich an und begeisterte mich lebenslang für Taekwondo. Als wir nach Hamburg zogen, hatte ich schon den blauen Gürtel. Der braune und der schwarze folgten schnell.

Taekwondo ist ein Kampfsport, der sich in erster Linie durch die Betonung von Kicks und Tritten mit den Füßen gegen den Kopf des Gegners optisch von anderen Kampfsportarten wie etwa Karate unterscheidet. Taekwondo (Korea) ist ähnlich wie Karate (Japan), Kung Fu (China) oder Boxen ein Schlagsport und nicht wie Judo oder Ringen ein Nahkampfsport. Taekwondo wird in drei Disziplinen geübt. Die erste ist Hyong/Poomse. Das ist ein einstudierter Schattenkampf, bei dem einzelne Techniken trainiert und gezeigt werden. Dann gibt es noch den Wettkampf, der immer ein Zweikampf ist, neuerdings mit viel Kopf- und Körperschutz. Und schließlich den Bruchtest, bei dem man Bretter, Steine oder Ziegel zerschlägt. Ich habe immer härter Beweglichkeit, Schnelligkeit, Kraft trainiert. All das lernt man beim Taekwondo. Aber in erster Linie lernt man sich zu konzentrieren, die Kraft im unteren Bauch, dem Habogbu zu sammeln und explosionsartig auszustoßen. Der Habogbu ist der Mittelpunkt aller geistigen und körperlichen Energie. Man atmet mit Fokus und Kampfschrei aus, um die dort gesammelte Kraft herauszulassen.

Taekwondo war mein ganzer Lebensinhalt. Ich trainierte jeden Tag fünf Stunden, unterrichtete danach noch in der Tangun-Sportschule in Hamburg-Bahrenfeld und hatte abends Jobs mit Taekwondo-Bezug. Ich jobbte zum Beispiel als Türsteher, sprich: Rausschmeißer, in der FABRIK, einem Konzertclub in Altona, oder als Kleindarsteller im Deutschen Schauspielhaus in Hamburg. Das Theater suchte eine Person, die auf der Bühne jemanden verprügeln konnte, ohne ihn zu verletzen. Durch einen Anruf in meiner Taekwondo-Schule kamen sie auf mich. Plötzlich stand ich zweimal in der Woche mit der schönen Pola Kinski, deren Schwester Nastassja dreißig Jahre später meine Mandantin werden sollte, auf der Bühne im Malersaal des Deutschen Schauspielhauses. Wie immer, wenn ich irgendetwas angefangen habe, ging es dann ziemlich planlos, aber glücklich weiter. Aus der einen Prügel-Rolle wurden viele Rollen, auch ohne Prügelei. Über eine lange Zeit habe ich in den Pausen auch als Kulissenschieber gearbeitet. Der Job am Theater hat viel Spaß gemacht, zeitweise habe ich sogar als Komparse und Kulissenschieber doppelt Geld verdient, zwischen manchen Auftritten mit den anderen Bühnenarbeitern und Komparsen mein Skatspiel verbessert und überdies viel gelernt. Rolf Bossi, einer der ehemals bekanntesten Strafverteidiger Deutschlands, hat in seinem

Buch »Ich fordere Recht« geschrieben, dass ihm seine Schauspielausbildung bei der Anwaltstätigkeit sehr geholfen habe. Ich kann das nur bestätigen. Auf der Bühne des Deutschen Schauspielhauses habe ich vieles gelernt, was mir später in manchen Gerichtsverhandlungen durchaus nützlich war.

Neben meinem Theater-Job am Deutschen Schauspielhaus war ich auch noch beim Studentenarbeitsamt und bei einer Model-Agentur registriert, der ich für Fotos und Werbefilme zur Verfügung stand. Unter anderem trat ich als Model für eine Duplo-Fernsehreklame auf. Ich sollte gemeinsam mit einer jungen Frau namens Ulrike einen Duplo-Schokoladenriegel essen. Ulrike war blond und schön. Nach unserem Werbefilm nahm ich sie mit ins Deutsche Schauspielhaus, wo sie sich ebenfalls als Komparsin bewarb. Wir spielten gemeinsam als Kleindarsteller in »Arzt am Scheideweg«.

Vom Studentenarbeitsamt kamen regelmäßig zwei überaus attraktive Jobs. Sowohl am Tag des Heiligen Nikolaus als auch an Heiligabend buchten viele Leute für ihre Familien den Auftritt eines Weihnachtsmannes oder Nikolaus. Ich verkleidete mich also als Weihnachtsmann, setzte mich in meinen ulmengrünen VW Käfer und fuhr in der Stadt etwa zehn Familien ab. Die jeweiligen Eltern hatten mich vorher instruiert, was ich den Kindern sagen sollte. Das habe ich dann aus meinem großen roten Buch vorgelesen. Erst habe ich sie ermahnt, dann habe ich sie gelobt und schließlich Geschenke verteilt. Es gab fünfzig Mark pro Familie plus Trinkgeld und Geschenke. Der Job war für mich lukrativ, aber auch deswegen großartig, weil ich durch diese Besuche die unterschiedlichsten Milieus kennenlernte.

Die eigene Familie in Rissen wartete derweil mit der Weihnachtsfeier auf mich. Meine Geschwister beschwerten sich, aber mein Vater hielt mir den Rücken frei, weil er fand, dass ich durch diese außerschulischen Jobs sehr viele nützliche Erfahrungen sammelte. Ähnliches habe ich später auch bei meinen Kindern erlebt. Unser Sohn Fidelius hat bei Joeys Pizzadienst als Kurier gearbeitet

Als Statist im Hamburger Schauspielhaus in »Arzt am Scheideweg« von George Bernard Shaw

und die Erfahrung gemacht, dass er in den ärmeren Vierteln Hamburgs viel mehr Trinkgeld bekommt als in dem wohlhabenden Stadtteil Harvestehude. Das hat auch unsere Tochter Antonia erfahren, wenn sie als Babysitterin jobbte. Arme Leute geben mehr Trinkgeld, weil sie wissen, wie es ist, wenn man wenig Geld hat.

Später gründete ich dann noch, zusammen mit meinem Freund Chrissi, den Hamburger Nachhilfedienst. Wir suchten an der Universität mit Aushängen nach Lehrern und boten sie in den Schulen an. Unsere Firma hatte ihren Sitz in der Wohnung von Chrissi. Der studierte BWL und war daher der ideale Geschäftsführer für das Unternehmen. Für die vermittelten Aufträge kassierten wir eine Provision. Nach kurzer Zeit merkten wir allerdings, dass die Nachhilfelehrer zwar für die ersten zehn Unterrichtsstunden über uns gebucht wurden, wir danach aber nichts mehr von ihnen hörten. Nachdem sie den Kontakt zu den Eltern ihrer Schüler hatten, brauchten sie uns nicht mehr und sparten sich die Vermittlungsgebühr. Entsprechend kurz lebte der Hamburger Nachhilfedienst.

Bereits als Schüler war es mir wichtig, eigenes Geld zu verdienen. Meine ersten Jobs hatte ich noch in München als Vierzehnjähriger. Ich inserierte im *Würmtaler Anzeiger*, einer Gratis-Anzeigenzeitung, und bot Gärtnerdienste an: Rasenmähen, Unkrautjäten und andere Arbeiten. Von dem selbstverdienten Geld kaufte ich mir meine erste Stereoanlage von Dual. Die erste Zeit in Hamburg trug ich nachmittags das *Hamburger Abendblatt* aus. Später habe ich auch gerne, aber sehr ungeschickt gekellnert. Ich war immer neugierig auf Menschen und habe sie schon bei diesen Gelegenheitsarbeiten aus sehr unterschiedlichen Perspektiven kennenlernen können.

Bei jedem neuen Job war ich neugierig, welches Abenteuer ich wohl als nächstes erleben würde. Jedes Mal habe ich etwas für meinen späteren Beruf dazugelernt und meine Menschenkenntnis geschult. Selbst nach Beginn meiner anwaltlichen Tätigkeit habe ich noch eine Nebentätigkeit angenommen. Gegenüber unserer ersten Hamburger Kanzlei an der Moorweide unterhielt der Hamburger Journalist

Thorsten Jendrich ein Tonstudio, in dem er Werbespots aufnahm. Mit Thorsten hatte ich schon bei BILD gearbeitet. Eines Morgens rief er mich an und fragte, ob ich nicht Lust hätte, etwas hinzu zu verdienen und für seine Auftraggeber einen Werbespot zu sprechen. Das könnte auch ein fröhlicher Nebenjob für andere Mitarbeiter der Kanzlei werden. Das erzählte ich den Kollegen, wir gingen auf die andere Straßenseite und setzen uns an die Mikrofone. Meine Sekretärinnen und die jungen Anwälte freuten sich sehr über den kleinen Nebenverdienst.
Trotz der zusätzlichen Belastungen durch Taekwondo, Theater und die anderen Nebentätigkeiten habe ich es irgendwie geschafft, 1975 mein Abitur zu machen. Im Sommer kam ich als Wehrpflichtiger zur Bundeswehr in die Grundausbildung nach Boostedt und anschließend nach Neu Wulmstorf. Kurz darauf, im September, fanden in Korea die Taekwondo-Weltmeisterschaften statt, an denen ich teilnehmen sollte. Ich war inzwischen Mitglied der Nationalmannschaft geworden. Es gab für Taekwondo, damals noch ein Nischensport, keine spezielle Sportfördergruppe bei der Bundeswehr, aber man erlaubte mir, zu Hause zu schlafen, abends beim Bundestrainer Shin Boo Joung in Hamburg-Bahrenfeld zu trainieren und erst morgens in die Kaserne zurückzukehren. Die Bundeswehr war für mich ein grauenhaftes Erlebnis. Ich hatte Vorgesetzte, die so dumm und unfähig waren, dass ich für den Rest meines Lebens keine Vorgesetzten mehr ertragen konnte und immer selbständig blieb. Ich war Soldat in einem Panzergrenadier-Bataillon und lernte dort, was der alte Spruch bedeutet: »Er ist kein Mensch, er ist kein Tier, er ist ein Panzergrenadier!«

Bei meinem ersten Länderkampf gegen die koreanische Nationalmannschaft in der Grugahalle in Essen war ich gerade achtzehn Jahre alt. Ich kämpfte gegen den Weltmeister in meiner Gewichtsklasse, einen Major und Berufssoldaten der koreanischen Armee, der den ganzen Tag nichts anderes machte als Taekwondo und entsprechend in Form war. Sein Spitzname war »the tank«, der Panzer. Ich habe ganz knapp nach Punkten verloren, und zwar so knapp,

Vor dem Taekwondo-Länderkampf gegen Korea 1974 in der Essener Gruga-Halle

dass ich mir ausrechnete, ihn bei der Weltmeisterschaft in Korea im nächsten Jahr schlagen zu können.

Mein wichtigster Lehrer war während meiner Jahre bis zum Schwarzgurt und meiner Aufnahme in die Nationalmannschaft nach wie vor Kwon Jae-hwa. Er verkörperte alles, was ich an Taekwondo liebe. Zum einen war er unglaublich stark. Sein berühmter Kieselbruchtest ist spektakulär. Mit der bloßen Hand zerschlägt er massive Flusskiesel. Wer auf Youtube nach ihm sucht, kann sich seine vielen Videos anschauen. Aber er ist auch ein großer Zen-Meister. Er hat das Buch »Zen-Kunst der Selbstverteidigung« geschrieben und erklärt darin die gewaltige Kraft, die der Wille über den Körper haben kann, wenn man sich auf den Körpermittelpunkt, den Habogbu, konzentriert und richtig atmet. Das Buch hat mich sehr geprägt, weil es eine theoretische Erklärung all dessen war, was ich seit Jahren mit Taekwondo erlebte. Kwon Jaehwa war ein großer Diplomat des Taekwondo, der weltweit Schulen eröffnete, Schüler ausbildete und diese dann in die Selbständigkeit einzelner Taekwondo-Schulen entließ. Als ich nach Hamburg kam, hatte er gerade seinen Schüler Hans-Ferdinand Hunkel motiviert, in der Hansestadt eine Schule aufzumachen, in der ich dann zunächst trainiert und später auch unterrichtet habe. Hans-Ferdinand und ich wurden enge Freunde, fast jedes Wochenende reisten wir gemeinsam zu irgendwelchen Turnieren durch halb Europa. Gleichzeitig bestritt ich noch einige Auswahlkämpfe und wurde schließlich für die Weltmeisterschaft in Seoul nominiert. Das war für mich wie ein kaum zu glaubender Traum!

Im August 1975 ging es dann mit der Nationalmannschaft zur Weltmeisterschaft. Wir flogen schon einige Wochen vorher nach Korea und quartierten uns in eine Taekwondo-Schule in Pusan ein, deren Meister mit unserem Bundestrainer befreundet war. Es war wie in einem Kampfsportfilm, wie bei Karate Kid: Wir lebten in der Schule, schliefen auf dem Boden und trainierten den ganzen Tag.

Taekwondo-Kämpfe wurden damals noch ohne Kopfschutz und ohne Schutz an Händen und Füßen ausgetragen. Punkte gab es nur für echte Treffer. Ein Kämpfer musste den anderen so treffen, dass dieser Wirkung zeigte. Folglich gab es damals viele K.o. durch Fußtreffer am Kopf. Das ist heute anders. Punkte gibt es schon, wenn man den Gegner auch nur berührt. Außerdem trägt man heute an allen empfindlichen Körperstellen Schutzkleidung. Vor der Weltmeisterschaft wechselten wir aus unserem Trainingslager in Pusan in die Hauptstadt Seoul. Die Kämpfe fanden vom 28. bis zum 31. August 1975 im Kukkiwon statt, einer speziell für diese Zwecke gebauten Sporthalle, die dreitausend Zuschauer fasst. Sie ist das Welt-Taekwondo-Hauptquartier. Hundertfünfundsechzig Athleten aus dreißig Ländern nahmen teil. Ich habe erst im Halbfinale gegen einen Kämpfer aus Guam verloren. Mein Gegner wurde später kampflos Zweiter, weil der nächste Kämpfer wegen einer

Als Taekwondo-Kämpfer

schweren Verletzung nicht antreten konnte. So kam er ins Finale und verlor erst dort gegen den koreanischen Weltmeister in unserer Gewichtsklasse, gegen den ich ein Jahr zuvor in Essen gekämpft hatte. Ich war natürlich sehr enttäuscht, denn ich hatte mich schon als Taekwondo-Weltmeister gesehen. Das hätte wahrscheinlich mein ganzes späteres Leben auf den Kopf gestellt. Mit einem Weltmeister-Titel in den Annalen hätte ich vielleicht eine Taekwondo-Schule für Meister Kwon aufgemacht.

1975 war ich gerade einmal neunzehn Jahre alt und kreuzunglücklich, nicht Weltmeister geworden zu sein, aber im Rückblick war es einer dieser Augenblicke, in denen sich entscheidende Weichen für das Leben stellen. Die Niederlage zwang mich dazu, mich mehr auf mein Studium zu konzentrieren als für Wettkämpfe zu trainieren. Mehr Arbeit für den Kopf, weniger für den Körper – das war die Konsequenz.

Matthias Prinz (rechts) im Viertelfinale bei der Taekwondo-Weltmeisterschaft 1975 in Seoul: Die Kämpfe wurden damals noch ohne Kopfschutz und ohne Schutz an Händen und Füßen ausgetragen.

Wir verbrachten insgesamt vier oder fünf Wochen in Korea und ich war von Land und Leuten total begeistert. Es war damals alles anders als in diesem heute so fortschrittlichen Staat. Man konnte noch nicht einmal die Straßennamen in westlicher Schrift lesen. Alles war in Hangul geschrieben, der koreanischen Schrift, die ich später an der Uni Hamburg studiert habe. Nach den Weltmeisterschaftskämpfen machte ich mit meinem Freund Hans-Ferdinand Hunkel, der als Fan mitgekommen war, einen Spaziergang durch Seoul. Wir suchten ein Lokal zum Abendessen. Nach Wochen mit den kleingeschnetzelten koreanischen Mahlzeiten hatten wir richtig Lust auf ein saftiges Steak. Als wir an einem Haus vorbeikamen, an dem groß und auf Englisch »Steakhouse« geschrieben stand, gingen wir hinein, setzten uns an die Theke und bestellten zwei Steaks. Nach wenigen Minuten servierte der Kellner zwei gut gebratene große Fleischstücke. Doch ehe wir uns versahen, zückte er sein Messer und schnitt die schönen Steaks wieder klitzeklein. Heraus kam wieder einmal Bulgogi, das typische koreanische Grillgericht.

Als unsere Mannschaft zurück in Deutschland war, wurden wir ordentlich gefeiert. Wir waren in der Mannschaftswertung gemeinsam mit Mexiko Dritter geworden und ich wurde von der Bundeswehr mit einem Orden ausgezeichnet. Gewonnen hatte wenig überraschend Südkorea, Zweiter wurde Taiwan. Die restliche Zeit bei der Bundeswehr habe ich Panzer geputzt und Vorgesetzte herumgefahren, durfte aber immerhin nach wie vor beim Bundestrainer trainieren und in Hamburg schlafen.

Eine meiner ersten Freundinnen war Susi, ein Mädchen aus Flensburg. Ihr Vater und ich mochten uns sehr. Er nahm mich gerne zum Segeln mit, während Susi lieber reiten ging. Auch zum Freundeskreis der Familie bekam ich schnell einen sehr guten Kontakt. Mit zwei Segelkameraden, Chrissi und Scotty, unternahm ich in einem Neptun 22, einem kleinen Sieben-Meter-Boot, regelmäßig über Pfingsten Segeltouren um die Insel Alsen in Dänemark. Wir schliefen auf dem Boot, segelten in Sturm, segelten in Flaute und verstanden uns dabei bestens. Als ich nach der Bundeswehrzeit eine große USA-Reise plante, habe ich Chrissi, der gerade Abitur gemacht hatte, gefragt, ob er nicht mitkommen wolle. Wir hatten beide Easy Rider gesehen, den Film, in dem Peter Fonda und Dennis Hopper gemeinsam auf Motorrädern durch die USA fuhren. Die Landschaft war traumhaft und der Film mit toller Musik unterlegt, wie zum Beispiel mit »Born to Be Wild« von »Steppenwolf«.

Die USA waren für uns damals das Land der Freiheit und der wilden Rockmusik, das auf Erkundung wartete. Wir hatten ein paar Kontaktadressen, die wir zuerst anlaufen wollten, unter anderem die meiner Tante Jutta, einer Schwester meiner Mutter, die im kleinen Ort York in Pennsylvania lebte. Ihr amerikanischer Ehemann brachte uns auf die Idee, nicht wie geplant mit dem Greyhound-Bus durch das Land zu reisen, sondern einen Station Wagon, also einen Kombi, in dem man auch schlafen konnte, für wenig Geld zu kaufen. Wir fanden dann mit einem »Pontiac Executive« ein für unsere Zwecke ideales Fahrzeug. Mein Onkel fuhr mit uns zu Triple A (AAA), dem US-amerikanischen ADAC, der auch Reiseplanungen entwarf. Dort bekamen wir Broschüren, Landkarten und eine perfekte Routenplanung einmal rund um die USA.

Von New York fuhren wir über Chicago quer durch das Land in den Yellowstone National Park, durch die Kartoffelebenen Idahos und über die Rocky Mountains bis nach Seattle am Puget Sound im Nordwesten. Von dort auf dem spektakulären Highway One die Küste entlang über San Francisco, Los Angeles, Santa Monica bis runter nach Tijuana an der Grenze zu Mexiko. Mit unserer alten Kiste trauten wir uns allerdings nicht nach Mexiko, sondern fuhren weiter nach Las Vegas, wo wir meinen einundzwanzigsten Geburtstag feierten. Ich weiß nicht, wie es heute ist, damals konnte man in Las Vegas gratis essen, trinken und wohnen, solange man spielte. Wir spielten die ganze Nacht Blackjack, tranken eine Menge Bloody Marys und verließen erst am nächsten Morgen mit dem Kontostand Plusminusnull das Spielcasino. Von Las Vegas aus ging es dann über Phoenix und New Orleans nach Florida und an der Ostküste wieder Richtung Norden bis nach Washington.

Wir waren fast drei Monate unterwegs, schliefen in unserem Kombi, auf dem Dach des Kombi oder bei Freunden, die wir schon kannten oder unterwegs kennenlernten. Ich habe das ganze, große und so vielfältige Land bereist und die unterschiedlichsten Leute getroffen. Beeindruckt hat mich unter anderen ein Mann namens Shaky, ein Farmer aus Lake Charles in Idaho. Er wurde Shaky genannt, weil er ständig mit dem Kopf wackelte. Er lebte auf einer der kleinen verarmten Farmen mit Dutzenden von schrottreifen Autos auf dem Hof. Der ganze Landstrich war ein großer Schrotthaufen. Das ist das Umfeld des ländlichen amerikanischen Proletariats, welches immer mehr verarmt und aus dem sich nur wenige herauskämpfen. Der aktuelle US-amerikanische Vizepräsident, J. D. Vance kommt aus solchen Verhältnissen und hat darüber ein erfolgreiches Buch geschrieben, »Hillbilly Elegy«. Diesen Teil der USA bekommen die meisten Touristen nie zu Gesicht, weil sie

Auf dem Pontiac: Fast drei Monate lang durch die USA in einem Station Wagon, auf dessen Dach man auch schlafen konnte

zuerst New York besuchen wollen, dann Washington und vielleicht noch den Yellowstone National Park, aber die Lebenswirklichkeiten im Inneren des Landes nie erleben. Der soziale Sprengstoff, den wir heute in den USA sehen, war damals schon sichtbar – ein enormes Wohlstandsgefälle zwischen den Trailer Parks auf dem Land und den Penthouses in New York.

In Washington trafen wir meinen langjährigen Freund Christopher Wilding, den Sohn der US-Schauspielerin Liz Taylor, den ich als Austauschschüler in München kennengelernt hatte und mit dem ich seit dieser Zeit in Kontakt geblieben war. Liz Taylor war zur Zeit unserer Reise mit John Warner verheiratet, dem späteren amerikanischen Marineminister und langjährigem Senator von Virginia. Es war Wahlkampf und wir ließen keine Wahlkampfveranstaltung aus. Für uns als junge Reisende aus Europa war es ein unvergessliches Erlebnis, plötzlich in Georgetown, im feinsten Viertel von Washington, bei einem Weltstar und einem Spitzenpolitiker zu wohnen und mittendrin im Wahlkampf von Virginia zu sein. Liz Taylor war der erste Weltstar, den ich kennenlernte.

Von Washington wollte ich dann eigentlich nach Hause, aber ich hatte eine Freundin aus dem Münchener Kindergarten, die inzwischen in Boston lebte, und die ich noch besuchen wollte. So kam ich zum ersten Mal nach Boston und damit nach Harvard und träumte davon, hier irgendwann studieren zu dürfen.

Die Studienzeit – Segelnd zum Staatsexamen

Als ich nach Deutschland zurückgekehrt war, begann das Jura-Studium. Nebenher studierte ich noch Koreanisch, trat weiterhin in kleinen Rollen im Hamburger Schauspielhaus auf und schrieb Artikel für die *Bild*-Zeitung. Mein Vater hatte auf einem unserer vielen Waldspaziergänge darüber geklagt, dass *Bild* zu wenige junge Leser hätte. Ich traf mich daraufhin mit Peter Kirschstein, der damals den erkrankten Chefredakteur der Hamburg-Ausgabe vertrat, und überreichte ihm eine Liste mit Ideen, wie *Bild* jüngere Leser gewinnen könnte.

Kirschstein sagte: »Dann mach es doch gleich selbst, bitte. Du bekommst dafür eine ganze Seite pro Woche.«

Ich war im zweiten Semester Jura und hatte eigentlich nicht die Absicht, Journalist zu werden.

»Ich kann doch gar nicht schreiben«, sagte ich.

»Das lernst Du schon!«, antwortete Peter Kirschstein.

Und damit nahm die Sache ihren Lauf. Ich teilte mir ein Büro mit dem bekannten Klatsch-Journalisten Wolfgang Windel und der später noch viel prominenteren Erika Mahkorn, die unter ihrem Geburtsnamen Erika Berger einige Jahre darauf beim TV-Sender RTL eine Sendung zu Sexualthemen moderieren sollte. Erika Berger wurde eine Institution bei den Privatsendern von deren frühesten Tagen an bis kurz vor ihrem Tod 2016. Ich produzierte jeden Tag eine kleine Kolumne und jeden Freitag eine Jugendseite. Es ging um Konzerte, Veranstaltungen und alles, was junge Menschen interessierte. Die Veranstalter überfluteten uns mit Einladungen, aber keiner der *Bild*-Redakteure ging hin. Das änderte ich und verbrachte viel Zeit damit, mir Konzerte, Theater und sonstige interessante Angebote anzusehen und darüber zu schreiben. Meinen Vater sah ich in dieser Zeit praktisch gar nicht. Das lag einerseits an meinen Arbeitszeiten, andererseits aber auch daran, dass wir immer versucht haben, Privates und Berufliches zu trennen.

Zuständig für mich war der Lokalredakteur Elmar Schnitzer. Durch ihn lernte ich damals die Abläufe in der Redaktion so gut kennen, dass ich später als Anwalt sehr gut nachvollziehen konnte, wie es in den von meinen Mandanten verklagten Redaktionen zu falscher Berichterstattung gekommen ist. Vielleicht war das der Anfang meines Interesses für Presserecht.

Einer meiner Artikel handelte von vermutetem Betrug in einer Hamburger Diskothek. Ich hatte in wochenlanger Arbeit recherchiert, dass die Betreiber wiederholt die Räume renovieren ließen, jedoch nie die Handwerker bezahlten. Damals war das New Yorker Studio 54 das Maß aller Diskotheken. Es wurde enormer technischer Aufwand betrieben. In der Hamburger Diskothek arbeiteten sieben Innenarchitekten fünf Monate lang in rund zweitausend Arbeitsstunden an über einhundert Detailplänen, die in monatelanger Arbeit umgesetzt wurden. Der Trick der Betreiber war perfide – die Gesellschaft meldete Konkurs an und war zahlungsunfähig. Die bisherigen Eigentümer gründeten eine neue Firma, übernahmen die Diskothek aus der Konkursmasse und öffneten wieder. Ich habe mit Angestellten der Diskothek gesprochen und mit Handwerkern, die dort gearbeitet hatten, ohne bezahlt worden zu sein. Außerdem war ich selbst zweimal da, um mir den Laden anzuschauen.

Meine Recherche kam mir sehr investigativ und weltbewegend vor und ich glaubte betrügerisches Vorgehen nachweisen zu können.

Elmar Schnitzer fand meine Beweisführung offenbar nicht klar genug und fragte beim Redigieren genervt: »Kann man da noch tanzen oder kann man da nicht mehr tanzen?«

Als BILD-Reporter mit Bob Marley: Gespräche über Reggae und Rastalocken, während draußen vor dem Hotel die Groupies kreischten

Diesen Satz zitiere ich seitdem immer, wenn jemand etwas erklären möchte und sich dabei in langen Sätzen verheddert.

Bei *Bild* lernte ich, mich kurz zu fassen und Themen schnell auf den Punkt zu bringen. Es war die richtige Schule, mich auf das vorzubereiten, was später mein Sozius Manfred Engelschall von mir verlangte – so zu schreiben, dass man die Richter nicht daran hindert, abends nach Hause zu gehen und mit ihren Familien zusammen zu sein.

Das schönste Erlebnis meiner Zeit bei der *Bild*-Zeitung war ein Treffen mit Bob Marley. Der zweite Weltstar, den ich kennenlernte! Er spielte mit seiner Band in Hamburg und wir trafen uns nach dem Konzert zu einem Gespräch in der Präsidentensuite des damaligen Interconti-Hotels. Einer der Musiker kochte Yamswurzeln in einer kleinen Pantry und draußen vor der Tür kreischten die Groupies, während wir auf dem Sofa saßen, über Reggae und Rastalocken plauderten und den herrlichen Blick auf die Außenalster genossen.

Wir versprachen uns, Kontakt zu halten. Ich nahm mir vor, ihn in Jamaika zu besuchen. Zu meiner Reise nach Jamaika ist es leider nicht mehr gekommen. Bob Marley starb 1981 im Alter von nur sechsunddreißig Jahren. Aber immer, wenn ich seine Songs höre, denke ich an unser Gespräch mit Blick auf die Alster. Vor allem bei »No Woman No Cry«.

Nachdem ich die ersten Semester vorwiegend mit Segeln und meiner Arbeit für die *Bild*-Zeitung verbracht hatte, wurde es langsam ernst mit dem Studium. Ich war inzwischen im fünften Semester und musste ein juristisches Praktikum absolvieren. Mit viel Glück hatte ich einen Platz bei dem berühmten Hamburger Anwalt Bernhard Servatius bekommen, der eigentlich Strafverteidiger war. Er war schon damals der Anwalt von John Jahr und Axel Springer, ein paar Jahre später wurde er Aufsichtsratsvorsitzender des Axel-Springer-Verlags. Neben dem Praktikum bei Servatius spielte ich immer noch Theater am Hamburger Schauspielhaus. Wir probten gerade das Stück »Der Arzt am Scheideweg« von George Bernard Shaw, das Rudolf Nolte inszenieren sollte. Der renommierte Regisseur war dafür bekannt, dass er sich nicht scheute, gesellschaftliche und politische Fragestellungen in seine Arbeiten einzubeziehen und diese oft auf innovative Weise auf die Bühne zu bringen. Doch die vorgesehene Inszenierung am Hamburger Schauspielhaus kam nicht zustande. Nolte zerstritt sich mit der Theaterleitung, warf hin und fuhr nach Hause. Servatius war auch der Rechtsanwalt des Deutschen Bühnenvereins, in dem die Theater organisiert sind, und so landete der Fall Schauspielhaus gegen Nolte automatisch auf seinem Tisch. Weil Servatius gerade in den Ferien war, übergab er mir die Causa. So schrieb ich ein juristisches Gutachten über einen Fall, den ich eben selbst erlebte hatte.

Servatius' Bewertung meiner Tätigkeit fiel großartig und sehr motivierend aus. Bei unserem Abschlussgespräch fragte er mich, wie meine nächsten beruflichen Schritte aussehen würden. Ich erzählte ihm, dass ich neben meinem Jurastudium gerade bei *Bild* arbeitete und mir dieser Job eigentlich viel mehr Spaß machen würde als das Jurastudium.

Servatius sah mich lange an und sagte etwas, das meinen Lebensweg erheblich beeinflusst hat: »Sie sind ein so begabter Jurist. Ich prophezeie Ihnen eine große Karriere als Rechtsanwalt. Wenn Sie sich hingegen entscheiden, Journalist zu werden, dann werden Sie immer nur der Sohn Ihres berühmten Vaters sein!«.

Ich war gerne der Sohn meines Vaters und bin es noch immer, sodass ich diese Perspektive auf den ersten Blick nicht schlimm fand. Allerdings überzeugte mich der Gedanke dahinter. Es macht einfach Spaß, etwas Eigenes zu schaffen, und so nahm ich denn keine Daueranstellung bei *Bild* an, sondern beendete mein Journalistenleben, eine bunte, so abwechslungsreiche wie lehrreiche Phase, als das Erste Staatsexamen näher rückte.

Rechtswissenschaften wollte ich studieren, solange ich denken konnte. Aber auch die journalistische Tätigkeit hat mich immer fasziniert. In München hatten wir einen Nachbarn, der Jurist war. Ein weiser, weißhaariger Herr, zu dem alle Nachbarn gingen, wenn sie Rat brauchten. So wie dieser Herr, Dr. Karl Hüschelrath, wollte ich auch einmal werden, entschied ich schon als Junge. Wenn ich mir damals vorstellte, wie ich später bei der Arbeit wohl aussehen würde, sah ich mich immer in einer schwarzen Robe im Gerichtssaal. Von dieser Vision konnte allerdings in den ersten Semestern keine Rede sein. Ich war furchtbar frustriert, weil ich mich in dem deutschen Studiensystem nicht zurechtfand. Es gab Dutzende verschiedener Vorlesungen: Zivilrecht, Strafrecht, Öffentliches Recht etc. und ich konnte überhaupt nicht verstehen, wie diese vielen Themen zusammenhingen. Sie ergaben für mich kein einheitliches Bild. Ich konnte nachvollziehen, dass man Strafrecht lernt, um Strafverteidiger zu werden, aber ich konnte nicht recht verstehen, warum man auch noch Kenntnisse auf vielen anderen Gebieten benötigte und wissen musste, wie sie thematisch mit den Strafrechtsnormen zusammenhängen. Ich brauchte Übersicht und Ordnung in meinem Denkprozess, am liebsten mit Charts, also Übersichtsskizzen, oder sonstigen Grafiken illustriert. Aber so etwas gab es nicht. Es gab auch keine substantielle Einführung in die Rechtswissenschaft, in der mir erklärt worden wäre, warum ich all das studieren sollte. Das war später in Harvard ganz anders. Dort wurde schon in der Einführungsveranstaltung drauf hingewiesen, was und wie man dort am besten studieren kann. In Hamburg war davon keine Rede. Viele Vorlesungen waren schrecklich langweilig, besonders im Vergleich zu meinem bunten Journalistenleben. Es gab eigentlich, außer meinem Doktorvater Hein Kötz, nur einen einzigen Professor, der spannende Vorlesungen hielt. Es war der spätere Hamburger Zweite Bürgermeister Ingo von Münch. Er lehrte Verfassungsrecht so interessant, dass die Studenten im vollbesetzten Hörsaal auf dem Fußboden saßen, um ihm zuzuhören. Beeindruckend waren auch die Vorlesungen von Fritz Baur, dem Verfasser des berühmten »Lehrbuch des Sachenrechts«. Baur erklärte uns die Ratio hinter »Treu und Glauben« im § 242 des Bürgerlichen Gesetzbuches, einem typisch deutschen schwammigen Jurabegriff, gespeist aus Denkschablonen. Erstens: Die arme alte Frau. Zweitens: Wenn das jeder machen würde. Drittens: Wo kämen wir denn da hin?

Heute bin ich in einem Querschnittsrechtsgebiet tätig, das sich aus den unterschiedlichsten Rechtsgebieten speist. Zwar ist es immer noch das Zivilrecht, das im Presserecht regiert, aber man braucht mittlerweile im juristischen Alltag genauso viel Kenntnis von Verfassungs- und Strafrecht.

Als ich in meiner Verzweiflung einen jungen Anwalt um Rat fragte, der gerade sein Examen gemacht hatte, erklärte mir dieser, dass das Jurastudium in Deutschland inhaltlich eine Katastrophe sei. Was immer an der Universität gelehrt werde, interessiere im Examen niemanden. Das Studium könne man sich schenken. Man solle stattdessen vor dem Ersten Staatsexamen zu einem privaten Repetitor gehen, um das zu lernen, worauf es im Examen ankomme.

Er fragte mich: »Was machst Du neben Taekwondo am liebsten?«

Ich antwortete wahrheitsgemäß: »Segeln.«

Er schlug vor, dass ich segeln gehen und erst nach dem vierten oder fünften Semester zurückkehren sollte, um mein Examen zu schreiben – über zwei bis drei Semester vorbereitet bei einem privaten Repetitor. So sei es bei den Juristen üblich.

In Bayern hatte ich Skifahren gelernt, in Hamburg Segeln. In der von Alster und Elbe umflossenen Hansestadt gab es damals erstaunlich viele Leute, die schöne Segelboote besaßen, aber keine Crew zum Regattasegeln hatten. Folglich war ich als potenzielles Crewmitglied sehr gefragt. Zuerst segelte ich sehr viel mit dem bereits erwähnten Vater meiner Flensburger Freundin, der einen Dreiviertel-Tonner hatte und gerne die Nordseewoche sowie die Kieler und Flensburger Fördewoche segelte. Später segelte ich mit einem Hamburger Reeder, der hoffte, sich mit seinem Schiff für den nächsten Admiral's Cup qualifizieren zu können. Als ich das einem früheren Admiral's-Cup-Siegerschiff nachgebaute Boot das erste Mal betrat, war ich erstaunt über die schwere Touren-Version. Es gab eine Pantry, Sitze und Kojen, also eine komplette Tourenschiffsausrüstung. Wir bauten dann einfach alles aus, einschließlich der Küche, um Gewicht zu sparen. Eines Tages gerieten wir in der Nordseewoche rund um Helgoland in dichten Nebel und fanden nicht mehr zurück. Unser Reeder-Kapitän hatte im Eifer des nebligen Regatta-Gefechts die Navigation vernachlässigt und wusste nicht mehr, wo er war. Wir ließen uns dann von Land aus per Funk in den Hafen navigieren. Als wir im Nebel eine Menschenansammlung an der Hafeneinfahrt sahen, rief unser Kapitän hinüber: »Ist schon eines von den anderen Schiffen da?«

Da hallte es vom Dock zurück: »Ja, alle!«

Mit eigenen Booten hatte ich glücklicherweise weniger Pech. Wir hatten einen Flying Dutchman auf der Alster und einen Hobie Cat 16, einen Katamaran, auf einem See in Schleswig-Holstein. Dort war ich mit meinen Kindern segeln und habe auch jedes Jahr zwei Regatten mit meiner Kinderbesatzung gesegelt. Wir haben sogar ein- oder zweimal gewonnen.

Meine große Segel-Liebe aber war die Ondine. Ende der Siebzigerjahre war sie eine der beiden schnellsten Maxi-Yachten der

Welt. Der New Yorker Schiffsmakler Huey Long hatte sie als eine von zwei großen Maxi-Yachten bauen lassen und wetteiferte bei allen bedeutenden Ozean-Regatten mit der einzigen Konkurrenz auf der Welt, der neuseeländischen Kialoa. Die Ondine gewann unter anderem die Regatta von Kapstadt nach Rio de Janeiro und das Sydney-Hobart-Rennen, das als eine der schwersten Hochseeregatten gilt. Das fand ich spannend. Ich schrieb Huey Long an und fragte ihn, ob er mich mit meinen bisherigen Segelreferenzen in die Ondine-Crew aufnehmen würde. Kurz darauf erhielt ich eine Einladung zum PanAm Clipper Cup Race nach Hawaii. Ich fragte meinen Freund Chrissi, mit dem ich im Jahr zuvor durch Amerika gereist war, ob er nicht mitkommen wollte. Wir gingen davon aus, dass es für die Rückreise vom Zielort auf Hawaii nach Kalifornien genügend leere Crewplätze auf den Booten geben würde, um auch für Chrissi eine Gelegenheit für die Pazifik-Überquerung zu finden.

Gesagt, getan. Wir flogen nach Honolulu und segelten dort zunächst die Regatten. Danach überführte ich die Ondine als Teil der Crew über den Pazifik nach San Francisco und weiter in den Süden Richtung Mazatlán in Mexiko. In Marina del Rey, einem riesigen Yachthafen bei Los Angeles ging ich von Bord und traf Chrissi, der wie verabredet auf einem anderen Boot – ich glaube, es hieß Sunshine – über den Pazifik gesegelt war. Die Pazifiküberquerung war anstrengend. Wir segelten zu acht zwei Wochen lang, das bedeutete, dass immer ein Teil der Crew ein paar Stunden segelte, während die anderen ein paar Stunden schliefen. Der Wind kam häufig stark von vorne, das Boot befand sich immer in Schräglage. Chrissi hatte auf seinem Boot mit den gleichen Problemen zu kämpfen. Die erste Dusche im Yachthafen, eine Toilette ohne Schräglage und ein kaltes Bier waren für uns beide wie ein Traum.

Nun ging es auf dem Landweg weiter. Wir nahmen unsere Seesäcke und machten uns auf den Weg nach Mexiko. Von Marina del Rey trampten wir nach Süden bis zur Grenze, gingen zu Fuß hinüber nach Tijuana und trampten von dort weiter die Baha California hinunter. Die Reise war abenteuerlich, denn wir reisten mit sehr

Segelschiff Ondine im MIttelmeer bei der Regatta rund um Sardinien (Matthias Prinz ganz rechts)

kleinem Budget. Es waren hauptsächlich Lastwagenfahrer, die uns mitnahmen und uns häufig auch anboten, bei ihnen zu Hause zu übernachten. Sonst schliefen wir in Bussen, auf Bahnhöfen, in Parks oder draußen in der Wüste. Dabei hatten wir zwei unangenehme Erlebnisse. Einmal sind wir in einen Pickup gestiegen, auf dessen Ladefläche wir in einem verschlossenen Aufsatz ohne Fenster hockten. Die drei Amerikaner, die vorne saßen, fuhren immer weiter, obwohl wir hinten klopften und lärmten.

»Die bringen uns jetzt mitten in die Wüste und rauben uns aus«, dachten wir. »Wir können von Glück sagen, wenn wir hier lebendig rauskommen.«

Als der Wagen endlich anhielt, sprang ich mit einem Taekwondo-Sprung aus dem Auto und schaute in Kampfstellung in freundliche Gesichter. Der Fahrer hatte angehalten, weil sie für uns alle ein Lagerfeuer samt Dinner vorbereiten wollten. Das war also noch mal gut gegangen. Ein paar Tage später hockten wir auf der Ladefläche eines Lasters, als dieser von der Polizei angehalten wurde. Wir verstecken uns unter abgesägten Ästen und sonstigem Gestrüpp auf der Ladefläche. Wir versuchten unbemerkt zu bleiben, während die Polizisten den Fahrer durchsuchten und dabei offenbar Drogen fanden. Sie legten ihm Handschellen an und fuhren mit ihm im Polizeiauto davon. Wir standen mit dem Laster ganz allein mitten in der Wüste, waren aber froh, nicht mit verhaftet worden zu sein. Nach einiger Zeit wagten wir uns unter unserem Schutz hervor, nahmen unsere Seesäcke und gingen zu Fuß weiter, bis Stunden später ein anderer Laster kam und uns mitnahm. So ist uns ein Aufenthalt in einem mexikanischen Gefängnis erspart geblieben.

In Guadalajara, der zweitgrößten Stadt Mexikos, trennten sich unsere Wege. Chrissi fuhr nach Hause zur Silbernen Hochzeit seiner Eltern. Ich machte noch einen Zwischenstopp in Boston, wo ich erneut meine Kindergartenfreundin aus München besuchte und das Leben im Nordosten der USA genoss.

Im folgenden Jahr wollte ich eigentlich noch den Admiral's Cup segeln. Ein großes Segelabenteuer, das sich jeder junge Segler wünscht. Der Admiral's Cup bestand aus mehreren Rennen, unter anderem dem wegen seiner besonders rauen Bedingungen berühmten Rennen um den Fastnet Rock in der Keltischen See an der Südküste Irlands. Der Admiral's Cup war von 1957 bis 2003 einer der bedeutendsten Segelwettbewerbe für Hochseeyachten und galt als inoffizielle Weltmeisterschaft im Hochseesegeln. Zum hundertsten Geburtstag des ausrichtenden Royal Ocean Racing Club fand 2025 eine Neuauflage der Regatta statt.

Mein Wunsch, 1979 den Admiral's Cup mitzusegeln, erfüllte sich allerdings nicht. Im gleichen Jahr hatte der Aga Khan die Ondine und auch die Kialoa zu einem Vorläufer des Sardinia Cup, den sardischen Mittelmeermeisterschaften, eingeladen. Und Huey Long bot mir an, an dieser neuen Regatta auf der Ondine teilzunehmen. Die Ondine war mein Lieblingsboot. Daher dachte ich mir, wie man als junger Mann so denkt, dass ich den Admiral's Cup auch beim nächsten Mal noch segeln könnte. Und so segelte ich mit der Ondine in Sardinien, während beim Fastnet Race zur gleichen Zeit die Hölle ausbrach. Am 13. August 1979 zog dort überraschend ein Sturm von elf Beaufort Windstärke mit zehn Meter hohen Wellen auf. Schiffe wurden schwer beschädigt, sanken sogar. Es starben neunzehn Segler in den Fluten. Auch auf dem Meer bei Sardinien stürmte es. Wir hatten zwei der riesigen Ondine Spinnaker im Sturm zerrissen und ich war mit meinen begrenzten Italienisch-Kenntnissen Verhandlungsführer mit dem Zoll, um die aus den USA nachgelieferten Spinnaker zollfrei aufs Boot zu bekommen. Zur gleichen Zeit wurde am Flughafen von Olbia auf Sardinien der legendäre *Spiegel*-Gründer Rudolf Augstein wegen Marihuana-Besitzes verhaftet. Das war für die *Bild*-Zeitung genauso interessant wie die Segelkatastrophe am Fastnet Rock. Die Redaktion rief mich auf der Insel an und bat mich, den hochseeunkundigen Kollegen am Telefon zu erklären, wie sich so ein Sturm auf einem Segelboot anfühlt. Und dann wollten sie natürlich auch noch wissen, ob es Neuigkeiten von Rudolf Augstein gebe. Nachdem die Regatta vorbei war, blieb ich noch ein paar Tage auf Sardinien und kellnerte im Restaurant Rosemarys. Die Eigentümerin Rosemary war Engländerin und machte den besten Apple Crumble der Welt. Vor zwei Jahren trafen wir uns zufällig auf einem Markt in der sardischen Gallura wieder und schwärmten von der Schönheit ihres damaligen Restaurants. Heute erwartet einen dort ein Mailänder-Sterne-Restaurant, das in erster Linie teuer ist.

Wieder zuhause in Deutschland begann ich mit dem Repetitorium und mir wurde langsam klar, wie schwierig das erste Staatsexamen ist. Man hatte sechs Wochen Zeit, um die Hausarbeit, ein Gutachten von etwa hundert Seiten zu einem juristischen Sachverhalt, zu produzieren. Dann kamen sechs Klausuren und anschließend auch noch die mündliche Prüfung. Daneben studierte ich weiterhin Koreanisch. Korea, Taekwondo und Zen waren für mein Leben so bestimmend, dass ich unverändert mein Ziel verfolgte, die Sprache zu lernen.

In der letzten Phase vor dem Examen zog ich aufs Land nach Schleswig-Holstein, weit weg von Freunden, Familie und den großstädtischen Ablenkungen, und igelte mich ein. Fast ein halbes Jahr blieb ich dort ohne Telefon und mit nur wenigen menschlichen Kontakten. In dieser Zeit verinnerlichte ich das deutsche Recht mit all seinen Problemen und kam, ähnlich gestählt wie der Boxer Rocky in der gleichnamigen Filmreihe, als austrainierter Gladiator des Rechts zurück nach Hamburg, hinein ins Examen. Es begann mit den sechs Wochen Hausarbeit. Das Prüfungsamt hatte mir einen theoretischen Fall zur Lösung vorgegeben, der absurd schien: Zwei Brüder erben eine Immobilie. Einer der Brüder ist vom Zeitpunkt des Erbfalls an unerkannt geisteskrank. Nun machen beide eine Menge Geschäfte, renovieren und vermieten das Haus. Die Examensfrage war: Was wird aus all dem, als sich herausstellt, dass einer von den beiden Brüder von Anfang an nicht geschäftsfähig gewesen ist?

Sechs Wochen habe ich Tag und Nacht mit diesem Problem gelebt und auf den letzten Drücker gerade noch die knapp hundert Seiten starke Examensarbeit, schön gebunden, in den fristwahrenden Postkasten des Landgerichts Hamburg geworfen, bevor mir die Kraft ausging. In Deutschland muss man zwei sogenannte Staatsexamen bestehen, wenn man als Jurist, egal ob Rechtsanwalt oder Richter, arbeiten will. Nicht umsonst heißt es Staatsexamen. Es ist eigentlich die Prüfung zum Richteramt. Entsprechend wacht das zuständige Gericht über die Einhaltung der Frist. Es ist eben kein Universitätsexamen, sondern ein Staatsexamen.

Ich wohnte in diesen sechs Wochen der Hausarbeit wieder bei meinen Eltern. Mein Vater kam jeden Abend in meinem Kellerzimmer vorbei, in dem ich zwischen Tausenden von Literaturkopien auf dem Fußboden einen Weg durch das Wirrwarr suchte.

Er stellte immer die gleiche Frage: »Na, wie geht's dem irren Vermieter heute?« Ich habe ihm dann berichtet, was ich am Tag herausgefunden hatte. Von Jura verstand mein Vater nichts, aber er hatte einen sehr klugen, kühl analysierenden Menschenverstand.

Daran gemessen erschienen manche juristischen Folgerungen oft vollkommen unsinnig. Denen bin ich dann auch nicht weiter nachgegangen. Dieses Prinzip habe ich mein Leben lang beherzigt. Juristische Lösungen müssen einen Sinn ergeben. Wenn nach einer langen juristischen Analyse ein Ergebnis herauskommt, das sich falsch anfühlt, man sich aber einredet »Es ist zwar offensichtlich vollkommen ungerecht, aber der Gesetzgeber wollte es wohl so«, dann muss man bei irgendeinem Gedanken falsch abgebogen sein. Man muss das Ganze noch einmal neu denken, bis ein sinnvolles Ergebnis herauskommt. Sinnvoll und gerecht sollen juristische Ergebnisse sein. Und nicht unsinnig und ungerecht!

Die Examens-Hausarbeit hatte mir trotz der Mühe sehr viel Spaß gemacht. Ich hatte Tag und Nacht gearbeitet und war mir sicher, dass ich die richtige Lösung gefunden hatte. Die Ergebnisse des schriftlichen Examens konnte man telefonisch abrufen.

Als ich anrief, um meine Note zu erfragen, machte die Frau am Telefon mit mir Späße. »Sie machen sich Sorgen, dass Sie durchgefallen sind?«

Nach langem Hin und Her rückte sie es heraus: Ich hatte in der Examenshausarbeit siebzehn von achtzehn möglichen Punkten und damit ein Ergebnis erzielt, das seit Menschengedenken niemand an der Universität Hamburg erreicht hatte.

Bei juristischen Examensarbeiten gibt es immer zwei Korrekturvoten. Die eine schreibt ein Praktiker, die andere ein Professor. Der Prüfling ist anonymisiert und den Prüfern unbekannt. Meine Arbeit wurde von Prof. Herbert Bernstein bewertet, einem Professor, den ich persönlich zuvor gar nicht kannte. Bernstein schrieb in sein Korrekturvotum: »Dies ist die beste Examensarbeit, die ich jemals gelesen habe. Ich bitte den Verfasser darum, sich bei mir zu melden. Ich möchte ihm eine Assistentenstelle anbieten!« Nur zu gern meldete ich mich bei ihm, um die offerierte Assistentenstelle anzutreten. Dazu sollte es dann allerdings nicht kommen, denn Bernstein erhielt einen Ruf an die Duke University in den USA.

Sein Nachfolger an der Universität wurde Hein Kötz, der Direktor des Max-Planck-Instituts für internationales und ausländisches Privat- und Prozessrecht und späterer Mitbegründer der Bucerius Law School. Kötz nahm mich als Assistenten und ich begann meine Dissertation zu schreiben.

Das Thema meiner Dissertation sollte lauten: »Die Rechtsprechung des Bundesgerichtshofs zu allgemeinen Geschäftsbedingungen unter besonderer Berücksichtigung der ökonomischen Analyse des Rechts«. Mein Text war ungewöhnlich kurz. Ich hatte festgestellt, dass der Bundesgerichtshof es zwar anders nennt, aber nach Grundsätzen der ökonomischen Analyse handelt. Das Ergebnis war eindeutig und mehr war da auch nicht zu schreiben. Teile meiner Arbeit fanden Eingang in den von Kötz kommentierten Münchener Kommentar zu den AGBs. Während juristische Dissertationen üblicherweise eine Länge von etwa dreihundert Seiten haben, hatte meine nur fünfundzwanzig Seiten, mehr fiel mir nicht ein. Ich musste daher eine neue Dissertation beginnen. Die Grundregeln der ökonomischen Analyse waren in der Rechtsprechung des BGH sehr leicht nachzuvollziehen. Nur ein Beispiel: Die ökonomische Analyse geht davon aus, dass bei zwei Beteiligten, die sich um ein materialisiertes Risiko streiten, derjenige zahlen muss, der den Schaden am günstigsten versichern kann, weil er die Schadenswahrscheinlichkeit besser kennt und die Höhe der potenziellen Schäden leichter beurteilen kann. Dieser kann Schäden vermeiden oder günstig versichern. Er muss also im Regelfall haften. Diese Erkenntnis ist weder intellektuell noch juristisch derart wertvoll, dass man dafür eine Promotion bekommt. Wahrscheinlich hätte ich die Arbeit noch mit ein paar Fällen so anreichern können, dass sie nach mehr ausgesehen hätte. Aber ich fand das Alternativthema viel spannender.

Das zweite Dissertationsthema beschäftigte sich rechtsvergleichend mit Anwaltswerbung. In den USA war Anwaltswerbung gerade vom Supreme Court in der Entscheidung Bates vs. State Bar of Arizona 433 U.S. 350 erlaubt worden. In Deutschland war sie streng verboten. Es stellte sich daher die Frage, ob eine Legalisierung auch in Deutschland in Anbetracht der praktischen Vor- oder Nachteile richtig wäre. Im Rahmen meiner Forschungen zu diesem Thema stellte ich dann überraschend fest, dass es für das anwaltliche Standesrecht und damit für das Werbeverbot für Rechtsanwälte keine gesetzliche Rechtsgrundlage gab. Die Anwaltschaft hatte sich zwar ein diesbezügliches Regelwerk gegeben, mit dem ständig in die Berufsfreiheit und damit in Verfassungsrechte von Anwälten eingegriffen wurde, aber es gab hierfür keine gesetzliche Grundlage. Kaum zu glauben, dass dies zuvor nicht beanstandet worden war. Das Bundesverfassungsgericht hat es wenig später auch so gesehen (BVerfG 1 BvR 362/79).

Hein Kötz ist gemeinsam mit Konrad Zweigert Autor des berühmten Werkes »Einführung in die Rechtsvergleichung«. Bei Rechtvergleichung vergleicht man die rechtlichen Lösungen in unterschiedlichen Ländern und bewertet, ob abweichende Regelungen historisch legitimiert oder in sonstiger Weise begründbar sind. Und man prüft schließlich – das ist das Wesentliche – welche der Lösungen in den Ländern objektiv am besten sind und ob diese Lösungen auf die anderen Länder übertragbar sein können. Als ausgewiesener Rechtsvergleicher legte Kötz Wert darauf, dass ich an meinen Fremdsprachenkenntnissen, und zwar Englisch und Französisch, feilte. So verbrachte ich einen Spätsommer beim Weinpflücken in Frankreich. Das war zwar vor allem meinem Interesse an Weinbau geschuldet, aber immerhin hat es mein Französisch verbessert. Heute baue ich selbst Wein in Italien an.

Eine Assistenzzeit an einer deutschen Universität beinhaltet eine Lehrverpflichtung. Das heißt, man muss Vorlesungen sowie Veröffentlichungen vorbereiten. Ansonsten ist es eigentlich bezahlte Zeit für ein Promotionsvorhaben. Man ist morgens Referendar und nachmittags Assistent. Man verdient doppelt, sodass man, anders als vom Referendarsgehalt, davon leben kann. Aber es wird erwartet, dass man in dieser Phase seine Dissertation schreibt, um zum Dr. jur. zu promovieren. Am deutschen Jurastudium hat mich immer gestört, dass man nach zehn Jahren Studienzeit nur in Deutschland zugelassen ist. Gerade die deutsche Geschichte zeigt, dass das sehr eindimensional ist. Ich wollte daher die Möglichkeit erwerben, auch noch woanders arbeiten zu können, und Kötz förderte das sehr. Also bewarb ich mich an den zehn besten amerikanischen Law Schools um einen Studienplatz. Einer der amerikanischen Unis war mein Abiturdurchschnitt zu schlecht. Bei den anderen zahlten sich die siebzehn Examenspunkte der Hausarbeit und die Empfehlungsschreiben von Bernstein und Kötz aus. Beide waren renommierte juristische Wissenschaftler mit starkem US-Bezug. Kötz war in Ann Arbor an der University of Michigan gewesen und Bernstein erst in Berkeley und dann in Duke. Ich träumte davon, nach Berkeley oder Stanford zu gehen und nebenbei die Gelegenheit zu nutzen, in Kalifornien zu surfen. Als ich den Studienplatz in Harvard angeboten bekam, war ich hin- und hergerissen. Doch mein Vater gab mir den entscheidenden Rat: Für die Europäer sei Harvard immer die Nummer Eins. Und er überzeugte mich. Jedes Jahr gibt es das Ranking der weltweit besten Law Schools und der besten US-amerikanischen Law Schools. Die Harvard Law School führt in all diesen Rankings seit vielen Jahren. In den USA bedeutet dies noch viel mehr als in vielen anderen Staaten. Wer in Harvard studiert hat, ist ein Harvard-Mann. Wer dort war, wird schon einmal in eine entsprechende Elite eingeordnet und bei Bewerbungen bevorzugt. Diese Erfahrung habe ich auch in Deutschland gemacht, auch hierzulande hat ein Harvard-Absolvent in der Regel die besten Karrierechancen.

Von der Welt lernen – Harvard, New York und Rio de Janeiro

Schon als Student war ich ein großer Auto-Fan. Ich hatte mir von dem Geld aus meinen vielen Nebenjobs in Hamburg einen schrottreifen Morgan gekauft, einen englischen Sportwagen mit Holzrahmen. Mit meinem Freund Lutz Leberfinger, der später eine Morgan-Werkstatt aufgemacht hat, nahm ich das Auto in der Garage meiner Eltern auseinander. Bis auf das kleinste Einzelteil. Alles wurde sandgestrahlt, verzinkt, neu gespachtelt und lackiert, der Motor rot, die Karosserie weiß. Ein traumhaftes Auto, das ich Jahre später verkaufte, um die ersten Computer »Commodore C64« für meine Kanzlei anzuschaffen.

Aber nun ging es erstmal nach Harvard. Ich hatte mir überlegt, einen gut erhaltenen roten Porsche 956C, der in den USA doppelt so viel wert war wie in Deutschland, mitzunehmen und in den USA zu verkaufen, um meinen Lebensunterhalt dort zu finanzieren. Ich fand ein sehr schönes Exemplar für dreizehntausend D-Mark. Ich nahm meine durch die vielen Nebenjobs angewachsenen Ersparnisse und investierte einen Großteil in dieses Prachtstück. Der Schiffstransport nach Albany im US-Bundesstaat New York war erstaunlich günstig, er kostete nicht einmal zweitausend Mark.

Nachdem ich in Cambridge angekommen war, nahm ich den Greyhound-Bus nach Albany und holte das Auto ab. Es hatte ein deutsches Kennzeichen, denn ich hatte geklärt, dass ich mit diesem Kennzeichen drei Monate in den USA fahren durfte. Bis dahin wollte ich den Wagen verkauft haben. Auf der Rückfahrt von Albany wurde ich angehalten. Ein Polizist baute sich breitbeinig vor mir auf und bemängelte das deutsche Kennzeichen. Ich erklärte ihm, dass ich damit in den USA drei Monate fahren dürfe.

Seine Antwort war: »Wenn das legal wäre, hätte ich so ein Kennzeichen schon mal gesehen!«

Ich musste den Wagen an der Wache abstellen und durfte ihn erst wieder abholen, als ich ein amerikanisches Kennzeichen hatte. Das habe ich mir dann schnell besorgt und den Wagen nach Cambridge geschafft. Es war mein erstes Erlebnis mit der amerikanischen Polizei.

Verkauft habe ich den Porsche dann erst einmal nicht, weil er so gut nach Cambridge passte und ich gern in New England mit ihm herumfuhr. Erst als ich Boston verließ, habe ich ihn mit einem fünfstelligen Gewinn veräußert.

Das amerikanische Bildungssystem ist anders aufgebaut als das deutsche: Ein amerikanischer Student besucht zunächst die Highschool, anschließend geht er aufs College und erst danach auf eine sogenannte Professional School. Wer Jura studiert, muss also erst die Highschool, dann ein College und anschließend die Law School absolvieren. Ein Highschool-Abschluss ist in etwa vergleichbar mit dem Abitur. Der College-Abschluss entspricht in etwa einer deutschen Zwischenprüfung, wie dem Physikum oder Vordiplom. Vergleichbares gilt bei Medical- oder Businessschools. Das ist für Deutsche immer ein wenig schwer zu verstehen, weil wir mit Abitur und Universitätsausbildung von einem zweistufigen Bildungssystem ausgehen. Die Gesamtzeit der Ausbildung in den USA ist nicht länger, aber der deutsche Betrachter hat zunächst den gegenteiligen Eindruck. Oder, je nach Perspektive, sie wirkt kürzer, wenn man nur auf die drei Jahre Law School schaut. Amerikanische Jurastudenten sind bei Beginn des Jurastudiums älter als deutsche Studienanfänger, weil sie schon das College hinter sich haben. Aber sie sind früher fertig mit dem Jura-Studium, weil es nur drei Jahre dauert und eine Referendariatszeit in den USA nicht erforderlich ist.

Der »LLM« oder »Master of Laws« ist der akademische Titel, den man als ausländischer Jurist erwerben kann. Neben diesem akademischen Grad kann man noch das sehr viel schwierigere Barexamen machen, das einem die Zulassung als Rechtsanwalt gewährt, wenn man es denn besteht. Der LLM ist bei jungen Anwälten sehr begehrt. Meistens mit einem Hinweis darauf, an welcher Universität man ihn bekommen hat. Das geschieht, um die zahllosen unseriösen akademischen Leichtgewichte unter den Universitäten zu kennzeichnen, die den LLM vergeben. Ich habe den Titel nie als LLM (Harvard) geführt, weil ich dies als angeberisch empfunden hätte. Aber die Anwaltskammer hätte es eigentlich gerne so.

Die Zweistufigkeit von College und Professional School prägt auch das Bild von Harvard. Der große Harvard-Komplex wird vom Charles River geteilt. Der Charles ist ein Fluss, an dessen Ufern morgens Studenten aller Universitäten gemeinsam joggen. Auf der Südseite des Charles River liegt die Harvard Business School, ein vornehmes Gebäude mit weißer Fassade. Manager aus aller Welt schlagen sich um die begehrten Studienplätze, vor allem um die Sommerkurse. Am gegenüberliegenden Flussufer liegt das MIT, das Massachusetts Institute of Technology, wo das Internet miterfunden wurde. Die Law School und ein Großteil der Colleges sind ebenfalls auf der Nordseite des Flusses im Stadtteil Cambridge untergebracht. Wer an Harvard denkt, denkt an Harvard College, Harvard Yard und den wunderschönen Park, in dem im Sommer die Studenten aus aller Herren Länder in den Pausen zwischen den Vorlesungen in der Sonne sitzen. Es fallen einem auch unglaubliche Erfolgsgeschichten ein. Zum Beispiel die Geschichte von Bill Gates, der auf dem Harvard Yard am Kiosk eine Zeitschrift mit einem PC auf der Titelseite sah und sofort sein Studium abbrach, um selbst PCs zu bauen. Oder die Geschichte von Barack Obama, der es schaffte, als erster Afroamerikaner Chefredakteur des *Harvard Law Review* zu werden.

In der Mitte der großen Grünanlage »Harvard Yard« steht ein Denkmal des 1638 verstorbenen John Harvard, der die Universität gegründet hatte. Hier kam ich nun im Sommer 1982 im Alter von fünfundzwanzig Jahren an und suchte mir erstmal eine Wohnung.

Als Student vor dem John-Harvard-Denkmal in Cambridge

Ich konnte bei Freunden in Needham, einer Kleinstadt in der Nähe von Boston unterschlüpfen, bis ich eine eigene Unterkunft gefunden hatte. Eine Übernachtung in den Dorms (Dormitory = Studentenheime) kam trotz des dort angeblich so großen Spaßfaktors für mich nicht in Betracht. Ich wollte meinen Master schreiben, meine amerikanische Anwaltszulassung und Promotion erreichen. Ich hatte viel vor und musste ungestört leben, arbeiten und schlafen können.

Bei der Einführungsveranstaltung an der Law School lernte ich meine Mitstudenten kennen. Studenten in allen denkbaren Hautfarben und Kleidungsstücken, aus allen erdenklichen Ländern der Welt. Unter den Studenten waren aber auch Töchter und Söhne der berühmten Pilgerväter-Familien, die im siebzehnten

Jahrhundert mit der Mayflower von England nach Amerika aufgebrochen waren. Auch sie fügten sich unauffällig in den Multikulti-Kosmos ein. Mein erster Eindruck war, dass es hier viele nette, kluge Kommilitonen gab, das könnte Spaß machen. Und so war es dann auch.

Die Einführungsveranstaltung hielt Dekan David Smith. Ich prägte mir als Erstes seine Bemerkung ein: »Die einzigen Fragen, die ihr jemals bereuen werdet, sind die Fragen, die ihr nicht gestellt habt!« Und zweitens seinen Rat, nicht nur Hardcore-Fächer wie internationales Steuerrecht, Kartellrecht und Gesellschaftsrecht zu studieren, sondern auch die bunten Nebenfächer, welche es in dieser Menge nur in Harvard gibt, und die meine Denkfähigkeiten erheblich erweitert haben: Rechtssoziologie, Rechtsanthropologie, Rechtsgeschichte, ökonomische Analyse des Rechts.

Schnell freundete ich mich mit zahlreichen Kommilitonen an. Auch mit Nancy Young, einer Amerikanerin mit chinesischen Vorfahren, die im Admission Bureau arbeitete. Sie nahm mich an die Hand und brachte mir alles bei, was man über Cambridge und Harvard wissen musste. Später reiste meine damalige Freundin aus Hamburg nach und zog bei mir ein. Zu dieser Zeit lehrte Wolfgang Hoffmann-Riem, der spätere Hamburger Justizsenator und Bundesverfassungsrichter, in Harvard. Meine Freundin arbeitete bei ihm an der Law School als Assistentin und wir verbrachten einige Monate mit unserem Studium und interessantem juristischen Austausch, ehe sie wieder nach Hause musste und unsere Fernbeziehung später scheiterte.

Sally Moore hat mir in ihrem Rechtsanthropologie-Kurs beigebracht, dass Fragen, die westliche Juristen eindeutig beantworten können, in anderen Ländern, in anderen Kulturkreisen ganz anders beantwortet werden. Sally Falk Moore war eine Rechtsanthropologin, die auf Rechtsvergleichung unter Berücksichtigung kultureller Unterschiede spezialisiert war. Sie war im Auftrag der amerikanischen Regierung als Beobachterin bei den Nürnberger Prozessen dabei. Sie hatte selbst an der Columbia University studiert und in der Folge sowohl in Yale als auch in Harvard und der UCLA als Professorin unterrichtet. Ein vorbildlicher Mensch und eine gescheite Lehrerin und Akademikerin.

Eine ihrer Vorlesungen beschäftigte sich mit Bride Wealth, also dem Brauch, dem Vater einer Braut Geld zu zahlen oder ihm ein Kamel zu schenken, wenn man seine Tochter heiraten will. Wir Westler fanden das völlig inakzeptabel, bis sich ein Student aus dem Sudan zu Wort meldete und uns erklärte, was für unglaubliche Ignoranten wir doch seien. In seiner Heimat würde sich jedes anständige Mädchen entehrt fühlen, wenn der Bräutigam seine Liebe nicht mit großzügigen Geschenken an den Brautvater ausdrückte. Ich war vorher kein Freund von Bräuchen wie Bride Wealth, hielt sie gar für einen Verstoß gegen die Menschenwürde. Dieses Erlebnis hat mich gelehrt, dass juristische und gesellschaftliche Themen häufig nicht so einfach sind, wie sie auf den ersten Blick erscheinen. Rechtsvergleichung ist ohne Verständnis kultureller und traditionsbasierter Unterschiede nicht möglich.

Donald Black war mein Professor für Rechtssoziologie. Er hatte ein Buch geschrieben, das »The Behaviour of Law« heißt. Seine These lautet, dass Rechtssysteme eine bestimmte Befangenheitstendenz haben, völlig losgelöst vom Land oder der jeweiligen juristischen Dogmatik und Theorie. In einer großangelegten Untersuchung hat er nachgewiesen, dass in den USA Upward Crimes, also in der gesellschaftlichen Struktur aufwärtsgerichtete Verbrechen, von den Gerichten immer stärker bestraft werden als Downward Crimes. Konkret heißt das, dass Verbrechen von Schwarzen an Weißen härter bestraft werden als Verbrechen von Weißen an Schwarzen. Ebenso würden Verbrechen von Frauen an Männern höher bestraft als Verbrechen von Männern an Frauen. Diese Arbeit von Donald Black war ein wichtiger Meilenstein auf dem Weg zur Abschaffung der Todesstrafe in vielen Bundesstaaten der USA, weil sie zeigte, dass die praktische Folge der Urteile die Diskriminierung bestimmter Bevölkerungsgruppen war.

Rechtsgeschichte hörte ich bei David Kennedy, einem für amerikanische Verhältnisse linken Revoluzzer. Er hielt unglaublich inspirierende Vorlesungen, die kritisch mit dem amerikanischen Rechtssystem umgingen. Harvard konnte sich Kritik an der eigenen Rechtsgeschichte leisten. Das macht den Unterschied zwischen deutscher und amerikanischer Juristenausbildung deutlich. In Deutschland lernt man immer nur dieselben uralten Rechtstexte auswendig, während die amerikanischen Juristen als Bildungsziel »Learn to think like a Lawyer« haben. Harvard konnte sich angesichts der dort versammelten Kompetenz auch Kritiker leisten.

Meine Lieblingsveranstaltung war Law and Economics bei Steve Shavell. Die Theorie von Law and Economics besagt, dass juristische Lösungen immer ökonomischen Kriterien folgen – auch wenn das Juristen nicht bewusst ist. Ein Beispiel: Wenn ein Rechtssystem einem Bauern keinen Eigentumsschutz gewähren würde, wüsste er nicht, ob er im Herbst auch ernten kann, was er im Frühling gesät hat. Er wird also nichts säen, es gäbe nichts zu ernten, die Lebensmittel würden knapp und die Versorgung der Bevölkerung geriete in Gefahr. Das ist der wirkliche Grund des Eigentumsschutzes und nicht hehre verfassungsrechtliche Ideale.

Rechtsvergleichung hatte mich schon in meiner Assistentenzeit bei Prof. Kötz beschäftigt, in Harvard hatte ich reichlich Gelegenheit dazu, meine Kenntnisse zu erweitern. Ich verbrachte viele Stunden damit, die amerikanischen mit den deutschen Lösungen zu vergleichen. Dabei habe ich gelernt, dass die Rechtssysteme zwar unterschiedlich aussehen, sich die Ergebnisse aber meistens gleichen. Wenn einer einem anderen ein kaputtes Auto verkauft, gibt es nicht viele juristische Möglichkeiten. Der Verkäufer muss das Auto zurücknehmen und den Kaufpreis erstatten, oder der Käufer behält das Auto und verlangt Minderung oder gar Schadensersatz.

Das ist in allen Ländern gleich, unabhängig wie die jeweilige juristische Begründung lautet.

In den Vorlesungen von Steven Shavell, der Recht und Wirtschaft lehrte, entwickelte sich meine große Sympathie für das amerikanische Schadensersatzsystem. In Deutschland wird die Geschichte von der Katze, die in der Mikrowelle verbrannte, was zu Millionen Dollar Schadensersatz führte, gern als absurder Auswuchs dieses Rechtssystems verspottet. Tatsächlich werden in Amerika Themen wie Produktsicherheit anders gelöst als in Deutschland. In Amerika geschieht das über horrende Schadensersatzansprüche. In Deutschland wird eine neue Aufsichtsbehörde gegründet. Und dann noch eine und noch eine. Bis hin zur totalen Lähmung von Verfahren. Ich bin davon überzeugt, dass rechtliche Maßnahmen nur dann einen gewünschten verhaltensändernden Effekt auslösen, wenn sie mit schwerwiegenden finanziellen Folgen verbunden sind. Mit diesem Rechtsverständnis habe ich später die Schmerzensgeldzahlungen für Persönlichkeitsrechtsverletzungen in Deutschland nach oben geschraubt. Ich habe den Gerichten erklärt, dass ein Medienunternehmen, das mit Persönlichkeitsrechtsverletzungen Geld verdient, erst damit aufhören wird, wenn die möglichen Kosten höher sind als der Ertrag. Von Professor Shavell habe ich vieles gelernt, was mir bei meiner Anwaltstätigkeit geholfen hat. Ein Beispiel: Was bedeutet es, wenn vor Steves Eiscreme Shop am Harvard Square meterlange Schlangen stehen und viele Kunden auf Eis warten? Die Antwort ist einfach – die Nachfrage übersteigt das Angebot. Das Eis ist zu billig. Die Theorie von Angebot und Nachfrage als Steuerungsinstrument der Wirtschaft wird leider an deutschen Gymnasien und Universitäten, vielleicht mit Ausnahme von Volks- und Betriebswirtschaft, nicht gelehrt. Wir haben Millionen von Bürgern, die nicht wissen, was Angebot, Nachfrage und Marktpreis bedeuten. Diese mangelnde Bildung und das fehlende Verständnis wirtschaftlicher Zusammenhänge führen dazu, dass in Deutschland immer noch viele Leute mit der Planwirtschaft liebäugeln und staatliches Engagement in der Wirtschaft befürworten, obwohl das nach heutiger allgemeiner Auffassung zwangsläufig zu Mangelwirtschaft führt.

Gesellschaftsrecht habe ich bei dem späteren Dekan Robert C. Clark gehört. Er brachte uns die trockenen gesellschaftsrechtlichen Lehrsätze in Musikform nahe. Zum Beispiel gab es einen Song nach der Melodie von »Gaudeamus igitur«. Der hieß »fraudulent conveyances«, »Betrügerische Übertragungen« Wir sangen alle gemeinsam. Nie hat mir Gesellschaftsrecht mehr Spaß gemacht wie in dieser Vorlesung. Auch konkludente Willenserklärungen lernten wir mit einem Song. Konkludente Willenserklärungen sind Willenserklärungen durch schlüssiges Handeln. Wenn man beispielsweise einem Kellner mit einem leeren Glas winkt, um zu signalisieren, dass es bitte gefüllt werden möge, dann ist das eine konkludente Willenserklärung. Bei Clark gab es als Beispiel dafür den alten Song: »Just tie a yellow ribbon around the old oaktree«. Das Umbinden des alten Baumes mit einem gelben Band als Zeichen des Willkommens ist die konkludente Willenserklärung, die es hier zu lernen galt.

Auch unser Professor Arthur von Mehren, eine Koryphäe auf dem Gebiet des internationalen Rechts, war ein großartiger Lehrer. Im Wintersemester lobte er eine Geldprämie von eintausend Dollar für die beste Klausur des Jahrgangs aus. Mein Lernteam und ich bereiteten uns gemeinsam darauf vor und waren ganz sicher, dass einer von uns die eintausend Dollar gewinnen würde. Denn wir alle, darunter eine Peruanerin, ein Nigerianer, eine Deutsche und ein Schweizer, hatten an den besten Universitäten unserer Länder studiert und auch schon Vorlesungen gehalten. Wir hielten uns für ein absolutes Top-Team. Doch wir hatten uns überschätzt. Mit großem Abstand gewann ein Pakistani, den wir alle nicht richtig auf dem Zettel hatten, weil er ein komisches Englisch sprach. Seine Arbeit war tatsächlich großartig. Da habe ich gelernt, dass man niemals einen Wettbewerber unterschätzen darf, schon gar nicht aufgrund von Äußerlichkeiten.

Eine besonders interessante Vorlesung an der Law School war »Professional responsibility«. Nachdem sich herausgestellt hatte, dass die meisten Beteiligten am Watergate-Skandal Rechtsanwälte gewesen waren, hatte die amerikanische Anwaltschaft einen Tiefpunkt im öffentlichen Ansehen erreicht. Es gab in den Medien viele wütende Kommentare, die sich über die fehlende Moral und Ethik der beteiligten Anwälte beklagten. Und es gab immer mehr Anwaltswitze, die deutlich und fühlbar den Niedergang der Anwaltschaft und ihres Ansehens bezeugten. Zum Beispiel: Die Familie eines verstorbenen Anwalts berät, welche Inschrift am besten auf seinen Grabstein passt. Schließlich einigt sie sich auf einen Spruch, der sein Ethos als Anwalt am besten ausdrückt: »Here lies …«. (»Hier liegt …«, Im Englischen aber auch »Hier lügt …«)

Oder: Ein Priester und ein Anwalt sind gestorben und treffen sich auf dem Weg in den Himmel. An der Pforte empfängt sie der heilige Petrus und sagt, er stelle ihnen ein Fahrzeug zur Verfügung, damit sie sich ein wenig in der Gegend umsehen könnten. Dem Anwalt übergibt er eine große weiße Limousine, dem Priester ein Fahrrad.

»Moment mal, warum kriegt der Anwalt eine Limousine und ich nur ein Fahrrad?«, fragt der Priester, und Petrus antwortet: »Wir haben hier eine Menge Priester, aber es ist das erste Mal, dass ein Anwalt es in den Himmel geschafft hat.«

Professional responsibility, also Standesrecht, wurde also aus gutem Grund ein Pflichtfach beim Anwaltsexamen und musste an der Law School gelehrt werden.

Das Harvard-Prinzip der Vorlesungen beruht bevorzugt auf der Führung freier Diskussionen, aus denen sich dann Erkenntnisse ergeben. In Professional responsibility starteten wir mit folgendem Fall: »Du bist ein junger Anwalt, hast dein Universitäts- und Barexamen gerade erst bestanden und fängst einen Job in einer New Yorker Großkanzlei an. Die Firma hat einen Mandanten, der Babymilchpräparate nach Südamerika exportiert.

Das Produkt ist möglicherweise gesundheitsschädlich, denn die Todesrate von Babys ist gestiegen, seit dieses Präparat dort verkauft wird. Es folgt eine große Untersuchung der Staatsanwaltschaft, in der geprüft wird, ob es an dem Produkt liegt, dass in Südamerika überdurchschnittlich viele Babys sterben. Deine Firma beauftragt dich daraufhin, einen Schriftsatz zu entwerfen, der dazu führen soll, dass das Produkt noch drei Monate länger im Verkauf bleibt, bevor es endgültig verboten wird. Würdest Du das Mandat übernehmen?«

In der ersten Diskussionsrunde herrschte große Empörung, alle waren sich einig: »Diese furchtbaren Großkanzleien, unerhört, keinerlei Moral, keinerlei Ethik. Nein, wir würden solch ein Mandat nicht annehmen.«

Dann spitzte der Professor, der die Vorlesung leitete, die Situation zu: »Wir stellen uns vor, du bist bereits fünf Jahre in der Firma und kurz davor, zum Partner ernannt zu werden. Würdest du die Mandatsannahme dennoch verweigern? Wir stellen uns weiter vor, du hast gerade für deine Familie ein schönes Haus gekauft. Du hast Hypotheken bis zum Anschlag aufgenommen. Du bist auf den Job angewiesen. Und schließlich ist auch noch deine Ehefrau erkrankt und benötigt teure Medikamente. Würdest Du das Mandat immer noch ablehnen?«

Anders als in der ersten Diskussionsrunde war das Meinungsbild nun nicht mehr so eindeutig, viele gerieten ins Grübeln. In dieser Vorlesung lernte ich, dass solche Interessenkonflikte im Leben eines Juristen häufig vorkommen können. Und mir wurde bewusst, dass die Freiheit, ein Mandat wegen ethischer Bedenken nicht anzunehmen, einen hohen Preis haben kann. Dennoch blieb diese Freiheit später immer ein überaus wichtiger Bestandteil meiner Berufsausübung.

Natürlich war ich als Wasserfan auch in Harvard nicht vom Segeln oder Windsurfen abzuhalten. Die Harvard Sailing Society hat auf dem Charles River ein paar Jollen liegen, die man als Student jederzeit leihen kann. Zum Windsurfen importierte ich ein Brett aus Deutschland. Denn es gab damals in Amerika noch keine modernen Boards, weil die Modelle der US-Marke Windsurfer noch durch zahlreiche US-Patente vor Konkurrenz geschützt und deshalb technisch veraltet waren. Mit meinem frisch importierten Raceboard war ich der Star an jedem Strand. Eines Tages sprach mich ein anderer Surfer an, der sehr polyglott war und die Patentproblematik kannte. Er baute sich seine Bretter selbst. Timour Boutros-Ghali war der Neffe des UN-Generalsekretärs Boutros-Ghali aus Ägypten. Er studierte am Massachusetts Institut of Technology und wohnte direkt an der Law School. Nach diesem Treffen wurde Timour mein ständiger Windsurfbegleiter. Er beschafft heute sehr erfolgreich Venture Capital in Kalifornien.

Harvard hat einfach Spaß gemacht. Ich studierte viele Stunden am Tag und war nicht der Einzige, der um elf Uhr abends noch in der Bibliothek saß. Die meisten meiner Kommilitonen waren ebenfalls da. Nach der Lektüre tranken wir oft noch ein schnelles Bier, am liebsten in der Inn Square Men's Bar oder am Harvard Square. Ich lernte viele Menschen kennen und als meine Law-School-Zeit nach einem Jahr zu Ende ging, hatte ich eine amerikanische Freundin. Nach dem Harvard-Examen wollten wir beide in New York das sogenannte Bar-Examen machen, die Anwaltszulassung im Bundesstaat New York. New York war für mich immer die Hauptstadt der Welt. Wenn ich neben einer Anwaltszulassung in Deutschland eine weitere haben wollte, dann in New York. Dafür muss man in einem dreimonatigen Crashkurs das gesamte New Yorker Recht mit allen Facetten pauken: Mietrecht, Arbeitsrecht, Verkehrsrecht, Strafrecht. Nichts wird ausgelassen. Das Wissen wird einem bis zum Ersticken reingestopft. Etwa ein Drittel der US-Kandidaten fällt durch. Bei den ausländischen Examenskandidaten ist die Durchfallquote noch viel höher, weil die Klausuren natürlich auch ein Sprachproblem sind, wie auch die bereits sprachlich feinsinnigen Unterschiede zwischen den verschiedenen »multiple choice answers«. Für die amerikanischen Absolventen geht es bei der Prüfung um ihre berufliche Zukunft.

Als Harvard-Graduierter mit Vater Günter Prinz

Im Hiring-Prozess vor den Examina kommen die großen amerikanischen und internationalen Anwaltskanzleien an die Law Schools und heuern junge Anwälte an. Der Anstellungsvertrag wird meist schon in dieser Phase vor den Prüfungen geschlossen. Die einzige Bedingung ist, dass die künftigen Kollegen das nach der Law School folgende Bar-Examen bestehen. Folglich war meine Freundin im Stress. Ich hingegen war relaxt, weil ich mir eine Zukunft auch ohne Bar-Examen vorstellen konnte. Von einem deutschen Juristen erwartet man dieses Examen eigentlich nicht.

Nach dem ersten Tag des Bar-Examens, an dem sechs Klausuren absolviert werden mussten, war ich fix und fertig. Ich hatte das Gefühl, dass ich mich plötzlich nicht mehr klar auf Englisch ausdrücken konnte. Der Prüfungsstress hatte mich geknackt. Ich wollte die Prüfung aufgeben und ging feiern. Im Studio 54, der New Yorker Disco, die damals sehr en vogue war, verbrachte ich die Nacht und landete schließlich am frühen Morgen auf dem Dach des Hauses an einem Swimming Pool. Als die Sonne aufging, lachte New York mich an. Ich fühlte mich bester Dinge und ging zum zweiten Prüfungstag. Die ganze Prozedur fand in einem Fährterminal am Hudson statt. Dort saß ich mit etwa eintausend anderen Kandidaten sorgfältig getrennt an Schreibtischen und meisterte den Multiple-Choice-Test mit meiner großartigen Morgenlaune.

Im Ergebnis bestanden wir beide. Meine Freundin begann bei einer noch heute renommierten internationalen Großkanzlei und ich bei einer mittelgroßen US-Kanzlei, die es längst nicht mehr gibt. Der Wettbewerb unter den jungen amerikanischen Anwälten ist mörderisch. Von denen, die eingestellt werden, schaffen es nur wenige, irgendwann Partner zu werden und sehr viel Geld zu verdienen. Die anderen müssen die Kanzleien wechseln und schlimmstenfalls Manhattan verlassen, um an anderen Orten, wie zum Beispiel den Versicherungszentren Rochester oder Hartford eine weitere Karriere zu versuchen. Diese kompetitive Arbeitsatmosphäre missfiel mir sehr. Ich wollte, jedenfalls zu diesem Zeitpunkt, weder dauerhaft in New York arbeiten noch irgendwo Partner werden. Ich wollte mein Leben genießen, weitere Abenteuer erleben und lernen. Ich notierte auf einem Zettel Städte, in denen ich gern mal leben wollte: Neu-Delhi, Lagos, Buenos Aires, Rio de Janeiro. In all diesen Metropolen bewarb ich mich. Nach kurzer Zeit bekam ich eine Zusage von der Deutsch-Brasilianischen Handelskammer in Rio de Janeiro, eine Referendar-Station, die es mir ermöglichte, meine deutsche Juristenausbildung in Rio de Janeiro fortzusetzen Nun begann eine der schönsten Zeiten meines Lebens

Nachdem ich nachts in Rio gelandet war, fuhr ich zuerst in die Avenida Rio Branco, den Sitz der Deutsch-Brasilianischen Handelskammer. Ich wartete mit meinem Koffer ab fünf Uhr morgens vor der Tür, bis der erste Mitarbeiter kam. Dann lernte ich meinen neuen Chef kennen, Dr. Jürgen Möllering, einen erfahrenen internationalen Juristen, der schon überall auf der Welt gearbeitet hatte und nun für drei Jahre zum neuen Chef der Handelskammer berufen worden war. In meiner Bewerbung hatte ich geschrieben, dass ich Portugiesisch spreche, doch das war weit übertrieben. Ich hatte mithilfe von ein paar Kassetten klassisches Portugiesisch gelernt, wie es in Europa gesprochen wird, aber die Aussprache ist eine vollkommen andere als in Brasilien. Mein Glück war, dass mein neuer Chef ebenfalls kein brasilianisches Portugiesisch sprach. So begann unser Arbeitstag von nun an mit zwei Stunden Portugiesisch-Unterricht. Wir wurden gute Freunde und sind es bis zum heutigen Tag. Ich habe Jürgen Möllering enorm viel zu verdanken. In Rio war ich mit einem riesigen Alukoffer angekommen, der alle Unterlagen für meine Dissertation enthielt. Die hatte ich nämlich seit meiner Assistentenzeit bei Prof. Kötz immer wieder aufgeschoben. Jetzt wollte ich sie zu Ende schreiben, auch wenn mich das Zeit kosten würde, die ich gern an den berühmten Stränden von Rio verbracht hätte.

Ich hatte ein Zimmer in einer Wohnung mit zwei deutschen Referendaren und zwei Brasilianerinnen am Praia Botafogo. Es war eine prachtvolle große Altbauwohnung, die sich die beiden brasilianischen Damen schon vor Jahren gemietet hatten und dort Untermieter aufnahmen. Wir freundeten uns an und unternahmen viel. Es war eine fröhliche, multikulturelle WG, die wir alle sehr genossen haben. Jeden Morgen stiegen meine Referendarkollegen und ich am Praia Botafogo in den Bus und fuhren eine Viertelstunde ins Büro in die Avenida Rio Branco. Alle paar Wochen wurden wir im Bus ausgeraubt. Das war normal, wir hatten uns darauf vorbereitet. Unser Geld hatten wir im Schuh und nur ein paar Cruseiros in der Tasche, die wir dann bereitwillig den Räubern aushändigten. Wir hatten einen netten Freundeskreis und ich verliebte mich in eine junge Brasilianerin, die als Betriebspsychologin in einer Bewachungsfirma arbeitete. Ihre Mutter war eine hochrangige Schamanin der Macumba-Sekte und feierte in den Favelas, den Armenvierteln von Rio, Macumba-Riten mit Tieropfern. Beim Macumba-Ritus, einem afrobrasilianischen Kult, spielen Hexen, Glauben und Fetische eine große Rolle. Auch schwarze Magie gehört dazu. Bei den Ritualen wird in Trance Kontakt mit Ahnen aufgenommen und es werden deren Ratschläge übermittelt. In meiner Freundin mischte sich sehr reizvoll dieser alte afrobrasilianische Brauch mit modernem Denken und unsere Beziehung ermöglichte mir den Zugang zu den gefährlichsten Favelas, den Slums und Macumba-Ritualen. Es war eine faszinierende Zeit in Rio.

Rückkehr nach Hamburg

Im Sommer 1985 musste ich zurück nach Hamburg. Es war nun Zeit, mein Zweites Staatsexamen zu schreiben. Eine Referendarstation fehlte noch – beim Oberlandesgericht. Ich hatte mich bei Manfred Engelschall beworben, dem vormals legendären Vorsitzenden der Pressekammer beim Landgericht Hamburg, der nun einem Senat beim Hanseatischen Oberlandesgericht vorsaß. Als ich mit meinem alten Morgan, den ich inzwischen reaktiviert hatte, zu meiner ersten Verhandlung ins Gericht fuhr, passierte das für englische Sportwagen Typische. Der Wagen blieb kurz vor dem Ziel liegen, weil die Elektrik nicht funktionierte. Es hat also seinen Grund, dass man die Lucas-Elektrosysteme in englischen Sportwagen als »Lucas – The Lord of darkness« verspottet.

Ich versuchte, den Schaden zu beheben, sodass ich mit ölverschmutzten Händen ein paar Minuten zu spät kam. Ich rannte durch die Gänge, stürzte in das Sitzungszimmer, aber niemand war da. Also lief ich weiter ins nebenan gelegene Richterzimmer. Dort saß Manfred Engelschall, der Jahre später mein Partner werden sollte, umringt von seinen Richtern und den Vertretern der Prozessparteien.

»Möchten Sie einen Sherry?«, fragte er mich morgens um halb Zehn, als wäre es das Normalste der Welt.

Die Verhandlung fand anschließend im Sitzungssaal statt. Aber Engelschall hatte schon beim Sherry alles so gut vorbereitet, dass die Prozessparteien sich schnell einigten.

Manfred Engelschall war ein wunderbarer Mensch: Ein unglaublich souveräner, kluger Richter. Nach einer überstandenen Kinderlähmung war er körperbehindert, aber ein begeisterter Segler, der an großen Hochseeregatten auf den Schiffen des NRV, des Norddeutschen Regattavereins Hamburg, teilnahm. Der Club liegt direkt an der Außenalster. Auf der anderen Seite, würde ein Hamburger sagen, der am feinen Westufer wohnt. Die Clubterrasse am Ostufer hingegen hat die schönste Abendsonne der Stadt. Manfred hatte auch in anderen Hamburger Clubs, wie dem Überseeclub und dem Anglo-German Club, ein gewichtiges Wort mitzureden. Ganz besonders am Herzen lagen ihm die Hamburger Rotarier. Er war ein beliebter Tischredner. Wann immer es an einem Redner mangelte, stand er auf und begann seine Rede, die immer witzig und pointiert war und immer damit endete, dass er sein Glas hob und seinen berühmten Trinkspruch »Upon the Ladys!« aussprach.

Bis zur Wiedervereinigung war Hamburg Deutschlands Medien- und Pressehauptstadt. Hier hatten – und haben bis auf die *Bild*-Zeitung, die seit 2008 in Berlin gemacht wird – *Spiegel*, *Stern*, und *Zeit* ihren Sitz. Folglich wurde hier auch die Mehrzahl der Presserechtsprozesse geführt. Die Zivilkammer 24 des Hamburger Landgerichts, die sogenannte Pressekammer, war die erste Spezialkammer

Prinz-Sozius Manfred Engelschall

für Presserecht in Deutschland. Manfred Engelschall hatte sie elf Jahre als Kammervorsitzender geleitet, bevor er zum Oberlandesgericht befördert wurde. Dort bekam er einen Seerechtssenat, was ihm nicht so sehr gefiel. Ein Berufungssenat in Pressesachen hätte besser zu ihm gepasst, aber dann hätte er die Berufungen gegen seine eigenen erstinstanzlichen Urteile auf dem Tisch gehabt. Er wäre daher »inhabil«, so die juristische Formulierung, gewesen. Um Manfred ranken sich zahlreiche Legenden. Um nur eine davon zu erzählen: Als seine Zivilkammer 24 in dem berühmten Prozess zwischen Inge Meysel und Alice Schwarzer auf der einen und dem *Stern* auf der anderen Seite über die Abbildung nackter weiblicher Hintern auf dem *Stern*-Cover zu entscheiden hatte, lehnte die Kammer die Klagen der beiden Klägerinnen zu Recht ab. Es sei eine sogenannte unzulässige Popularklage, jeder Betroffene, in diesem Fall jede Frau, hätte sie erheben können. Wären in Deutschland damals Sammelklagen nach amerikanischem Muster, also »Class Actions«, möglich gewesen, hätte die Klage gegen den *Stern* aber durchaus Aussicht auf Erfolg gehabt.

Bei der Urteilsverkündung erklärte Engelschall vor der versammelten Presse mit einem verschmitzten Blick auf seine Beisitzerin, die das Urteil geschrieben hatte: »Da hat die Person aber wieder mal ein Fehlurteil gefällt.« Engelschall wusste natürlich, dass das Urteil dem geltenden Recht entsprach, aber er wollte mit dieser Formulierung ausdrücken, dass er eigentlich auf Seite der Klägerinnen stand. Die für das Urteil kritisierte Beisitzerin wurde später OLG-Senatspräsidentin und Justizsenatorin in Hamburg und in Berlin. Es war Lore-Marie Peschel-Gutzeit, eine exzellente Juristin, Vorbild für eine ganze Generation von Juristinnen in Deutschland.

In dieses Umfeld geriet ich nun als Referendar. Da die Verbindung zwischen Manfred Engelschall und der Pressekammer noch sehr eng war, hatte ich das Glück, bei vielen Mittagessen und sonstigen Treffen zwischen den Presserichtern dieser Spezialkammer und ihres ehemaligen Vorsitzenden dabei zu sein und von den Gesprächen zu lernen. Kein Mensch konnte ahnen, dass Manfred Engelschall später mein Partner werden sollte, und auch ich habe nicht im Traum daran gedacht. Die OLG-Station war meine Lieblingsstation in der insgesamt zweijährigen Referendarausbildung.

Ich war vor Harvard auch bei einem Richter am Amtsgericht Hamburg in Strafsachen, der für den Buchstaben »Sch« zuständig war. Alle Angeklagten hießen Schmidt, Schröder oder Schulze, was es unglaublich schwierig machte, die Fälle gedanklich auseinander zu halten. Im Wesentlichen beschäftigte sich diese Abteilung des Amtsgerichts mit Fällen von so großer krimineller Energie wie Schwarzfahren in der S-Bahn oder Verstößen gegen die Unterhaltspflicht in Trennungsfällen. Die Abteilung war schon wegen des Schmidt-Schröder-Schulze-Faktors unglaublich langweilig und machte keinen Appetit auf Strafrecht. Das kleine Zivilrecht lernte ich anschließend beim Amtsgericht Blankenese in Zivilsachen. Der Richter Hoffmann war mein Ausbilder. Von ihm lernte ich, dass der Mandant der schlimmste Feind des Anwalts ist. Das war seine Richterperspektive, basierend auf vielen Jahren amtsgerichtlicher Tätigkeit.

Dann gab es noch den Herrn Lindau in der Verwaltung der Universität Hamburg, bei dem ich lernte, Numerus-Clausus-Prozesse zu führen. Das Bundesverfassungsgericht musste sich 1972 erstmals mit der Frage beschäftigen, ob der Numerus Clausus in Deutschland verfassungskonform ist. Die Richter entschieden weise, dass eine Zulassungsbeschränkung für die Universität jedenfalls insoweit verfassungsgemäß ist, wie die tatsächlich bestehenden Kapazitäten der Universität voll ausgenutzt werden. Wenn also nur vier Zahnarztstühle für die Ausbildung zur Verfügung stehen, kann auch nur eine daraus begründbare Anzahl an Studienplätzen verteilt werden. Schummeln die Universitäten bei dieser Kapazitätsberechnung oder machen sie nach gerichtlicher Auffassung Fehler, ergibt dies zusätzliche Studienplätze, die im Verwaltungsgerichtsverfahren festgestellt werden und dann unter den Klägern verlost oder nach einer Leistungsliste vergeben werden, die sich am Numerus Clausus orientiert.

Das Charmante für jeden Anwalt ist, dass man die Kapazitäten nicht selbst nachrechnen muss. Im Verwaltungsrecht herrscht das sogenannte Offizialprinzip, die Richter müssen ermitteln und können sich nicht darauf verlassen, dass die Prozessparteien ihnen Sinnvolles vortragen. Auf Anwaltsseite haben diese Verfahren unschätzbare Vorteile: Man kann die Arbeitsbelastung leicht abschätzen. Man kann eigentlich nicht verlieren, weil der Mandant ja schon vor dem Prozess keinen Studienplatz hat und es nicht schlimmer werden kann. Und man macht Mandanten garantiert sehr glücklich, wenn sie doch noch einen Studienplatz bekommen.

Alles, was ich während dieser Referendarstation bei Herrn Lindau an der Universität gelernt habe, konnte ich später in meiner ersten Kanzlei verfeinern. Noch heute begegnen mir Leute, die sich überschwänglich dafür bedanken, dass ich ihnen vor dreißig oder fünfunddreißig Jahren einen Studienplatz verschafft habe, der ihr ganzes weiteres Leben positiv beeinflusst hat. Solche Gespräche auf

Cocktailpartys beginnen immer mit »Sie werden sich nicht an mich erinnern, aber Sie haben 1996 für mich einen Studienplatz in Medizin eingeklagt. Ich arbeite heute als Chefarzt am Klinikum XY und bin Ihnen unendlich dankbar, denn meine ganze Karriere habe ich Ihnen zu verdanken.« Das hört man als Anwalt natürlich gern. Numerus-Clausus-Fälle wurden in meinen ersten Praxisjahren in unserer Kanzlei sehr oft geführt. Wenn das Gericht einem unserer Mandanten einen Studienplatz zusprach, wollte jeder den Mandanten anrufen und ihm die frohe Kunde bringen, weil es so schön war, wie sie sich freuten.

Je mehr Universitäten man verklagt, umso größer ist die Chance einen Studienplatz zu finden. Das ist schon ein wenig wie beim Lotteriespiel. Mehr Lose, mehr Chancen. Wir nahmen damals ein Honorar von fünfhundert D-Mark pro Universität und bescherten uns damit ein lohnendes Massengeschäft und den Mandanten viele Studienplätze.

Lehrzeit als Anwalt und Pflichtverteidiger

Ein Anwalt braucht Prozesspraxis. Jedenfalls, wenn er vor Gerichten auftreten, also, wie Juristen sagen, forensisch tätig sein will. Das ist wie bei einem Fußballer, der spielen muss, weil er sonst seine Spielpraxis verliert oder gar nicht erst bekommt. Schon während meiner Station am Hanseatischen Oberlandesgericht hatte ich einen Arbeitsplatz bei einem Freund gefunden, der eine Kanzlei im Hamburger Elbvorort Blankenese betrieb, die sich an die örtliche Kundschaft wendete. Sie vertrat ein breites Spektrum an Fällen, von Scheidungen bis Mietrecht. Nach meiner Zulassung als Anwalt wurde ich in diese Kanzlei aufgenommen. Mir war klar, dass ich für diese Allgemeinpraxis erst einmal eine Zeit lang Strafrecht machen musste. Ich hatte auf diesem Gebiet überhaupt keine Erfahrung.

Also ließ ich mich auf die Pflichtverteidigerliste des Amtsgerichts Blankenese setzen. Gerade Kleinkriminelle haben üblicherweise keinen Kontakt zu Anwälten und stehen dann ohne Unterstützung vor Gericht, sofern ihnen der Richter nicht nach Ermessen einen Pflichtverteidiger beiordnet. Das geschieht jeden Tag in Deutschland viele hundert Male und ermöglicht jungen Anwälten, sich in Strafverteidigungen zu erproben. Zum einen verdient man damit etwas Geld, zum anderen kann man seine Berufspraxis schulen. Ich habe diese Verteidigungen immer sehr gern gemacht, weil ich jedes Mal etwas dazu lernen und auch häufig Unschuldigen aus der Patsche helfen konnte.

Da wir die Richter am zuständigen Amtsgericht, das nur einhundert Meter von der Kanzlei entfernt lag, persönlich kannten, bekam ich eine Menge Mandate.

Eines Tages rief mich ein Richter an und sagte: »Herr Prinz, ich habe hier einen Fall, den ich Ihnen gern schicken würde. Ich bitte Sie, sich das mal anzuschauen.« Es war ein Vergewaltigungsfall. Eine Frau hatte behauptet, an einer Bushaltestelle einen Herrn kennengelernt zu haben. Sie sei mit ihm dann zu sich nach Hause gegangen und dort hätte er sie stundenlang vergewaltigt. Und zwar mehrfach anal, mehrfach oral, mehrfach vaginal.

Als ich die Akte gelesen hatte, rief ich den Amtsrichter an und sagte: »Jetzt verstehe ich!«

»Ja,« meinte er, »das ist ein bisschen viel, nicht?«

»Ja,« antwortete ich, »finde ich auch! Wollen wir mal sehen.«

Der Angeklagte meldete sich vor der mündlichen Verhandlung nicht bei mir. Aber ich übernahm das Mandat trotzdem. Ich traf ihn erst vor Gericht und wir hörten uns die Anklage an, dann kam die Zeugin an die Reihe, die in schillernden Farben schilderte, wie der Angeklagte sie stundenlang vergewaltigt haben sollte. In den meisten Fällen brechen Vergewaltigungsopfer bei der Zeugenbefragung zusammen und weinen, weil Staatsanwaltschaft und Gericht ganz genau nachfragen müssen, was denn passiert ist. Zum Beispiel wird gefragt: »Ist er eingedrungen?« Diese Zeugin aber war ganz offensichtlich begeistert, ein so interessiertes Publikum gefunden zu haben, und erzählte ihre Geschichte in allen Details. Der Angeklagte bestritt die Vergewaltigung komplett, gab aber zu, in der Wohnung des Opfers gewesen zu sein. In einer Verhandlungspause traf ich ihn auf der Toilette. Es war das erste Mal, dass wir unter vier Augen miteinander reden konnten.

Er bat mich: »Fragen Sie die Dame doch mal nach meinen Tätowierungen!«

Ich fragte: »Sind Sie tätowiert?«

»Überall«, antwortete er und zog sein Hemd aus. Tatsächlich war er von oben bis unten tätowiert. Damals gab es noch keine Tattoo-Studios an jeder Ecke, Tattoos waren noch viel seltener als heute. Doch mein Mandant war ein Kleinkrimineller, der in seiner Jugend viel Zeit in Gefängnissen verbracht hatte. Dort langweilten sich die Insassen so sehr, dass sie sich gegenseitig tätowierten und irgendwann am ganzen Körper Tattoos trugen. So war es auch bei ihm.

Wir gingen zurück in den Gerichtssaal und ich bat darum, die Zeugin noch einmal befragen zu dürfen. Der Richter stimmte zu und ich setzte die Vernehmung fort. Ich fragte die Frau, ob ihr am Körper des Vergewaltigers etwas aufgefallen sei, ein Leberfleck, ein Muttermal oder Tätowierungen. Während der stundenlangen Vergewaltigung müsste sie ihn ja ständig entblößt vor Augen gehabt haben.

Sie bestätigte, dass er nackt gewesen sei und nach langem Nachdenken meinte sie: »Vielleicht ein Muttermal.«

Dann bat ich den Angeklagten, sein Hemd auszuziehen. Sein ganzer Oberkörper war ein einziges scheußliches Tattoo. Der Fall ging gut aus für meinen Mandanten und ich habe dabei viel gelernt. Nichts ist so wichtig wie eine detaillierte Mandatsvorbereitung. Gerichtsverhandlungen ohne Vorbereitung sind eine Katastrophe. Die zweite Lehre aus diesem Fall war: Zeugen irren sich, haben ein schlechtes Gedächtnis und ihre vermeintlichen Erinnerungen sind weit weniger zielführend als man glaubt. Wenn man weder Dokumente noch Augenschein hat, kann man sich auf Zeugenaussagen allein nicht verlassen.

In Vergewaltigungsprozessen sind die Opfer typischerweise die einzigen Zeugen, was die Beweisführung besonders schwierig macht. Zumal, wenn einverständlicher Geschlechtsverkehr behauptet wird und keine körperlichen Vergewaltigungsspuren erkennbar sind.

Wie unterschiedlich die persönliche Wahrnehmung sein kann, hatte ich schon vorher gelernt. In meiner Referendarausbildung bei dem Richter Grauschopf hatten wir einmal in der Woche eine Arbeitsgruppe, in der wir unter anderem auch »Stille Post« spielten. Ein Teilnehmer erzählte eine Geschichte, die dann von einem zum anderen weitergereicht wurde. Es war unglaublich, wie sich die Geschichte von Person zu Person veränderte. Wenn zum Beispiel am Anfang gesagt wurde, dass zwei blaue Autos durch den Wald gefahren seien, waren es beim zweiten Erzähler mehrere Autos, die durch den Wald fuhren. Beim dritten parkten sie im Forst oder waren grau. In jeder Erzählung änderten sich wesentliche Teile des Sachverhalts, sodass am Ende eine völlig andere Geschichte herauskam.

In der Arbeitsgemeinschaft dieses Richters habe ich auch Ole von Beust kennengelernt, den späteren Hamburger Bürgermeister. Er fragte mich einige Jahre später während seiner Amtszeit, ob ich nicht Justizsenator werden wolle. Das fand ich sehr ehrenvoll und fühlte mich unglaublich geschmeichelt. Daraufhin habe ich Lore-Marie Peschel-Gutzeit angerufen und ihr erzählt, dass man bei mir angefragt habe, ob ich mir vorstellen könne, ihr Nachfolger zu werden.

Sie riet mir dringend davon ab. »Da bist Du der Oberverwaltungsbeamte der Hamburger Justiz. Sie rufen Dich jedes Wochenende an, wenn ein Gefangener, der eine vollkommen unbekannte Sprache spricht und mit dem niemand kommunizieren kann, einen Wächter angegriffen und verletzt hat. Willst Du das wirklich?«

Ich entschied mich, darüber nicht weiter nachzudenken. Es hätte aber amüsant werden können, zumal meine Ehefrau Alexandra von Rehlingen damals von den Hamburger Medien als Kultursenatorin ins Gespräch gebracht worden war.

Es begann mit Glatteis – Erstmals in den Medien

Am 9. Januar 1986, ich war gerade frisch zugelassener Anwalt, kam ein Offizier und Tornadopilot der Bundeswehr mit seinem Opel Manta auf einer ungestreuten, spiegelglatten Nebenstraße in Hamburg-Wilhelmsburg ins Schleudern. Der Wagen prallte gegen einen Laternenpfahl, die mit der Schadensbegutachtung beauftragte Werkstatt konnte nur noch einen Totalschaden feststellen. Der Unfallfahrer meldete sich bei mir und ich verklagte die Hansestadt Hamburg wegen Verletzung der Verkehrssicherungspflicht in Form der Streupflicht. Um das Versäumnis nachweisen zu können, führten wir eine Befragung durch. Der Offizier zog in der Nähe des Unfallortes von Nachbar zu Nachbar. Sechzig Anwohner bekundeten schriftlich, dass es an diesem Morgen Glatteis gab und nicht genügend gestreut worden war. Wir klagten bis hin zum Oberlandesgericht und erhielten – ich muss gestehen, zu meiner Überraschung – eine Erstattung in Höhe von siebzig Prozent der Unfallkosten. So viel musste die Hansestadt dem Geschädigten wegen unterlassener Glatteisbeseitigung erstatten. Das Urteil begeisterte die Hamburger Medien. Es war mein erster Fall, der mich in Hamburg populär machte und mir viele neue Mandanten brachte. Die meisten waren natürlich zunächst einmal Glatteisgeschädigte.

Brennende Fragen –
Der Oberleutnant und seine Autos

Eines Tages bekam ich in unseren Blankeneser Kanzleiräumen Besuch von einem Herrn mit einem Versicherungsproblem. Er war Berufssoldat, Oberleutnant der Bundeswehr, erschien in Uniform und machte einen überaus seriösen Eindruck. Seine Geschichte war diese: Er habe Pech gehabt mit seinem Auto, einem Saab 9000 Turbo. Der sei auf der Autobahn plötzlich in Flammen aufgegangen, aber die Versicherung wolle einfach nicht zahlen. Das fand ich unerhört. Der Fall schien doch ganz einfach. Also machte ich die Ansprüche meines neuen Mandanten schriftlich geltend. Ein paar Tage später rief mich ein Mitarbeiter der Versicherung an und erklärte mir, dass man berechtigte Zweifel daran hätte, dass das Auto von allein in Brand geraten sei. Möglicherweise hätte unser Mandant den Brand selbst gelegt. Der Oberleutnant war empört: »So eine Unverschämtheit!« Ja, er hätte Pech gehabt, es sei schon sein dritter Wagen, der auf der Autobahn abgebrannt sei. Alles Saab 9000 Turbos! Dreimal hintereinander sollten diese hochwertigen Fahrzeuge ohne Verschulden in Brand geraten sein? Nun wurde auch ich misstrauisch. Aber warum hätte der Mann seine Autos in Brand stecken sollen? Dann rief mich ein anderer Angestellter der Versicherung an. Diesmal einer von der Reisegepäckversicherung. Er erklärte mir, dass die Versicherung mit der Erstattung eines weiteren, vom honorigen Oberleutnant angezeigten Schadens zögere, weil dies schon der dritte Fall sei, in dem unser Mandant ein komplettes Set Louis-Vuitton-Koffer im Wert von knapp zehntausend Euro mit dem immer gleichen Einkaufsbeleg als beschädigt gemeldet hätte. Nun dämmerte mir langsam, dass ich einem Betrüger aufgesessen war. Ich legte das Mandat nieder und erfuhr anschließend die ganze Geschichte von der Versicherung, mit der ich einen netten Kommunikationskontakt etabliert hatte: Der Oberleutnant hatte in einer Kfz-Werkstatt einen Komplizen, der ihm jedes Mal den Totalschaden eines ausgebrannten Fahrzeugs bestätigte. In Wirklichkeit wurden die Autos unbeschädigt nach Osteuropa verfrachtet und dort verkauft. Dieser Fall hat mir besonders zugesetzt, weil ich, vielleicht wegen der Uniform, anfangs keinen Zweifel an der Glaubwürdigkeit meines Mandanten hatte. Ich war beschämt, wie leichtfertig ich ihm geglaubt hatte. Eine Lehre fürs Leben!

Selbst ist die Frau – Die Ärztin vom Osdorfer Born

Nicht weit entfernt vom feinen Elbvorort Blankenese liegt der weniger feine Hamburger Ortsteil Osdorfer Born. Dort praktizierte eine sehr beliebte Ärztin. Eines Tages erschien eine Gruppe von Bewohnern des Osdorfer Born in der Kanzlei und fragte, ob ich dieser Ärztin helfen könnte. Sie sei eine großartige Person, die sich rund um die Uhr für ihre Patienten einsetzen würde. Doch nun wolle die Gesundheitsbehörde ihr die Approbation entziehen, weil sie angeblich drogenabhängig sei. Sie würde sich mit Eigenrezepten das Aufputschmittel Captagon besorgen. In unserem ersten Gespräch bestritt die Ärztin, Rauschmittel zu konsumieren. »Captagon? Das habe ich nie genommen!«. Also klagten wir gegen den Approbationsentzug und gingen in die Verhandlung beim Verwaltungsgericht. Hinten im Gerichtssaal saß ein Tross von Osdorfer-Born-Patienten mit Spruchbändern zur Unterstützung der Ärztin, vorn wollten wir zwei Apotheker als Zeugen hören. Der erste berichtete, dass während seines Nachtdienstes eine Person erschienen sei, die sich mit einem Eigenrezept Captagon gekauft hätte. Als der Richter fragte, ob er die Person identifizieren könne, zeigte er auf meine Mandantin und sagte er: »Ja, das war sie.« Ich habe ihn dann befragt: »War es dunkel? Trifft es zu, dass Sie nur durch eine kleine Scheibe gucken können, wenn Sie nachts Medikamente aushändigen?« Schließlich geriet er in Zweifel und war sich nicht mehr sicher, ob es wirklich die Ärztin war. Dann kam der nächste Zeuge. Auch ihn fragte ich nach den Besonderheiten des Abends: »War es sehr dunkel? Können Sie sicher sein, dass die Captagon-Käuferin meine Mandantin war? Ihre Aussage entscheidet die berufliche Zukunft dieser Frau.« Daraufhin antwortete er: »Jetzt will ich Dir mal was sagen. Das war meine erste Nachtwache als approbierter Apotheker und da kommt eine drogensüchtige Ärztin und holt sich Stoff. Die habe ich mir aber genau angeschaut! Und ich bin ganz sicher, dass es die Dame hier vorne war.« Der Zeuge war ein Ex-Freund meiner Schwester Nicola, den ich gut kannte und an dessen wahrheitsgetreuer Aussage nicht zu zweifeln war. Dies war ein Prozess, den ich bedauerlicherweise nicht gewonnen habe, aber auch hier habe ich wieder wichtige Erfahrungen gemacht. Das Problem mit vielen Mandanten ist, dass sie auch ihren Anwalt anlügen. Es ist ziemlich frustrierend, wenn man sich für einen »Unschuldigen« einsetzt und dann feststellt, dass er ein Lügner ist. Diese Erfahrungen am Anfang meiner Karriere flossen in meine weitere Berufstätigkeit ein. Manchmal – etwa einmal in fünfhundert Verfahren – hat mir ein Mandant eine falsche eidesstattliche Versicherung untergeschoben. Aber meistens bin ich ihnen auf die Schliche gekommen.

Ich merkte, dass ich mehr und mehr Routine gewann und mit jeder Gerichtsverhandlung besser wurde. Also bemühte ich mich um möglichst viele Verhandlungstermine. Das waren einerseits Auftritte als Pflichtverteidiger und andererseits meine Verfahren für die Taekwondo-Schule, in der ich nach wie vor trainierte. Bei diesen Sportschulen war es üblich, Fünfzehn- bis Achtzehnmonatsverträge zu schließen, die vor Ablauf nicht kündbar waren. Das ist verständlich aus der Sicht des Sportschulbetreibers, der ja wissen muss, ob er noch weitere Schüler annehmen kann oder nicht. Auf der anderen Seite muss sich der Sportler klarmachen, dass er sich damit für achtzehn Monate zu Zahlungen verpflichtet. Allerdings verhält sich die typische Klientel von Kampfsportschulen nicht unbedingt rational und vertragstreu. Einige zahlten gar nicht, andere um Monate zu spät. Ich bekam also reichlich Fälle zum Einklagen der Beiträge auf den Tisch. Es war reine anwaltliche Routine. Weil es mit der Taekwondo-Schule so gut funktionierte, nahmen wir noch ein zweites Massenmandat an, nämlich das einer Videothek namens »Videotreff«. Die Streitwerte waren hier noch niedriger, aber immerhin gab es jede Menge Leute, die Videos ausliehen und sie nicht zurückgaben.

In solchen Fällen geht es zuerst einmal darum, festzustellen, dass der Kläger, unser Mandant, tatsächlich »dem Grunde nach« einen

Anspruch hat. Die Gegenseite wird immer einwenden, dass eine Vertragsklausel unwirksam ist, die den Beklagten achtzehn Monate an eine Sportschule bindet oder ihn zur Rückgabe eines Videos innerhalb einer Frist verpflichtet. Diese Frage ist in jedem Prozess als Erstes zu klären. Folglich führten wir bewusst Musterprozesse und sammelten Urteile, die in unserem Sinne entschieden wurden, um sie beim nächsten Prozess den Gerichten vorzulegen. Denn welcher Richter konnte schon widersprechen, wenn wir vortrugen: »Diese Vertragsklausel – achtzehn Monate Mitgliedschaft – ist wirksam, wie schon die folgenden dreiundzwanzig Urteile festgestellt haben, Amtsgericht Hamburg – Urteil vom …, Amtsgericht Braunschweig – Urteil vom … .«

Robby Naish, der Weltmeister im Windsurfen, hat auf die Frage, wie man Weltmeister in dieser naturbezogenen Sportart wird, einmal geantwortet: »Time on water counts!« Dasselbe gilt für anwaltliche Dienstleistungen. Je mehr man macht, desto besser wird man. Jede Prozesspraxis bringt einen voran. Ich habe mündliche Verhandlungen oft mit Taekwondo-Kämpfen verglichen. Auch beim Taekwondo schaut man sich in die Augen, versucht den anderen einzuschüchtern und ihm das eigene Selbstbewusstsein zu demonstrieren. Außerdem muss man schnell und spontan auf den Gegner reagieren. Auch das kann man trainieren. Für mündliche Verhandlungen habe ich geübt wie früher für Taekwondo-Kämpfe.

Auf eigenen Füßen – Die Gründung der Kanzlei

In der Blankeneser Kanzlei bekam ich eines Tages Besuch von meiner Studienkollegin Sabine Neidhardt. Sie hatte zu dieser Zeit noch keine Anstellung in einer Kanzlei und war frei. Wir nahmen sie auf und begannen fleißig zusammenzuarbeiten. Später beschlossen Sabine und ich, die Sozietät in Blankenese zu verlassen und eine eigene Kanzlei in Hamburg zu gründen. Wir fanden repräsentative Räume in Alsternähe im Haus der etwa fünfzigjährigen Tochter eines persischen Teppichhändlers, die durch Heirat einige Jahre zuvor zur Gräfin geworden war und sich entsprechend gerierte. Die Büros passten perfekt, nur die Vermieterin war nicht so wirklich von uns überzeugt. Das änderte sich erst ein wenig, als wir einige Freunde aus der feineren Hamburger Gesellschaft, die ihr sehr wichtig war, als Fürsprecher eingeschaltet hatten.

So zogen wir 1987 in das oberste Stockwerk eines herrlichen Stadtpalais an der Moorweide in Alsternähe. Aus Sicht der Gräfin war die Teilvermietung ihres Hauses jedoch nicht standesgemäß. Da vor dem Eingang parkende Autos den Eindruck erwecken konnten, dass nicht nur die Hausherrin dort residierte, sollten weder wir noch unsere Mandanten einen der dort vorhandenen Parkplätze benutzen. Es durfte aber auch kein Verbotsschild aufgestellt werden. Wenn jemand dort parken wollte, dauerte es nicht lange und die Gräfin höchstselbst erschien wie eine Furie, um ihn zu vertreiben. Eines Tages kam Karl Lagerfeld zu einem Besuch in unsere Kanzlei. Sein Chauffeur fuhr mit einer riesigen Mercedes-Limousine vor, Karl stieg aus, der Chauffeur wendete und beschädigte dabei den Rasen auf dem Vorplatz.

Unsere Sekretärin stürzte in mein Büro und rief: »Gleich gibt es richtig Ärger. Der Chauffeur von Herrn Lagerfeld ist über den Rasen der Gräfin gefahren.«

Diese hatte tatsächlich alles aus dem Fenster verfolgt und als Karl nun die kleine Hintertreppe zu unserem Büro hinaufstieg, stand sie plötzlich mit einem Blumenstrauß im Flur und sagte: »Herr Lagerfeld, Sie in meinem Haus, was für eine Ehre. Möchten Sie auf einen Tee hereinkommen?«

Lagerfeld lehnte ab und sagte später zu mir: »Was soll ich denn mit dieser Frau Tee trinken? Ich kenne sie doch gar nicht.«

Ich erzählte ihm von dem Parkplatz-Problem und er amüsierte sich sehr.

Auch nach dem Büroumzug an die Alster wohnte ich noch eine Zeit lang in Blankenese und fuhr täglich mit dem Auto in die Stadt. Eines Morgens kam ich auf der Elbchaussee an einer Bushaltestelle vorbei. Dort wartete Manfred Engelschall in seinem Burberry-Trenchcoat und mit seinem unverkennbaren Borsalino-Hut auf den 19er (damals 119er) Bus, der in Hamburg auch Kaschmirexpress genannt wird, weil seine Fahrgäste vor allem gut betuchte Bürger aus Blankenese auf dem Weg in die Innenstadt sind. Ich hielt an und fragte ihn, ob ich ihn mitnehmen könne, was er gern annahm. Engelschall war mit fünfundsechzig Jahren pensioniert worden und hatte anschließend ein Büro bei Peter Döhle, einem Hamburger Reeder an der Palmaille in Altona, weil er dort als Ratgeber für Seerechtsfragen beschäftigt war. Auf der gemeinsamen Fahrt in die Stadt erzählte er mir, dass er in der Reederei ständig in immer kleinere Büros umziehen müsse und den Eindruck habe, dass man ihn nicht sehr wertschätze. Seerecht mache ihm auch nicht so viel Spaß.

Ich nutzte die Gelegenheit: »Herr Engelschall, ich habe gerade neue Büroräume bezogen und hätte dort ein herrliches Zimmer für Sie. Möchten Sie sich das mal anschauen?«

Wir fuhren zusammen in unser neues Büro in der Tesdorpfstraße und ich zeigte ihm die Büroräume. Dort arbeitete bereits Sabine Neidhardt, die Manfred Engelschall genauso bewunderte wie ich. Sie fand es eine großartige Idee, ihn zu umwerben. Tatsächlich konnte ich ihn dann überzeugen, zunächst einmal als freier Berater zu uns zu kommen. Richter mussten damals eine Frist von fünf Jahren zwischen Richterberuf und anwaltlicher Tätigkeit verstreichen lassen. Daran haben wir uns auch gehalten, bis die fünf Jahre rum waren und er als Anwalt tätig werden durfte. Dann gründeten wir die Kanzlei »Prinz Neidhardt Engelschall«.

Mein Seniorpartner, Manfred Engelschall, war ein beispielloses Vorbild an juristischer Ethik und voller praktischer Erfahrungen aus vierzig Jahren Richtertätigkeit. Wenn ihm Schriftsätze zu lang waren, sagte er: »Denk daran, auch Richter haben Kinder und wollen zu ihren Familien nach Hause. Die nehmen es Dir übel, wenn Du sie mit redundanten Äußerungen am Schreibtisch festhältst.« Daraufhin wurden die Schriftsätze unserer Kanzlei zu den anerkannt kürzesten in der gesamten Branche. BGH und BVerfG haben allerdings später die inhaltlichen Anforderungen an außergerichtliche Abmahnschreiben so erhöht, dass die armen Richter der ersten Instanzen jetzt doch sehr viel lesen müssen. Manfred hätte ihnen das erspart.

Als ich ihn überzeugte, in unsere Kanzlei einzutreten, war eine seiner Bedingungen, dass er das letzte Wort bei der Annahme neuer Mandate hatte: »Ich habe nicht ein Leben lang für Gerechtigkeit vor Gericht gearbeitet, um jetzt für irgendwelche schmierigen Typen als Anwalt aufzutreten.«

Wir einigten uns auf drei Grundsätze, die wir bis heute befolgen: »Erstens: Keine Sekten, Zweitens: Keine Radikalen und Drittens: Keine Verbrecher«. Über dem Portal des Hanseatischen Oberlandesgerichts steht »Jus est ars boni et aequi«. Übersetzt: Die Juristerei ist eine gute und gerechte Kunst. Wir wollten – so wie Engelschall sein Richterleben lang – unsere Kunst für das Interesse der geschädigten Mandanten einsetzen. Nicht aber für die Interessen irgendwelcher Schmuddeltypen. Zum Beispiel wäre die Vertretung von kriminellen Clans für uns undenkbar gewesen. Auch die oft von Anwälten vertretene Haltung »Wenn zwei sich streiten, nehme ich den, der zuerst anruft« war eher das Gegenteil unserer Haltung. Wir prüften die Fälle und die Mandanten genau. Sicherlich sind mir in den vierzig Jahren auch einige dazwischen gerutscht, die ich im Nachhinein lieber nicht vertreten hätte. Aber im Großen und Ganzen hielten die von Manfred Engelschall vorgegebenen Auswahlkriterien fast vierzig Jahre lang. Manfred starb am 21. August 2008. Er wurde siebenundachtzig Jahre alt. Bis kurz vor seinem Tod kam er in die Kanzlei und arbeitete. »Ins Kontor«, wie er es nannte. Wir hatten nie einen schriftlichen Vertrag, nie Streit und die Zeit mit Sabine Neidhardt und ihm war sehr schön, erfolgreich und immer fröhlich.

In unserer ersten Kanzlei in Blankenese waren wir drei Partner, die drei unbeliebtesten Rechtsgebiete hatten wir unter uns aufgeteilt.

Sabine beschäftigte sich mit Scheidungsrecht, was sie bis heute sehr erfolgreich macht, Carlos machte Mietrecht und ich Arbeitsrecht. Damit beschäftigte ich mich dann auch in unserer Hamburger Kanzlei.

Es gibt verschiedene Möglichkeiten, sich im Arbeitsrecht zu spezialisieren. Der Weg scheidet sich insbesondere bei der Vertretung von Arbeitgebern oder Arbeitnehmern. Wir boten unseren arbeitsrechtlichen Service der üblichen Klientel an, die in erster Linie aus leitenden Journalisten, also Chefredakteuren oder Herausgebern, sowie aus Fußballtrainern bestand.

Chefredakteure und Cheftrainer haben gemein, dass sie auf einem sehr heißen Stuhl sitzen und ihre Leistungen ständig hinterfragt werden. Gemeinsam ist beiden auch, dass sie typischerweise Zeitverträge von zwei bis fünf Jahren haben. Wenn sich nun der Verleger oder der Fußballverein von seinen Angestellten vorzeitig trennen möchte, muss er tief in die Tasche greifen. Die Höhe der zu zahlenden Summe richtet sich einerseits nach den verbleibenden Bezügen während der restlichen Vertragslaufzeit bis zum nächstzulässigen Kündigungszeitpunkt und der restlichen Abfindung, die nach der Betriebszugehörigkeit bis zum Ausscheiden bemessen wird. Bei der einvernehmlichen Regelung kommt eigentlich nur eine Abfindungszahlung in Betracht, weil eine Weiterbeschäftigung das Letzte ist, was der Arbeitgeber möchte. Daher kommt es in dieser Phase auch häufig zu Freistellungen. Das kontert man als arbeitsrechtlich versierter Anwalt mit einem Beschäftigungsanspruch, den man mit einer einstweiligen Verfügung geltend machen kann. Auf diese Weise habe ich zuerst dem damaligen Trainer des 1. FC Köln, Christoph Daum, anschließend dem Trainer des VfL Osnabrück, Roland Koch, und später noch vielen weiteren zu einer Abfindung verholfen.

Der Beschäftigungsanspruch ist ein besonders wichtiger Anspruch im Arbeitsrecht, weil er einem beurlaubten Chefredakteur oder Fußballtrainer die Möglichkeit eröffnet, schnell wieder seinen Arbeitsplatz zu erzwingen und schließlich zu einer Abfindung zu gelangen.

Eine Zeit lang führte ich so viele Arbeitsrechtprozesse an den verschiedensten Gerichten, dass ich den Plan fasste, einen Gerichtsführer zu schreiben. Es war Sommer und ich fuhr fast jeden Tag von einem Gericht zum anderen und suchte nebenbei Plätze, an denen ich um die Verhandlungen herum gut essen oder auch einmal schwimmen gehen konnte, um mich abzukühlen. Ich entwarf einen Fragebogen, den ich an alle Amtsgerichtspräsidenten schickte, mit der Bitte, mir für mein Buchprojekt zu beschreiben, wo man erstens in der Nähe ihres Gerichts gut essen, zweitens angenehm übernachten und drittens schwimmen gehen könne. Die vierte Frage war, ob es noch etwaige touristische Besonderheiten im Gerichtsbezirk gäbe. Ich bekam eine Menge Antworten, aber sie waren dann doch nicht so interessant, wie ich es mir vorgestellt hatte. Im Grunde genommen kannten die Amtsgerichtspräsidenten auch nicht mehr, als ich in allgemein zugänglichen Informationen finden konnte. Dieses Buch ist deshalb nie erschienen.

Der Spezialisierung auf das Arbeitsrecht verdankten wir auch unser neues Büro. In der Nähe der Moorweide stand ein schönes großes Gebäude, das exklusiv an Gruner + Jahr vermietet war. Der Verlag hatte darin die Redaktion der Zeitschrift *Viva* untergebracht. An einem milden Herbsttag des Jahres 1990 verkündete Rolf Wickmann, der damalige Zeitschriften-Vorstand von Gruner + Jahr, vor der versammelten Redaktion von *Viva*, die aus achtundzwanzig festangestellten Journalisten und zehn freien Mitarbeitern bestand, dass das Büro geschlossen werde. Die Zeitschrift würde nicht mehr erscheinen, die Journalisten sollten für andere Blätter des Hauses arbeiten oder einen Arbeitsrechtler mit der Verhandlung einer Vertragsauflösung beauftragen. Die leitenden Redakteure riefen unabhängig voneinander in unserer Kanzlei an und baten mich, sie und weitere Kollegen anwaltlich gegen Gruner + Jahr zu vertreten.

Ich rief Rolf Wickmann an, mit dem ich damals häufig Abfindungen verhandelte, und sagte: »Lieber Rolf, ich vertrete bei *Viva* Deine leitenden Redakteure. Wir sollten uns schnell zu

Verhandlungen treffen. Außerdem habe ich eine Frage: Was macht ihr eigentlich mit dem Haus?«

Gruner + Jahr war damals gerade aus dem »Affenfelsen« an der Außenalster in einen Neubau in Hafennähe gezogen. Weil im Affenfelsen nicht genug Platz gewesen war, hatte G+J zuvor in der Umgebung einzelne Büros angemietet und war nun froh, diese wieder abgeben zu können. Wir übernahmen die völlig unrenovierten und verschlissenen Büros. Die Miete war teuer und wir mussten erstmal renovieren. Dennoch fanden wir es herrlich, nah der Alster und Dammtorbahnhof nun eine ganze Bürovilla zur Verfügung zu haben.

Robin Hood der Medienopfer

Mindestens genauso viel wie mit Arbeitsrechtprozessen hatte ich, zusammen mit Manfred Engelschall, inzwischen mit dem Presserecht zu tun. Da fast alle großen Verlage in Hamburg angesiedelt waren, landeten Klagen gegen die von ihnen produzierten Blätter meist vor der lokalen Pressekammer und somit sehr häufig auch in unserer Kanzlei. Unser Verhältnis zur Hamburger Justiz war distanziert respektvoll. Nahezu alle Richter, die in unseren Fällen zu entscheiden hatten, waren irgendwann mal als Jungrichter oder Referendare bei Manfred Engelschall gewesen und hatten von ihm gelernt. Nun bemühten sich alle, jeglichen Anschein der Parteilichkeit zu vermeiden und ihren Lehrmeister zu behandeln wie einen normalen Rechtsanwalt. Er wiederum behandelte die Richter unverändert so, wie er sie früher als Referendare oder Beisitzer behandelt hatte. Das war ein unauflösbarer Widerspruch, den wir nur durch strenge Selektion unserer Mandanten auflösen konnten. Alle Richter wussten, dass wir uns von den schmuddeligen Ecken fernhielten. Wir fühlten uns mit diesem Anspruch sehr gut. Es kam noch ein weiterer Aspekt hinzu: Wir haben uns immer gefragt, was würden zum Beispiel der König von Schweden oder Fürst Albert von Monaco denken, wenn sie lesen, dass wir außer ihnen auch noch bekannte Drogenbarone, Betrüger oder Oligarchen vertreten? Ich habe viele Prozesse geführt und war überwiegend auf der richtigen Seite. Die *Zeit* hat vor Jahren ein Interview mit mir überschrieben: »Der Robin Hood der Reichen« Tatsächlich fühlten wir uns in gewisser Weise wie Robin Hood – von den Medienunternehmen erstreiten und den Medienopfern geben. Eine schöne Rolle.

Aber was macht eigentlich ein Medienanwalt? Mandanten kommen, die eine bevorstehende Medienveröffentlichung fürchten oder bereits durch Medienberichte verletzt wurden. Dann schauen wir uns an, ob Medien Fragen stellen, die wir beantworten sollen, oder ob es schon verletzende Berichterstattung gibt. Das können Paparazzifotos sein, aber auch Texte.

Marc Galanter, ehemals Professor für Rechtswissenschaften an der University of Wisconsin Law School, hat 1974 einen Aufsatz mit dem Titel »Why the haves come out ahead« veröffentlich, frei übersetzt »Der Teufel scheißt immer auf den größten Haufen«. Darin unterscheidet er zwischen zwei unterschiedlichen Arten von Prozessparteien. Nämlich »Repeat-Playern«, also denen, die immer wieder in Verfahren auftreten und Prozesserfahrung haben, und »One-Shottern«, also denen, die nur einmal oder selten Prozesse führen und quasi »Prozessamateure« sind. Galanters Theorie lautet, dass die Repeatplayer, große Vorteile im Rechtssystem haben, weil sie im Gegensatz zu den One-Shottern mit dem Rechtssystem Erfahrung und Übung haben, also quasi »Prozessprofis« sind.

Belegen lässt sich diese These am Beispiel von Haftpflichtprozessen: Zwei Autos stoßen zusammen. Der Fahrer des einen möchte vom Unfallgegner Schmerzensgeld. Beide haben eine Versicherung. Und beide Versicherungen, die »Prozessprofis«, sind daran interessiert, in diesem und somit auch in künftigen vergleichbaren Fällen möglichst wenig zu bezahlen. Im Ergebnis werden die beteiligten Versicherungen sich auf einen Betrag vergleichen, der zu niedrig ist, denn sie haben mit Blick auf zukünftige Unfälle ein gemeinsames Interesse daran, Schmerzensgelder niedrig zu halten. Ich will nicht sagen, dass die Versicherungen vorsätzlich Unfälle zu gering abrechnen, aber die Minimierung der Summen liegt in der Natur der Sache. Beide Seiten bemessen Schmerzensgelder nach der ADAC-Schmerzensgeldtabelle. Dort sind die Urteile der Vergangenheit aufgelistet und zwar in erster Linie die niedrigsten, die von der Versicherung gemeldet werden. So perpetuiert sich die Schmerzensgeldhöhe.

Klagt hingegen der Geschädigte gegen die Versicherung, hat er als One-Shotter schlechte Karten. Denn die Versicherung weiß in der Regel die auf Versicherungsrecht spezialisierten Anwälte an ihrer Seite. Zudem beschäftigt sie sich ständig mit diesem Rechtsgebiet, kennt alle neuen Entwicklungen und weiß, in welchen Instanzen welche Grundsatzprozesse gerade schlummern. Die Versicherung schafft durch eigene Prozesse ständig für sich selbst Rechtsprechung und wird ohne Sorge vor dem Kostenrisiko Rechtsmittel einlegen, um abweichende Urteile zu vermeiden. Die Risiken sind für den One-Shotter sehr viel höher. Wenn dieser einen Prozess verliert, kostet es ihn persönlich ein Vermögen. Die Versicherung führt Hunderte von Prozessen. Sie kann das Prozessrisiko verteilen, beziehungsweise einen Verlust viel leichter wegstecken.

Leider haben die deutschen Gerichte im Zivilrecht diesen Automatismus nie verstanden. Deutsche Richter urteilen im Zivilrecht überwiegend positivistisch, sie interessiert nur, was die Väter des Bürgerlichen Gesetzbuches Ende des vorletzten Jahrhunderts gedacht haben, als sie dieses Werk verfassten. Wortlaut und historische Auslegung von Gesetzestexten sind immer noch die beliebteste Auslegungsmethoden der Juristen und auch diejenigen, welche zuerst angewendet werden. Was wollten die Väter des BGB, als sie dieses seit hundertdreißig Jahren wirksame Gesetz vor hundertfünfzig Jahren entwarfen? Was haben sie beim Schreiben gedacht? Das ist aber eine vollkommen irrelevante Frage. Die richtige Frage muss doch sein: Was ist das heute gerechte Ergebnis?

Wenn manche Gerichte bei einer möglichen Streitfrage von grundsätzlicher Bedeutung nicht nur auf den hundertfünzig Jahre alten Gesetzestext schauen, sondern sich auch fragen würde, was aus der heutigen Sicht die richtige Entscheidung wäre, hätten wir einen sehr viel besser funktionierenden Rechtsstaat. So, wie es derzeit ist, hat die Bevölkerung ihr Vertrauen in den Rechtsstaat teilweise verloren, die Richter sind komplett überarbeitet, werden zugemüllt mit immer neuen Verfahren und der Gesetzgeber liefert dazu die schlechtesten Gesetzestexte, die man sich vorstellen kann. Ein gutes Gesetz spricht für sich selbst. Nur die schlechten sind erklärungsbedürftig. Das BGB war eine gesetzgeberische Höchstleistung, die in zahlreichen anderen Ländern kopiert wurde. Seither wird es mit immer neuen Gesetzen und Regeln ergänzt und das ganze Rechtssystem ist leider immer unübersichtlicher geworden. Das belastet die Gerichte immer mehr.

Verlage – wie auch Haftpflichtversicherungen – haben es geschafft, Schmerzensgelder in Deutschland generell niedrig zu halten Das liegt unter anderem daran, dass der »Prozessamateur« das typische Opfer in einem Medienrechtsprozess ist. Er hat nur einmal in seinem Leben mit Gerichten und Gesetzen zu tun und versteht in der Regel nicht, was um ihn herum passiert. Unsere Kanzlei hatte sich im Presserecht als »Prozessprofi« aufgestellt, wovon nun wieder die Mandanten profitierten. Wir kannten die Rechtsprechung, wir kannten die Richter, wir kannten die Gegenanwälte und die gerade in den Revisionsinstanzen anhängigen Rechtsstreitigkeiten. So konnten wir am Anfang eine Rechtsänderung nach der anderen durchsetzen. Wir erstritten größere Gegendarstellungen, größere Widerrufserklärungen, höhere Schmerzensgelder.

Irgendwann schienen Kollegen in deutschen Verlagsrechtsabteilungen auch Galanters Aufsatz gelesen zu haben, denn die Medienunternehmen begannen, die Vorteile des Repeatplayers immer aggressiver auszuspielen. Sie konnten es sich leisten, jeden Prozess durch alle Instanzen zu führen und haben so erreicht, dass die Rechtsprechung von BGH und Bundesverfassungsgericht in den letzten Jahren die Position der Medien wieder deutlich gestärkt und die der Geschädigten erheblich geschwächt hat. Zudem haben die Verlage erkannt, was Anwälte motiviert, und daher insbesondere die Erstattung der Anwaltsgebühren und Gerichtskosten attackiert. So bekommt ein Anwalt, der zehn Gegner abmahnt, weil zum Beispiel einer vom anderen abgeschrieben hat, heute von allen Gegnern nur einmal die gesetzlichen Gebühren erstattet, obwohl er die zehnfache Arbeit hat. Das bedeutet, dass jeder nur ein Zehntel bezahlen muss. Eine vollkommen unsinnige Rechtsprechung, welche die Rechtsverteidigung erschwert und für den Verletzer billiger macht. Auch wer mehrere Kläger oder mehrere Beklagte vertritt, bekommt trotz mehrfacher Arbeit nur einen Bruchteil seiner zusätzlichen Arbeit erstattet.

Der BGH begründet das damit, dass zehn Abmahnungen in der gleichen Sache, also etwa wegen eines in zehn Medien veröffentlichten Paparazzifotos, nur »eine Angelegenheit« seien. Das ist eine besondere Perversion der deutschen Juristerei. Man stelle sich vor, man gibt zehn Hemden zum Waschen und Bügeln. Wenn man sie abholt, bezahlt man nur ein Hemd, weil das Ganze ja »eine Angelegenheit« sei. Die Wäscherei wäre nicht begeistert. Ich habe neulich einem BGH-Richter privat erklärt, welche Auswirkungen diese Rechtsprechung hat, die ja eigentlich ganz harmlos scheint: Der Prozessverlierer erstattet die Kosten des Prozessgewinners und zwar nach dem Rechtsanwaltsvergütungsgesetz (RVG). Kein erfahrener und entsprechend ausgelasteter Anwalt kann für Presserechtssachen aber heute noch die Gebühren nach der Rechtsanwaltsgebührenverordnung abrechnen. Die Streitwerte und die Margen sind zu klein. Jeder ist darauf angewiesen, mit seinen Mandanten ein zusätzliches Honorar, das sich meist nach Stunden bemisst, zu vereinbaren, welches dieser zahlen muss, egal ob er gewinnt oder verliert. So haben BGH und Bundesverfassungsgericht das Medienrecht zu einem reinen Reichenrecht gemacht. Der normale Bürger kann sich eine schwerwiegende medienrechtliche

Auseinandersetzung nicht leisten, weil die Kostenerstattungspflicht des Verlierers, meist des Medienunternehmens, von BGH und Bundesverfassungsgericht so begrenzt worden ist, dass das Opfer der Berichterstattung häufig draufzahlt, selbst wenn es den Prozess gewonnen hat.

Das amerikanische Rechtssystem ermutigt Anwälte und Mandanten zur Durchsetzung privater Interessen und Ansprüche durch hohe Schadensersatzurteile und die Erstattung enorm hoher Anwaltskosten. Das deutsche System hingegen schreckt potenzielle Kläger eher ab. Manfred Engelschall hat immer zu mir gesagt: »Hau nicht so drauf! Du ruinierst uns noch das Geschäft!«. Tatsächlich haben aber eher die Gerichte das Geschäft ruiniert. Am Anfang war das noch anders. Wir nutzten unseren Partisanenvorteil – keiner wusste, aus welchem Busch wir als nächstes angreifen würden.

Dass es den Repeatplayern in den letzten Jahren gelungen ist, die Rechtsprechung zurück zu ihren Gunsten zu verändern, lag natürlich auch daran, dass es plötzlich zunehmend mehr Medienrechtsanwälte gab, die teilweise ziemlich aussichtslose und wegen ihrer möglichen Präzedenzwirkung gefährliche Prozesse in die höchsten Instanzen trugen. Wenn sie dort erwartungsgemäß verloren hatten, gab es neue Grundsatzentscheidungen, die alle potentiellen Kläger gleichermaßen auch für die Zukunft negativ betrafen. Ursprünglich habe ich versucht, durch immer neue, ausgewählte Prozesse zu einzelnen Punkten ein kohärentes, unsere Mandanten schützendes Rechtssystem zu schaffen. Nachdem wir aber kein Monopol mehr hatten, sondern auch andere Kanzleien – insbesondere nach meiner Erkrankung – mitspielten, war das nicht mehr möglich.

Wolfgang Vogel – Verlockung im Osten

Im Frühjahr 1989 lernte ich in einem österreichischen Skiort an einer Hotelbar einen berühmten Kollegen aus der DDR kennen. Wolfgang Vogel war ein geheimnisvoller und geheimnisumwitterter Anwalt. Angeblich stand er Honecker nahe und wurde quasi als Anwalt der DDR betrachtet. Vogel war für den Gefangenenaustausch zwischen der DDR und der Bundesrepublik zuständig. Sein berühmtester Fall war der Agentenaustausch 1962 an der Glienicker Brücke bei Potsdam, der erste Austausch von Spionen während des Kalten Krieges überhaupt. Diese Aktion ist in einem Buch von Norbert F. Pötzl und später in dem Film «Bridge of Spies – Der Unterhändler« von Steven Spielberg gut dokumentiert. Auch bei den folgenden, diesmal von der Weltöffentlichkeit begleiteten Austauschaktionen 1985 und 1986 hatte der Anwalt seine Hände im Spiel. Insgesamt soll er bis zum Fall der Berliner Mauer an der Freilassung von einhundertfünfzig Agenten aus dreiundzwanzig Ländern beteiligt gewesen sein. Aber Vogel beschäftigte sich nicht nur mit Gefangenenaustausch, sondern auch mit Ausreisegenehmigungen für DDR-Bürger und den sogenannten Häftlingsfreikäufen, bei denen die Bundesrepublik im Laufe der Jahre über dreißigtausend meist politische Häftlinge freikaufte. Er war bekannt dafür, dass er einen Mercedes mit goldener Lackierung fuhr, wahrscheinlich den einzigen in der DDR, und nicht nur zum Skifahren in den Westen reisen durfte.

Nach unserem ersten Treffen schickte er mir einen Brief und lud mich nach Ost-Berlin ein. An einem grauen Herbsttag im Jahr 1989, kurz vor dem Mauerfall, stand ich am Bahnhof Friedrichstraße und wollte ihn besuchen.

Der DDR-Grenzschützer war unfreundlich: »Was ist der Grund Ihrer Einreise in die DDR?«, fragte er.

Ich gab ihm mein Einladungsschreiben von Wolfgang Vogel. Er war beeindruckt, salutierte und ich durfte passieren. Am Ausgang der Grenzkontrolle wartete Vogels Fahrer mit dem goldglänzenden

Mercedes, wir fuhren in die Reiler Straße in Berlin-Marzahn und hielten vor einem unauffälligen großen Einfamilienhaus, in dem Vogel seine Kanzlei hatte. Ich saß zunächst mit ihm allein zusammen und wir sprachen über die Unterschiede der Anwaltstätigkeit in der BRD und in der DDR. Dann hatten wir in der Kantine im Keller des Hauses ein gemeinsames Mittagessen mit seinen Mitarbeitern, das waren, wenn ich mich recht erinnere, fünf Leute. Es gab Kassler, Sauerkraut und Stampfkartoffeln. Vogel schilderte mir seine Vision einer gemeinsamen Ost-West-Kanzlei. Er war überzeugt, dass auf uns beide mit unseren Kenntnissen im Ost- und West-Recht ein enormes Geschäft wartete.

Als ich ging, sagte er: »Kommen Sie bald wieder! Das geht hier zu Ende. Bald.«

Ich traute meinen Ohren nicht. Hier erzählte mir einer der berühmtesten Repräsentanten der DDR, dass deren Ende bevorstünde. Vogel hatte Recht. Es ging dann tatsächlich schnell zu Ende.

Als ich nur wenige Wochen später nach Ost-Berlin zurückkehrte, war die Mauer gefallen, aber die Wiedervereinigung war noch nicht vollzogen. Diesmal fuhr ich mit dem Auto nach Berlin und nahm meine Frau und unsere Hündin Fritzi mit. Wir wohnten im Grand Hotel Unter den Linden, dem heutigen Westin Grand Hotel an der Ecke Friedrichstraße/Unter den Linden, und aßen dort zu Abend. Vor der gläsernen Tür des Restaurants drückten sich viele Menschen die Nase platt und wedelten mit Geldscheinen. Es waren DDR-Bürger, die DDR-Mark in Westgeld tauschen wollten. Die Unterkunft und das Essen im Hotel waren zwar nicht besonders gut, aber für uns relativ preiswert, weil die Ostmark eben nicht so viel wert war wie Westmark. Am nächsten Tag fuhren wir mit unserem Auto in die Reiler Straße. Vogel und ich zogen uns zurück und redeten, während sich meine Frau mit Frau Vogel austauschte.

»Wenn das hier alles abgewickelt wird«, sagte Vogel, »braucht man Anwälte, die sich im Westen und im Osten gleich gut auskennen!«

Auf der Rückfahrt nach Hamburg besprach ich dies alles mit meiner Frau und stellte fest, dass ich ein ganz dummes Gefühl bei der Sache hatte. Mir war das ganze Vorhaben zu groß und zu unübersichtlich. Und eine Abwicklung im Auftrag der DDR konnte ich mir auch nicht vorstellen. Alles in allem fühlte ich mich mit der Situation nicht wohl und entschied mich gegen eine Zusammenarbeit mit Vogel.

Vogel selbst geriet kurz darauf in Schwierigkeiten. Er wurde im Dezember 1989 festgenommen. Man warf ihm vor, ausreisewillige DDR-Bürger erpresst zu haben. Das Verfahren zog sich über eine lange Zeit hin und beschäftigte regelmäßig die Medien im nun wiedervereinigten Deutschland. Vogel lebte inzwischen in einer mondänen Villa am bayerischen Schliersee. Neun Jahre später wurde er vom Bundesgerichtshof von den Vorwürfen freigesprochen. Dennoch war ich froh, meine weitere Karriere nicht mit Wolfgang Vogel verknüpft zu haben, obwohl ich persönlich nichts Schlechtes über ihn sagen kann. Ob die Vorwürfe gegen ihn zutrafen oder nicht, weiß ich nicht. Er war jedenfalls beeindruckend visionär und ein streng gläubiger Christ, wie ich gleich in unserem ersten Gespräch bemerkte. Dadurch, dass er durch das gegen ihn laufende Strafverfahren gebunden war, wäre unsere Zusammenarbeit ohnehin zu spät gekommen. Die DDR beschäftigte meine Kanzlei dennoch weiter. Wir haben in der Folgezeit mehrere Mandate für Birgit Breuel und ihre Treuhand-Anstalt übernommen, sodass wir am Ende doch mit dem Thema beschäftigt waren, das wir mit Wolfgang Vogel bearbeiten wollten.

In dieser Zeit gab es immer wieder Pläne, uns durch eine Berliner Sozietät zu verstärken, um dort arbeiten zu können, da es sich schon kurz nach dem Mauerfall abzeichnete, dass Berlin das neue politische und mediale Zentrum des wiedervereinigten Deutschland werden sollte. Damals war es zunächst so, dass man als Anwalt immer nur an einem Landgericht zugelassen sein durfte. Wenn man als Anwalt bei einem anderen Landgericht klagen wollte, musste man einen vor Ort zugelassenen Anwalt mitnehmen, der dann stumm bei der mündlichen Verhandlung neben einem im

Gericht saß und nur am Anfang der Verhandlung einmal erklärte: »Rechtsanwalt X aus Berlin. Ich sistiere Herrn Kollegen Prinz aus Hamburg.« Es wurde mir langsam klar, dass wir auf Dauer nicht auf Berlin verzichten konnten, zumal Berlin nach der Wiedervereinigung auf viele Unternehmen und Institutionen wie ein Magnet wirkte. Auch der Axel-Springer-Verlag und *Bild* verlegten ihren Hauptsitz nach Berlin. Je stärker sich dieser Trend entwickelte, desto mehr fühlte ich den Druck, auch unsere Kanzlei nach Berlin zu erweitern.

Schon unmittelbar nach dem Mauerfall hatte ich mich zu Beratungen mit Klienten oft im »Schwarzenraben« getroffen, einem Lokal an der Neuen Schönhauser Straße. Dort erörterte ich zum Beispiel mit Monica Lierhaus ihren ersten Vertrag als Sportmoderatorin. Dort feierten wir Jahre später auch meine Professur an der Freien Universität Berlin. Für die Mandantengespräche reichte das Lokal, die Kanzlei mit Sekretärin, Ablage und Bürotechnik konnte auch in Hamburg bleiben. Nur die Gespräche mussten in Berlin stattfinden. Trotzdem kamen wir nach einiger Zeit mit einer Berliner Kanzlei ins Gespräch, die sich auf Immobilienrecht spezialisiert hatte. Wir führten lange Sondierungsgespräche, aber am Ende konnte ich mich nicht entscheiden, in Berlin ein zweites Büro zu unterhalten. Ich hatte Angst, unsere Reputation zu gefährden, wenn ich mit anderen Anwälten zusammenarbeite, deren Qualität der Mandatsbearbeitung ich wegen fehlender Kenntnisse in deren Rechtsgebieten nicht zweifelsfrei beurteilen konnte. Und die Qualität der Rechtsberatung war für mich immer der wichtigste Teil der anwaltlichen Berufsausübung.

Wir hatten einen Kollegen in Hamburg, der genau zu dieser Zeit ein persönliches Problem hatte, das ihn offenbar dazu zwang, Hamburg zu verlassen. Er suchte sich Gotha in Thüringen als neuen Wohnort aus. Nach kurzer Zeit war er überaus begeistert von der Stadt und versuchte uns zu überreden, mit ihm gemeinsam eine Kanzlei in Gotha zu eröffnen. Sabine Neidhardt und ich fuhren nach Gotha und schauten uns dort um. Wir fanden es nicht so wahnsinnig spannend, aber sagten zu. Wir einigten uns auf einen

Etat, schickten ihm noch einen Referendar und eine Anwaltsgehilfin und warteten nun auf die Kanzleierfolge in Ostdeutschland. Die kamen aber nie. Es waren doch überwiegend private Gründe gewesen, die unseren Kollegen nach Gotha gezogen hatten. Nach kurzer Zeit schlossen wir die Sozietät in dieser Stadt und er blieb dort als Einzelanwalt.

Das Verschwinden der Akten

In einer äußerst schwierigen Angelegenheit kamen wir mit dem Schrecken davon. Am Morgen des 20. November 2000 rief mich meine Kanzlei-Partnerin, Sabine Neidhardt, aufgeregt an.

»Du musst sofort kommen. Unsere Kollegen haben die Kanzlei leergeräumt.«

Wir beschäftigten zu diesem Zeitpunkt vier Anwälte und zwei Rechtsanwaltsfachangestellte, die sich seit einiger Zeit vorgenommen hatten, eine eigene Kanzlei zu gründen. Ich war wegen unserer Fälle ständig in allen Zeitungen und wurde zu Talk-Shows im Fernsehen eingeladen. Für meine Kollegen hingegen fiel kaum Ruhm ab. Wie oft in solchen Konstellationen glaubten sie, dass es nur ihr Verdienst sei, dass ich so erfolgreich war, und dass sie genauso wie ich im Blickpunkt der Öffentlichkeit stehen sollten. Das aber war – wie sich später herausstellte – ein Irrtum.

Sie hatten um die Ecke ein Büro angemietet und unsere von ihnen bearbeiteten Akten dorthin gebracht. Ich ging in die Kanzlei und setzte mich mit den »Revolutionären« an einen Tisch. Für mich war klar, dass die Wegnahme von zirka dreihundert Akten aus dem normalen Kanzleibetrieb und der Transport am Wochenende in das neue Büro eine strafbare Untreue darstellten. Aber von einer jahrelangen Strafverfolgung hätte ich nichts gehabt. Wir hätten auch gar nicht die Kapazität gehabt, die dreihundert Fälle, bei denen jetzt die Anwälte zur Bearbeitung fehlten, zu betreuen.

Daher gab ich sie lieber den bisherigen Sachbearbeitern mit, als zu riskieren, dass sie rufschädigend verloren gingen. Wir einigten uns auf eine Summe, welche die Kollegen bezahlten, damit sie die Akten behalten durften.

Ich habe die Karriere dieser Anwälte später verfolgt. Für keinen hat sich dieser Schritt gelohnt. Die Arbeit bei uns hätte mehr Spaß gemacht, die Fälle wären interessanter gewesen und sie hätten mehr Geld verdient. Für mich war in dieser Situation allein entscheidend, dass ich die Arbeitsfähigkeit und den Ruf der Kanzlei rettete. Ich musste darauf achten, aufgrund des Umzugs der Akten keine Frist zu versäumen, denn schließlich hatten die Mandanten ja mich beauftragt. Wenn etwas schiefgegangen wäre, hätten die Mandanten das im Zweifel mir vorwerfen können.

Rachegedanken, die ich sonst angesichts dieses Vertrauensbruchs vielleicht gehabt hätte, musste ich in dieser Situation unterdrücken, um mit dem Rest der Kanzlei zu überleben.

II

Anwalt der Prominenten

Anouschka Renzi – Lizenzgebühr für Playboy-Fotos

Auf einer Party in Hamburg erzählte mir im Jahr 1985 eine sehr schöne junge Frau, sie habe sich gerade für das Cover des *Playboy* fotografieren lassen, aber das Magazin würde ihre Fotos vertragswidrig allen Tageszeitungen von *Bild* bis *Morgenpost* zur Verbreitung freigeben. Das macht der *Playboy* nach meiner Erfahrung immer, um Werbung für das aktuelle Heft zu bekommen. In den Verträgen der Models war das aber nicht geregelt. Die junge Frau war die Schauspielerin Anouschka Renzi. Ich erklärte ihr, dass der *Playboy* die Fotos nur mit ihrer ausdrücklichen Einwilligung weitergeben dürfe, da sie ja nur für einen bestimmten Zweck, nämlich für die Veröffentlichung in einer Ausgabe aufgenommen worden seien. Ich übernahm den Fall und ging gegen die nicht autorisierten Veröffentlichungen vor. Anouschka Renzi ist die Tochter von Eva Renzi und Paul Hubschmidt, zwei Ikonen des deutschen Films. Die Bilder waren deshalb schon aufgrund der Popularität ihrer Eltern von großem Interesse für die Medien.

Das trieb die Preise für den Abdruck in die Höhe. Anouschka Renzi hatte in solchen Fällen Anspruch auf den Profit, den der *Playboy* durch die Weiterveräußerung der Rechte machte oder auf eine sogenannte fiktive Lizenzgebühr, also darauf, was die Fotos objektiv am Mark wert waren. Mir war klar, dass der *Playboy* die Fotos im Wesentlichen gratis freigab, um Werbung für das Magazin zu bekommen, wir mussten also mit der fiktiven Lizenzgebühr arbeiten. Was würde jemand wie Anouschka Renzi auf dem freien Markt für derartige Fotos bekommen? Das Ergebnis: Die Blätter, welche die Fotos gedruckt hatten, mussten hohe fiktive Lizenzzahlungen leisten.

Anouschka empfahl mich später ihrem Vater Paul Hubschmidt, einer Hollywood-Legende. Ich hatte ihn als Jugendlicher in seiner Paraderolle im Film »Der Tiger von Eschnapur« gesehen und war ein großer Fan des Schauspielers. Ich habe gern mit ihm gesprochen und telefoniert, weil er eine ganz ungewöhnlich angenehme Stimme hatte.

Julius Hackethal – Selbstbestimmt leben und sterben

Der Mediziner Prof. Dr. Julius Hackethal war durch einige arztkritische Veröffentlichungen aufgefallen, zum Beispiel durch seinen Bestseller »Auf Messers Schneide – Kunst und Fehler der Chirurgen«. Er war für die Medien so etwas wie ein Rock'n'Roll-Star der Ärzteschaft und betrieb eine Privatklinik in Bernau am Chiemsee. Zu ihm war eine Patientin, Hermine Eckert, gekommen, die einen Tumor hatte, der den Trigeminusnerv, den Gesichtsnerv, umschloss. Sie hatte ständig grauenhafte Schmerzen, sah nach zahlreichen Operationen bei anderen Ärzten im Gesicht völlig entstellt aus und wollte nicht mehr leben. »Herr Professor, helfen Sie mir zu sterben«, hatte sie zu Julius Hackethal gesagt.

Anwaltlich ließ sich Hackethal beraten von Georg Romatka, einem bekannten Münchner Anwalt, der auch meinen Vater schon vertreten hatte. Romatka erklärte ihm die von Juristen so genannte Garantenpflicht des Arztes für die Gesundheit und das Leben eines Patienten. Das bedeutet, dass auch eine unterlassene Behandlung für den Arzt strafbar sein kann. Um es anschaulich zu machen: Der Arzt darf dem Patienten einen Strick zum Aufhängen geben, ist aber verpflichtet, diesen sofort wieder abzuschneiden, wenn der Patient hängt und zu sterben droht. Anders als bei Nicht-Medizinern, bei denen so etwas nur als unterlassene Hilfeleistung strafbar wäre, begeht der Arzt wegen seiner Garantenpflicht die Haupttat selbst durch Unterlassen. Entsprechend wird ein Arzt in einem solchen Fall wegen Totschlags verurteilt und nicht wegen unterlassener Hilfeleistung, die eine sehr viel geringere Strafandrohung hat.

Hackethal war auf die Idee gekommen, der Patientin mit dem Todeswunsch Zyankali anzubieten, weil nach Einnahme dieses Giftes eine Rettung nicht mehr möglich ist, der Strick also nicht mehr abgeschnitten werden kann. Die ganze gespenstische Szene wurde gefilmt. Hermine Eckert und Julius Hackethal saßen an einem Tisch, sie erzählte noch einmal, dass sie grauenhafte Schmerzen hätte und unbedingt sterben wollte. Prof. Hackethal gab ihr das Glas mit Zyankali, fragte sie, ob sie wisse, was das ist und ob die Konsequenzen ihr bewusst seien. Sie bejahte, trank das Glas aus und starb. Hackethal war zwar bereit gewesen, Sterbehilfe zu leisten, aber er war nicht bereit, einen falschen Totenschein auszufüllen. Deswegen trug er in den Totenschein »Vergiftung durch Zyankali« als Todesursache ein und löste damit strafrechtliche Ermittlungen gegen sich aus.

Hackethal war in der etablierten Ärzteschaft ohnehin nicht sehr beliebt, Seine Auseinandersetzungen mit Kollegen sind legendär. Die bayerische Ärztekammer leitete im Fall Hermine Eckert ein Verfahren zum Entzug seiner Approbation ein und die Staatsanwaltschaft beim Landgericht Traunstein ermittelte wegen Tötung auf Verlangen (§ 216 StGB). In diesem Ermittlungsverfahren wollte Romatka nun offenbar nicht so offensiv auftreten, wie Hackethal es sich vorstellte. Daraufhin suchte er einen jungen, noch unverbogenen Anwalt. Er wollte ein Inserat aufgeben »Paul, Patientenarzt aus Liebe, sucht jungen Anwalt mit Biss«. Die Medien lehnten das Inserat wegen des Verstoßes gegen das anwaltliche und ärztliche Werbeverbot ab. Hackethal lud nun zu einer Pressekonferenz, um auf diese Weise um einen jungen Anwalt zu werben. Auf Empfehlung von Hans-Erich Bilges, den ich aus meiner *Bild*-Zeit kannte, rief mich Hackethal an und ich fuhr nach Bernau an den Chiemsee, um ihn zu treffen.

Ich wohnte im Landgasthaus Karner in der Nähe der Klinik am Chiemsee und dort aßen wir auch. Hackethal, seine Frau Li und ich hatten einen angenehmen Abend. Es gab Kalbsbries und rosa

Champagner. Hackethal hielt einen Vortrag über Kalbsbries, wie gesund das doch sei und dass er es eigentlich gerne täglich essen würde. Wir mochten uns sofort und Hackethal fragte, ob ich das Mandat übernehmen wolle. Ich fragte ihn, wieviel Honorar er denn Romatka gezahlt hätte. Das waren nach meiner Erinnerung fünfhundert D-Mark pro Stunde. Ich bot ihm die Betreuung für die Hälfte an. Zweihundertfünfzig D-Mark pro Stunde waren für mich als Junganwalt damals ein ungewöhnlich hohes Honorar, mit dem ich gut leben konnte.

Ich übernahm in Absprache mit Georg Romatka alle Akten von Hackethal. Unter anderem bekam ich eine Kiste mit zahlreichen ungeöffneten Briefen. Der Tod von Hermine Eckert war in der Presse und in Kommentaren von Medizinern immer wieder mit Euthanasie in Verbindung gebracht worden. Der Euthanasie-Erlass des Hitler-Regimes war in der Zeit des Nationalsozialismus das Todesurteil für Hunderttausende psychisch und physisch kranke Menschen gewesen. Er führte zur Tötung »lebensunwerten Lebens«, wie es im Jargon der Bürokraten des Todes hieß. Dementsprechend hart wurden im Nachkriegsdeutschland die Diskussionen um Sterbehilfe aus medizinischen Gründen geführt. Ich habe die verbrecherische Euthanasie immer als etwas vollkommen anderes empfunden als die Hilfe, die Hackethal seiner Patientin Hermine Eckert geleistet hat. Auf der einen Seite war es institutioneller Mord, auf der anderen Seite war es Hilfe zum selbstbestimmten Sterben. Mein alter Chef, Jürgen Möllering aus Rio de Janeiro, hatte – was für ein Zufall – über »Euthanasie und Sterbehilfe« bei Albin Eser am Freiburger Max-Planck-Institut für Strafrecht promoviert. Er wurde ein wichtiger Berater für mich in dieser Zeit.

Hackethal und Romatka hatten aufgehört, die Menge an positiven und negativen Zuschriften zum Freitod von Hermine Eckert zu lesen. Als ich die Briefe durchsah, fand ich zwei wichtige Schreiben von zwei Strafrechtsprofessoren, die sich ebenfalls mit Sterbehilfe und Euthanasie beschäftigten und Julius Hackethal ihre Hilfe anboten, weil sie die Ermittlungen der Staatsanwaltschaft beim

Landgericht Traunstein für falsch und die spätere Anklageschrift für rechtswidrig hielten. Mit beiden habe ich mich zeitnah getroffen und sie motivieren können, ihre Meinungen zu veröffentlichen. Die beiden haben – der eine in der *Zeit* und der andere in der *NJW*, der *Neuen Juristischen Wochenschrift*, die als »Bibel der Juristen« gilt – Aufsätze verfasst, welche eindeutig Stellung bezogen für Hackethal und gegen die Staatsanwaltschaft. Das Gericht stellte das Verfahren gegen Hackethal ein. Das OLG München bestätigte die Entscheidung. Und auch die bayerische Ärztekammer folgte dem gerichtlichen Beschluss. In der Gerichtsentscheidung wurde besonders auf die Ausführungen in dem Aufsatz »Der Fall Hackethal: Strafbare Tötung auf Verlangen?« von Professor Rolf Dietrich Herzberg in der *NJW* (1986, Seite 1635) hingewiesen, denen sich das Gericht anschloss. Herzberg hatte geschrieben:

»Es ist doch seltsam: Im aufrichtigen Gespräch räumt jeder ein, für sich selbst zu wünschen, dass ihm bei qualvoller und unheilbarer Krankheit die tödliche Injektion, wenn er sie wünschen und ernstlich verlangen sollte, gewährt werden möge. Müsste das die Befürworter des strafbewehrten Verbotes, die ja vor allem religiös und moralisch argumentieren, nicht gerade in dieser Hinsicht nachdenklicher stimmen? Sie müssten zuerst einmal erklären, warum hier falsch sein soll, was sonst für das Verhalten gegenüber dem Mitmenschen als ›goldene Regel‹ gilt, nämlich nach dem schlichten Wort Jesu zu handeln: ›Alles, was ihr wollt, daß euch die Leute tun sollen, das tut ihr ihnen auch‹ (Matth. 7, 12).«

Herzbergs Artikel deckte sich inhaltlich weitgehend mit dem, was Professor Arthur Kreutzer kurz zuvor am 30. Mai 1986 in der *Zeit* veröffentlicht hatte. Dessen Artikel mit der Überschrift »Haben Emotionen den Blick getrübt?« griff die Staatsanwaltschaft noch stärker an als Herzbergs *NJW*-Aufsatz:

»Eineinhalb Jahre ermittelte der Traunsteiner Oberstaatsanwalt Michalke gegen Prof. Julius Hackethal. Ergebnis solch langen Bemühens ist eine dürftige Anklage gegen den prominenten, streitbaren und umstrittenen Arzt wegen des schwerwiegenden Vorwurfs einer Tötung auf Verlangen. … Sie erfüllt nicht einmal das

Maß juristischen Sachverstands und intellektueller Redlichkeit, welches man von mittelmäßigen Rechtsreferendaren abverlangen würde. Schon eher stützt sie den bösen Ruf vom rechtsverdrehenden Juristen und sie nährt den Verdacht, das Instrument der Anklage werde missbraucht, um einem unbequemen Außenseiter das Handwerk zu legen.«

Wir gewannen die Verfahren allerdings nicht nur wegen der beiden hervorragenden Artikel in Schlüsselmedien, sondern wegen der aus diesen Artikeln im Einzelnen ersichtlichen Argumentation. Das Hauptargument ist sicherlich, dass Tötung auf Verlangen im Gesetz nicht strafbar ist. Lediglich über die komplizierte Konstruktion der Garantenpflicht gelangt man zur Strafbarkeit. In diesem Fall war jedoch schon fragwürdig, ob Hackethal überhaupt der behandelnde Arzt war und damit eine Garantenpflicht entstehen konnte. Auf jeden Fall aber war nach dem Trinken des Zyankalis eine Rettung nicht mehr möglich, sodass es bei einer straflosen Tötung auf Verlangen blieb.

Die Selbsttötung von Hermine Eckert war der erste Fall, in dem ich in einer juristischen Auseinandersetzung die Medien aktiviert habe, um mit der besonderen Sachkompetenz der beiden Autoren, aber auch mit öffentlichem Druck für die Interessen meiner Mandanten zu kämpfen. Aus dieser erfolgreichen Zusammenarbeit in einem prominenten Strafverfahren ergab sich zweierlei: Zum einen war ich 1986 mit dreißig Jahren plötzlich ein deutschlandweit bekannter Strafverteidiger, denn über die Einstellung des Strafverfahrens und des Approbationsentzugsverfahrens wurde in vielen Zeitungen prominent berichtet. Daraus entstand auch eine sehr vertraute und vertrauensvolle Zusammenarbeit zwischen Julius Hackethal und mir, die dazu führte, dass ich in den folgenden Jahren alle seine juristischen Themen bearbeitete, unter anderem auch die Buch- und Veröffentlichungsverträge. Das war der erste große Schritt in Richtung Medienrecht.

Hackethal war unbeugsam, von der Richtigkeit seiner Meinungen vollkommen überzeugt und kompromisslos. Er führte mit der halben Welt Gerichtsverfahren und sein Hass auf die etablierte Medizin ließ ihn nie zur Ruhe kommen. Ich lernte von ihm viel, etwa den Satz: »Denk daran, auch Ärzte haben Hypotheken und durchaus Eigeninteressen, wenn sie Dich ewig in der Klinik behalten und operieren wollen.« Oder: »Patienten werden nie freitags entlassen, damit die Klinik am Wochenende auch ausgebucht ist.«

Meine Zusammenarbeit mit Hackethal hat auch meine Einstellung zur Medizin und zu Medikamenten beeinflusst. Eines Tages erzählte Hackethal mir eine Geschichte von seiner Mutter. Er habe sie im Pflegeheim besucht und zu ihr gesagt: »Mami, du siehst ja toll aus! Viel besser als bei meinem letzten Besuch.« Daraufhin habe sie gesagt: »Ja mein Lieber, schau mal hier raus«, und auf den unter dem Fenster liegenden Rasen gezeigt, der eine große kahle Stelle hatte. »Schau, da schmeiße ich jeden Morgen meine Pillen runter. Seitdem geht es mir viel besser.«

Bei einer Gerichtsverhandlung am Oberlandesgericht München in einem Verfahren gegen den »Sterbehelfer« Hans Henning Atrott bekamen wir uns drei Jahre später schließlich derart in die Haare, dass ich das Mandat niederlegte. Ich sagte ihm: »Sie haben mir beigebracht, dass man seine Patienten so behandeln soll wie seinen besten Freund oder gar nicht. Ich würde Sie gern als Mandanten so behandeln wie meinen besten Freund. Aber Sie lassen das nicht zu. Dann also lieber gar nicht.« Dies war die erste Mandatsniederlegung in meinem noch kurzen anwaltlichen Leben. Sie war aber unglaublich befreiend, denn Hackethal hatte als langjähriger Chirurg eine besondere Neigung zu Aktivitäten am frühen Morgen. Er weckte mich häufig gegen fünf oder sechs Uhr morgens und verlangte beispielsweise, dass ich sofort den Präsidenten des Bundesverfassungsgerichts anrufen solle, um deutschlandweit Brustkrebsoperationen verbieten zu lassen. Am nächsten Morgen fragte er hartnäckig nach, ob ich denn bereits mit dem Verfassungsgerichtspräsidenten telefoniert hätte. So ein Anruf beim Verfassungsgericht ist für Juristen eine geradezu absurde Vorstellung. Es ist unmöglich, einen Vorsitzenden Richter anzurufen und ihn um irgendwelche Entscheidungen zu bitten. Man muss formale Anträge stellen und den Instanzenzug beachten. Erst dann erfolgt eine Entscheidung.

Ich habe in der Folge noch zahlreiche Mandate niederlegen müssen und es nie bereut. Der alte Grundsatz: »Lieber ein Ende mit Schrecken als ein Schrecken ohne Ende« gilt auch für Anwalts-Mandanten-Verhältnisse. Diese kippen nach meinen Erfahrungen immer dann, wenn der Mandant seinem Anwalt Anweisungen erteilen möchte, wie Verfahren zu führen sind. Das geht immer schief. Ein Mandatsverhältnis, das sich in diese Richtung entwickelt, sollte man möglichst schnell beenden.

Hubert Burda – Gescheiterte Partnerschaft

Der Offenburger Verleger Hubert Burda schätzte meinen Vater sehr, wie auch schon sein Vater, der Firmengründer Franz Burda. Als ich von meinem Studium in Harvard nach Deutschland zurückgekommen war, wollte er mich kennenlernen. Mein Vater hatte ihm viel von mir erzählt und das hatte ihn neugierig gemacht. Er dachte sich wohl, dass der Sohn eines so begabten Vaters ebenfalls ein großes Talent sein müsse.

Wir hatten ein sehr nettes Gespräch bei einem Mittagessen in München. Er bot mir einen Job an.

»Sie könnten mein Peter Tamm werden!«, sagte er.

Ich fand die Idee sehr schmeichelhaft. Peter Tamm war im Springer-Verlag das betriebswirtschaftliche Alter Ego meines Vaters. Tamm kümmerte sich um die Zahlen und mein Vater um die Zeilen. Ich habe ein oder zwei Wochen nicht gewusst, was ich auf das Angebot antworten sollte. Schließlich schrieb ich ihm einen Brief, in dem ich ausgeführte, dass ich eigentlich mein ganzes Leben davon geträumt hatte, mit wehender Robe im Gerichtssaal aufzutreten und mir deshalb nicht vorstellen könne, Verlagsmanager zu werden.

Als etliche Jahre später mein Vater nach seinem Wechsel 1987 von Springer zu Burda für die *Bunte* verantwortlich war und mit der Frauenzeitschrift *Elle* und dem Wirtschaftsmagazin *Forbes* neue Zeitschriften auf den Markt brachte, kam bei Burda kurz nach dem Mauerfall die Idee auf, gemeinsam mit dem US-amerikanischen Medienunternehmer Rupert Murdoch eine überregionale Tageszeitung auf den Markt zu bringen. Quasi eine Art Gegen-*Bild*. Die besten Absatzzahlen erhoffte man sich in den neuen Bundesländern, dort sollte auch eine neue Druckerei gebaut werden. Das ganze Projekt basierte auf der Annahme, dass mein Vater die neue Zeitung genauso erfolgreich führen könnte wie die Massenblätter *Bild* und *Bild am Sonntag* oder auch die mittlerweile bei Springer von ihm gegründeten *Bild der Frau*, *Sportbild* und *Autobild*, die zwar nicht seinen unmittelbaren Interessen entsprachen, aber dank seiner journalistischen Professionalität hohe Auflagen erzielten.

Daher wollte er bei dem Murdoch-Burda-Plan nicht als Angestellter, sondern als Partner mit dabei sein und beauftragte mich, die Partnerschaftsverhandlungen zu führen. So traf ich mich ein paar Mal mit Hubert Burdas und Rupert Murdochs Anwälten in München. Die Gespräche waren sehr zäh. Ich habe den Herren immer wieder gesagt, was mein Vater sich vorstellte, aber sie boten jedes Mal andere, sehr viel schlechtere Bedingungen an. Die Abgesandten wollten das Projekt, aber sie glaubten, mich als Junganwalt herunterhandeln zu können.

Kurz darauf endete die Zusammenarbeit meines Vaters mit Hubert Burda. Das Murdoch-Burda-Spezialprojekt der neuen Tageszeitung wurde eingestellt und viele der Journalisten, die ich dafür als Arbeitsrechtler mühsam aus ihren bisherigen Verträgen geholt und bei Burda angedockt hatte, brauchten nun wieder meinen Rat. Sie waren eine sehr bunte, qualitativ hochwertige Truppe, mit der man sicherlich eine interessante Tageszeitung hätte machen können. Nun mussten die meisten wieder gehen und erneut war ich es, der gegen Burda antreten musste, um ihre

Abfindungen auszuhandeln. Der arme Hubert Burda beschreibt in seiner Biografie, wie er morgens nach dem Duschen von meinem Vater den Brief bekommt, in dem dieser die Zusammenarbeit aufkündigt. Das sei einer der schrecklichsten Momente seines Lebens gewesen. Mir tut das sehr leid. Ich hätte lieber die Partnerschaft erfolgreich zu Ende verhandelt. Letztlich aber scheiterte es an den Burda-Anwälten, die nicht einigungsfähig waren. Das Boulevard-Blatt *Super!* erschien dann 1991 auch noch mit einem von meinem Vater ausgesuchten Team, aber ohne ihn. Ich glaube, es waren die ehemaligen *Bild*-Chefredakteure Franz Josef Wagner und Peter Bartels, die das Projekt leiteten. Über Franz Josef Wagner soll Hubert Burda kurz zuvor gesagt haben: »Wenn Günter Prinz in der Manege steht, springt Franz Josef Wagner durch den brennenden Reifen. Wenn Prinz die Manege verlässt, springt Wagner ins Publikum und beißt!« Auf diese Art machten sie in ihrer neuen Tageszeitung die legendäre Titelschlagzeile: »Angeber-Wessi mit Bierflasche erschlagen«. Die Unterzeilen lauteten: »Er protzte mit seinem BMW herum, beschimpfte seine Mitarbeiter als doofe Ossis. Ganz Bernau ist glücklich, dass er tot ist«. Die Zeitung war brutaler Boulevardjournalismus und ungewöhnlich, konnte sich aber gegen *Bild* letztlich nicht durchsetzen. Bereits 1992 wurde das Blatt wieder eingestellt.

Zu dieser Zeit hatte Peter Tamm als Vorstandsvorsitzender der Axel Springer AG aufgehört und war durch Günter Wille ersetzt worden. Wille hatte keine Ahnung vom Mediengeschäft. Er kam aus der Tabakindustrie und erkrankte kurz vor Amtsantritt schwer. Der kluge Aufsichtsratsvorsitzende Bernhard Servatius ahnte, dass das nicht gut gehen würde, zumal sich in München die Murdoch-Burda-Prinz-Tageszeitung abzeichnete und damit eine gefährliche Konkurrenz für *Bild*, die Cashcow des Springer-Verlages. Servatius gelang ein strategisches Meisterstück, indem er meinen Vater aus dieser Konkurrenz herauslöste, ihn zurück nach Hamburg holte und ihn kurz darauf zum Vorstandsvorsitzenden des Axel-Springer-Verlages machte. Das war der Höhepunkt in der Karriere meines Vaters. Sein Vertrag endete, als er fünfundsechzig Jahre alt wurde. Doch trotz seiner beachtlichen Lebensleistung wurde er, anders als in vergleichbaren Konzernen üblich, nach seiner Pensionierung nicht in den Aufsichtsrat berufen.

Servatius begann zu dieser Zeit eine Auseinandersetzung mit den leiblichen Springer-Erben. Es ging um das Testament von Axel Springer und die Frage, wer den Verlag mehrheitlich erben sollte. Ich nehme an, dass Servatius in dieser Situation meinen Vater wegen seiner jahrzehntelangen Nähe zu Axel Springer Senior und Axel Springer Junior nicht dabeihaben wollte.

Walter Scheel – Beratung bei Brezeln und Weißwürsten

Walter Scheel war Bundesminister für wirtschaftliche Zusammenarbeit in den Kabinetten von Konrad Adenauer und Ludwig Erhardt. Er war Bundesvorsitzender der FDP. Von 1969 bis 1974 war er Außenminister und Vizekanzler unter Willi Brandt und von 1974 bis 1979 Bundespräsident der Bundesrepublik Deutschland. Scheel war, als wir uns kennenlernten, mit der Ärztin Mildred Scheel verheiratet, die wiederum die Deutsche Krebshilfe gegründet hatte, welche mein Vater mit seiner *Bild* stark unterstützte. Er war bekannt für seine volkstümlichen Auftritte, insbesondere dafür, dass er für die »Aktion Sorgenkind« schwungvoll »Hoch auf dem gelben Wagen« gesungen hatte. Die Schallplatte mit diesem Lied erschien 1974 und wurde über dreihunderttausend Mal verkauft. 1990 lud er mich ein, an einer Besprechung mit seinem persönlichen Anwalt in Köln teilzunehmen. Ich reiste nach Köln und traf in der Kanzlei des Kollegen auf den bestens gelaunten Scheel, der Weißwürste, Brezeln und Bier vom Oktoberfest in München mitgebracht hatte. Wir aßen und tranken gemeinsam und besprachen dabei seine juristischen Probleme. Scheel hatte Angst, von den Medien in den sogenannten Flick- oder Parteispenden-Skandal mit hineingezogen zu werden. Zu diesem Zeitpunkt gab es eine Entscheidung des Wirtschaftsministeriums, die den Verkauf von Anteilen an der Daimler AG durch den Hauptaktionär Dr. Friedrich Karl Flick steuerfrei stellte. In diesem Zusammenhang gab es Ermittlungsverfahren, die feststellten, dass alle im Bundestag vertretenen Parteien von Flick Parteispenden und möglicherweise auch andere nicht deklarierte Zahlungen erhalten hatten. Scheel hatte damit persönlich nichts zu tun und wollte, dass dies gegenüber den Medien klargestellt wurde.

Ich habe den persönlichen Kontakt zu Walter Scheel immer sehr geschätzt. Nicht zuletzt aus dem besonderen Grund, dass er auf einer Abendveranstaltung in Bonn ein Jahr vor unserem Treffen in Köln zufällig mit mir an dem Tisch saß, an dem ich meine spätere Frau Alexandra kennenlernte.

Hans-Dietrich Genscher – Wirbel um eine Stasi-Akte

Hans-Dietrich Genscher war von 1969 bis 1974 Bundesminister des Inneren. Anschließend war er bis 1992 Außenminister sowie Vizekanzler der Bundesrepublik Deutschland. Zunächst unter der Kanzlerschaft von Helmut Schmidt und anschließend unter der Kanzlerschaft von Helmut Kohl. Als Genscher mich im Frühling 1999 anrief, war er bereits der Bundesminister mit der längsten Amtszeit. Es gab Hinweise auf einen angeblichen DDR-Spion in seiner Behörde in den Jahren 1987/1988 und die Vertuschung durch Kanzleramt und Verfassungsschutz, über die *Focus* und *Spiegel* berichteten. Im Zuge der Auseinandersetzung über diese Berichterstattung erhielten wir Einblick in eine Stellungnahme des Bundesamtes für Verfassungsschutz vom 28. Januar 1992. Die Informationen beinhalteten, dass die Stasi zwar unter dem Namen »IM Tulpe« eine Akte angelegt und Informationen über Genscher gesammelt hatte, diese Akte jedoch in der DDR nur mit offen zugänglichem Material bestückt worden war. Sie enthielt also nichts, das auf einen Spion im Umkreis Genschers hindeutete.

Genscher hatte zu DDR-Zeiten davon nie etwas erfahren. So konnten wir diesen Makel, der offenbar von der Stasi durch entsprechende Fehlinformationen bewusst verbreitet worden war, komplett ausräumen.

Karl Lagerfeld – Lügen in der Ersten Klasse

Am 22. September 1990 erschien die *Bild*-Zeitung mit dem Aufmacher »Ich bin Lagerfeld, entfernen Sie diesen Krüppel!«. *Bild* behauptete, dass der berühmte Modeschöpfer und Designer Karl Lagerfeld in der ersten Klasse eines Flugzeugs gesessen und, nachdem ein Mensch mit Behinderung zugestiegen sei, gesagt haben sollte: »Ich bin Karl Lagerfeld. Ich zahl doch nicht First Class, um auf Krüppel zu schauen. Werfen Sie den Mann raus.«

Marietta Andreae, die langjährige Hamburger PR-Beraterin von Karl Lagerfeld, war entsetzt über diese Geschichte, weil sie nicht stimmte. Sie meldete sich bei Manfred Engelschall, der inzwischen als Berater in unserer Kanzlei arbeitete, aber noch nicht als Anwalt praktizieren durfte. So landete das Mandat bei mir.

Ich telefonierte mit Karl Lagerfeld, der später einer meiner größten Förderer und Mentoren werden sollte, über diesen Fall und sagte ganz vorsichtig: »Lieber Herr Lagerfeld, so eine Geschichte denkt sich doch die *Bild* nicht aus. Das kann nicht sein. Irgendwas muss zwischen Ihnen und dem Behinderten in dem Flieger vorgefallen sein.«

Daraufhin antwortete er: »Lieber Herr Prinz, ich bin seit vielen Jahren nicht mehr mit einem Linienflugzeug geflogen. Ich fliege immer nur im Privatjet oder lasse mich im Auto fahren, weil ich keine Lust habe, in öffentlichen Verkehrsmitteln angestarrt zu werden. Ich kann den Mann gar nicht getroffen haben.«

Das überzeugte mich restlos, sodass ich mich traute, mit der gebotenen Aggressivität in die Auseinandersetzung mit der *Bild*-Zeitung zu gehen.

Goldregen prasselte in München, Wesel, Leipzig
Gewinner und Rätsel unten auf dieser Seite
Sonnabend, 22. September 1990 50 Pf

Bild
UNABHÄNGIG · ÜBERPARTEILICH

Macht Millionen mit Mode, Schmuck und Parfum: Karl Lagerfeld (52). Er wurde in Hamburg geboren, lebt heute in Paris.

LH Flug 1789, Paris – München, 1. Klasse

Ich bin Lagerfeld, entfernen Sie diesen Krüppe

Von ELLEN KOTY
Ein Mann, den wir als einfühlsamen Modeschöpfer mit ausgesuchten Manieren kennen, steht im Mittelpunkt einer unglaublichen Entgleisung: Karl Lagerfeld. Es passierte auf dem Lufthansa-Flug 1789 von Paris nach München. Der Modeschöpfer war einziger Passagier in der 1. Klasse, als ihm von der Stewardeß ein Schwerbehinderter in die Kabine gesetzt wurde. Da tobte er los: „Ich bin Lagerfeld, entfernen Sie diesen Krüpp… Weiter letzte S…

Lagerfeld
Fortsetzung von Seite 1

Lagerfeld – das Energiebündel. Er hat gerade die Kostüme für Hugo von Hofmannsthals „Der Schwierige" für die Salzburger Festspiele entworfen, macht die Illustrationen für Hans Christian Andersens Märchen „Des Kaisers neue Kleider", sammelt deutsche Kinderbücher vom Anfang des Jahrhunderts bis 1925, dekoriert das Berliner Hotel „Gehrhus", richtet sich in Hamburg eine Elbvilla ein und hat auf seinen Reisen bereits über 12 Tonnen Bücher gesammelt – und gelesen, Kunst, Literatur, Wörterbücher. Der erfolgreiche Designer: „Alle paar Monate muß ich meine Bibliothek um ein Stockwerk erweitern."

Und neben seinen Kollektionen (Wintertrend bei Chanel: Plexiglasschuhe wie Eisblöcke) berät er noch die schönsten Frauen der Welt: Stallone-Freundin Jennifer Flavin riet er zum kurzen Haarschnitt, ebenso wie Prinzessin Caroline von Monaco. „Sie hat einen so schönen Nacken." Und er schlichtet zwischen seinen Models. Z. B. zwischen Linda Evangelista und Christie Turlington, bis vor kurzem noch beste Freundinnen. Lagerfeld: „In dieser Branche gibt es viel Neid, viele Intrigen, der Konkurrenzkampf ist hart. Es ist ein Beruf, der auf Ungerechtigkeit basiert. Inzwischen haben sich die beiden aber wieder versöhnt. Christie Turlington wird einen amerikanischen Cineasten aus Kalifornien heiraten, Chanel macht das Brautkleid."

Wer übrigens glaubt, daß der Meister bei Bestellung seiner Couture-Kleider selbst Maß nimmt, irrt. Auch wenn's so manche Dame behauptet. Seine verhaßteste Kundin ist Ivana Trump: „Chanel legt keinen Wert auf ihre Anwesenheit in den Schauen, sie ist nicht elegant, trägt Kopien. Da gab's mal ziemlichen Ärger, weil sie ein Chanel-Modell kopiert hatte."

Unwahrer BILD-Artikel, in dem Karl Lagerfeld die Beleidigung eines Menschen mit Behinderung vorgeworfen wurde

Wir verlangten von *Bild* eine Gegendarstellung und einen Widerruf auf der Titelseite sowie ein hohes Schmerzensgeld. Hans-Hermann Tiedje, der damalige Chefredakteur des Blattes, reiste nach Paris. Er klingelte bei Lagerfeld zu Hause in der Rue de l' Université und bat um ein Gespräch, wurde aber nicht eingelassen. Daraufhin setzte er sich gegenüber von Lagerfelds Palais in ein Café, und ließ Lagerfeld per Boten immer wieder Briefe überbringen, in denen er ihn um ein Gespräch bat. Tiedje war klar, dass diese so

Entschuldigen Sie, Herr Lagerfeld

Er ist weder sturer Hanseat, noch tierisch ernst. Er lacht gern, mag Ironie und ist für seine Schlagfertigkeit bekannt. Aber einmal hat es selbst Karl Lagerfeld, der sonst redemäßig nicht zu bremsen ist, die prache verschlagen: Bei unserer :hlagzeile vom vergangenen Jahr: rl Lagerfeld: „Entfernen Sie die Krüppel!"
er Modezar: „Jedes Mal, wenn inen Behinderten sehe, zucke sammen und denke, hoffentlich hat der nicht den Artikel gelesen und die Geschichte geglaubt." Das bedauert BILD zutiefst, denn die Geschichte stimmte nicht. Entschuldigen Sie bitte, Herr Lagerfeld.
Der Zopfträger hat sich schon immer für Behinderte engagiert: „Letzten Juni machte ich eine Fotoausstellung in London. Den Erlös spendete ich der ‚Peter Martin Foundation'. Damit konnten 250 Gelähmte vier Wochen lang Urlaub mit ihren Betreuern machen." **Letzte Seite**

Entschuldigung der BILD

offensichtlich erfundene Geschichte ziemlich nachteilig für die *Bild* ausgehen konnte. Karl Lagerfeld hatte keine Lust, sich mit Tiedje zu unterhalten und rief mich jedes Mal an, wenn er einen neuen Brief bekam. Er sagte etwas, das seither in meiner Familie und meiner Kanzlei ein geflügeltes Wort ist, wenn man von einer Person mit Briefen oder E-Mails zugeschüttet wird: »Ich will doch mit dem Kerl keine Brieffreundschaft eingehen.«

Schließlich fanden wir mit *Bild* eine Lösung, die Lagerfelds Rachegefühle und Verletztheit befriedigte. Thomas Gottschalk, der damals neben der von einem Millionenpublikum gesehenen Fernsehsendung »Wetten, dass..?« bei *Bild* eine Kolumne hatte, entschuldigte sich im Namen der Zeitung bei Karl Lagerfeld und machte vor dem Millionen-Publikum im Saal und vor den Fernsehgeräten deutlich, dass an der Geschichte nichts dran war. Außerdem veröffentlichte *Bild* eine Gegendarstellung und Entschuldigung auf der Titelseite und zahlte ein Schmerzensgeld, über das wir Stillschweigen vereinbarten und das Karl besonders erfreute.

Unsere enge Zusammenarbeit in diesem Fall war der Beginn einer ungewöhnlichen Freundschaft. Karl kommunizierte am liebsten per handgeschriebenem Brief, der dann per Fax versendet wurde. Ich habe noch heute zwei Leitz-Ordner mit zahllosen handschriftlichen Briefen von ihm, in denen es um gemeinsame Entscheidungen geht, wie wir uns in bestimmten Verfahren abstimmen. Aber auch seine Einladungen zum Dinner kamen per Fax. Schon bald empfahl er mich zukünftigen Mandanten wie Prinzessin Caroline von Hannover (damals Monaco), Catherine Deneuve, Nadja Auermann, Carole Bouquet und Claudia Schiffer, später auch Helmut Newton. Er war so dankbar für meine Lösung des Problems mit der *Bild*-Zeitung, dass er sich unbedingt revanchieren wollte. Nicht einer dieser prominenten Mandanten wäre zu mir gekommen, wenn Karl Lagerfeld mich nicht empfohlen hätte. Die meisten von ihnen empfahlen mich weiter und so wuchs im Laufe der Jahre meine illustre Mandantenschar.

Nachdem wir so erfolgreich gegen *Bild* gestritten hatten, kam Lagerfeld auf den Geschmack. Er wollte mich ständig an seiner Seite haben, um den Medien zu zeigen, dass er sich nichts gefallen ließ. Jahre später sprachen wir noch mal über den *Bild*-Fall. Gottschalks Entschuldigung in der Fernsehsendung war eine deutliche Klarstellung der Unwahrheit dieser Krüppel-Geschichte gewesen, die es vorher in Medienkreisen so nicht gegeben hatte und die auch nur wegen Gottschalks Doppelfunktion als *Bild*-Kolumnist und Showmaster möglich war. Ich war darauf sehr stolz. Lagerfeld erzählte mir allerdings, dass er Jahre später noch immer Angst gehabt habe, wenn er einem Menschen mit Behinderung begegnete. Er befürchtete, dass dieser ihn anspucken würde, weil er nur den ersten Artikel gelesen und niemals von dem Widerruf gehört hätte. Glücklicherweise ist das nie passiert und die Geschichte geriet im Laufe der Zeit in Vergessenheit. Dieser Fall hat mich in meinem Bestreben bestärkt, Gegendarstellungen, Richtigstellungen und Widerrufe möglichst groß und gut sichtbar zu platzieren, um zu verhindern, dass sie übersehen werden und nur die erste Nachricht in Erinnerung bleibt.

Mit Karl Lagerfeld

Im Jahr 1995 veröffentlichte der US-amerikanische Regisseur, Autorenfilmer und Filmproduzent Robert Altman seinen Film »Prêt-à-Porter«. Darin gibt es eine Szene, in der sich zwei Modeschöpfer unterhalten und der eine zum anderen sagt: »Lagerfeld ce voleur!«, Lagerfeld, dieser Dieb! Das gefiel Karl natürlich gar nicht und er bat mich, dagegen zu klagen. Ein klassischer Fall, der verdeutlicht, warum es eine Waage der Gerechtigkeit gibt. In der einen Waagschale liegt das allgemeine Persönlichkeitsrecht, in der anderen liegt die Kunstfreiheit. »Lagerfeld ce voleur!« wurde verboten durch eine einstweilige Verfügung des Landgerichts Hamburg, welches die Bezeichnung »voleur« für beleidigend hielt.

Dass wir in Hamburg klagen konnten, liegt am sogenannten »fliegenden Gerichtsstand« des Deliktrechts, der einem Betroffenen ermöglicht, überall dort zu klagen, wo sein Recht verletzt wurde. Der Film war auch in Hamburg gelaufen, also war Lagerfeld auch dort geschädigt worden, und so hatten wir auch dort eine Zuständigkeit. Die Zuständigkeit des Landgerichtes Hamburg habe ich immer besonders gerne benutzt. Allein schon deshalb, weil ich mit dem Fahrrad über die Moorweide und durch den wunderschönen Park »Planten und Blomen« in zehn Minuten zum Gericht fahren konnte.

Als die Nachricht vom Erlass der einstweiligen Verfügung kam, war ich gerade bei Lagerfeld in Paris. Ich saß mit ihm im Fitting Room, dem Ankleideraum neben dem Foto-Studio, und es kamen – knapp bekleidet – die schönsten Frauen der Welt herein, um sich von Lagerfeld ausstatten zu lassen. Claudia Schiffer und Karen Mulder, Carla Bruni und Nadja Auermann.

Karl bestimmte: »Du nimmst diese Tasche und diesen Gürtel und Du bekommst heute ein besonders schönes Kleid.«

Ich war sprachlos. Karls Assistent kam in den Raum, sah mich mit offenem Mund dasitzen und rief durch den Raum: »Matthias, where is your wife?«

Genau in diesem Moment bekam ich aus Hamburg die Nachricht, dass der Film verboten wurde.

An diesem Abend ging ich in ein Kino auf den Champs-Élysées, um zu überprüfen, ob die Franzosen die einstweilige Verfügung des Landgerichts Hamburg respektieren. Die Geschichte des Verbots war mittlerweile in allen Medien. Und siehe da – die Filmfirma hatte reagiert und ein »Beep« über das Wort »voleur« gelegt. Darauf warteten nun alle Zuschauer und jubelten bei dem »Beep« begeistert. Es war ein wenig wie in der Rocky Horror Picture Show. Nach dem Kino stieg ich vor der nächtlichen Schließung den Arc de Triomphe hinauf und schaute auf die beleuchteten Champs-Élysées hinunter. Ich fühlte mich auf dem Höhepunkt meines Lebens angekommen. Hackethal, Karl Lagerfeld und lauter schöne Frauen. Keiner hatte so spektakuläre Fälle wie ich und keiner war so erfolgreich.

Ein paar Jahre später kaufte Karl Lagerfeld eine Villa in Blankenese, die er nach seinem früheren Lebenspartner Villa Jako nannte. Er restaurierte sie aufwändig mithilfe einer Kunsthistorikerin

Mit Karl Lagerfeld und Ehefrau Alexandra von Rehlingen

namens Renate Kant. Ich hatte mir zu dieser Zeit ein Haus in der Nähe der Kanzlei gekauft, weil meine Frau Alexandra unser zweites Kind erwartete und unsere Zweieinhalb-Zimmer-Wohnung zu klein wurde. Ich bat Renate Kant, doch auch einmal bei mir vorbeizuschauen und sich die Bausubstanz unseres Hauses anzusehen. Sie war hellauf begeistert und schlug mir vor, das Erdgeschoss nach kunsthistorischen Kriterien renovieren zu dürfen. Unser Haus war das erste, das 1873 in unserer Straße nahe der Alster gebaut worden war. Es war das Landhaus der Hamburger Patrizier-Familie Lutteroth, die in der Hamburger Innenstadt lebte. Irgendwann wurde es schick, ein Landhaus zu haben und am Wochenende mit der Pferdekutsche durch das Dammtor über die Moorweide aus der Innenstadt hinaus aufs Land zu reisen. In dieser Zeit entstanden an der Alster sukzessive die schönsten Villen. Je näher am Dammtor, desto besser.

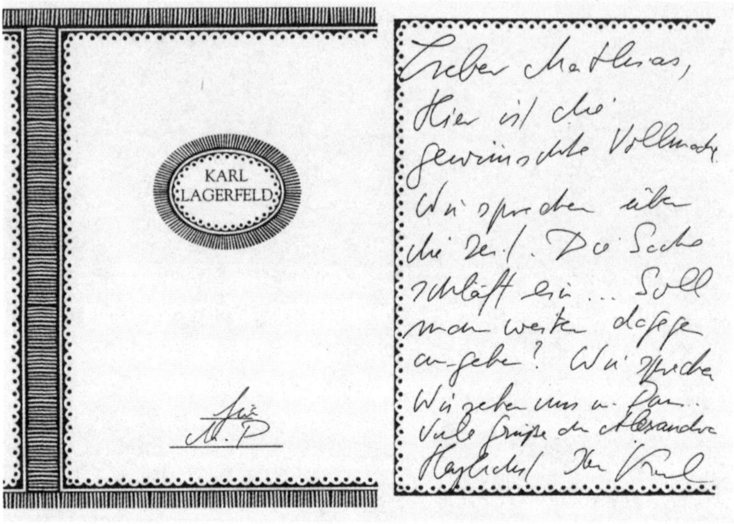
KARL LAGERFELD

für M. P.

Lieber Mathias,
Hier ist die gewünschte Vollmacht.
Wir sprechen über die Zeit. Die Sache schläft ein ... Soll man weiter dafür angeben? Wir sprechen
Wir sehen uns in Paris.
Viele Grüße an Alexandra
Herzlichst Ihr Karl

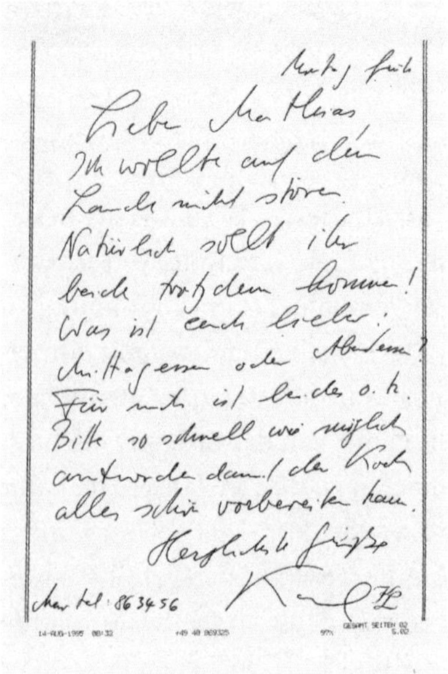
Montag früh

Lieber Mathias,
Ich wollte auf dem Lande nicht stören.
Natürlich sollt ihr beide trotzdem kommen!
Was ist euch lieber: Mittagessen oder Abendessen?
Für mich ist beides o. k.
Bitte so schnell wie möglich antworten damit der Koch alles schön vorbereiten kann.
Herzlichste Grüße
Karl KL

Mon tel: 863456

14-AUG-1995 08:32 GESAMT SEITEN 02 S.02

Kommunikation mit Karl Lagerfeld: Handgeschriebene großformatige Briefe, die dann per Fax versendet wurden

Renate Kant und ich einigten uns zunächst auf die Restaurierung eines Zimmers, aber mir gefiel ihre Arbeit so sehr, dass ich sie schließlich bat, das komplette Erdgeschoss zu restaurieren. Der Verkäufer des Hauses war ein Bastler gewesen, der sehr viele Einbauten selbst vorgenommen hatte. Wir ließen nun alles ausräumen, um an die Originalstruktur zu kommen.

Eines Tages rief mich meine Frau im Büro an und sagte: »Komm schnell, Du wirst nicht glauben, was wir gefunden haben!«

Im Wohnzimmer und in der neuen Küche waren die abgehängten Decken entfernt worden. Die viel höheren Originaldecken waren mit herrlichem Stuck und brauner Holzimitationsmalerei verziert. Ungewöhnlich und schick! Wir ließen daraufhin im gesamten Erdgeschoss die Original-Decken freilegen und den ursprünglichen Zustand wieder herstellen.

Nadja Auermann – Belästigung mit Blumenstrauß

Nadja Auermann ist eine der schönsten Frauen, denen ich jemals begegnet bin. Sie war auch eine sehr charmante und nette Mandantin. Ich habe gern mit ihr gearbeitet. Auch sie wurde mir von Karl Lagerfeld empfohlen, es gibt hervorragende Fotos von uns beiden auf der Terrasse von Karls Haus in Monaco.

Eines Tages rief sie mich an und berichtete: »Ich bin im Krankenhaus. Ich bin vor ein paar Stunden von einem Baby entbunden worden. Draußen vor der Tür steht eine Journalistin der *Bild*-Zeitung mit Blumenstrauß und einem Fotografen. Was mache ich jetzt?«

Die Reporter konnte ich ihr mit Anrufen beim Chefarzt und in der Chefredaktion der *Bild*-Zeitung schnell vom Halse schaffen. Fünfundzwanzig Jahre später saß ich beim deutschen Rosenball, den die Verlegerin Liz Mohn jedes Jahr zugunsten der Stiftung Deutsche Schlaganfallhilfe veranstaltet, am Tisch neben einer jungen, schönen und sehr charmanten Frau. Ich schaute auf die Tischkarte. Es war Cosima Auermann, jenes Baby, das ich ein Vierteljahrhundert früher vor den aufdringlichen *Bild*-Journalisten geschützt hatte. Wir erzählten uns viele Geschichten, in denen es um meine Begegnungen mit ihrer Mutter ging, verstanden uns blendend und tanzten heftig miteinander. Ich im Rollstuhl, sie davor. Es spielte Brian Ferry live. Eine fröhliche Begegnung, die mich tagelang in beste Laune versetzte.

Claudia Schiffer – Durch alle Instanzen

2005 gewannen wir beim Bundesgerichtshof eine Serie von Verfahren für Claudia Schiffer. Es ging um Fotos, die im Mai 2003 nach einem Autounfall entstanden waren und Claudia Schiffer mit ihrem Sohn Caspar zeigten. Die Fotos waren unter anderem in den Zeitschriften *Neue Revue, Das neue Blatt* und *Vida* des Heinrich Bauer Verlages veröffentlicht *worden.*

Beide Hamburger Instanzen, die Pressekammer des Landgerichts und der entsprechende Senat des Oberlandesgerichts, hatten entschieden, dass der Verkehrsunfall kein Ereignis der Zeitgeschichte gewesen sei. Es war kurz nach den Entscheidungen des Bundesverfassungsgerichts, durch welche Kinder vor Paparazzi geschützt wurden. Es war zudem auch nach der Entscheidung des Europäischen Gerichtshofs für Menschenrechte, wonach es nicht darauf ankommt, ob Claudia Schiffer oder ihr Sohn »absolute Personen der Zeitgeschichte« sind. Nach der neuen Rechtsprechung kommt es nur noch darauf an, ob das abgebildete Ereignis ein berichtenswertes Ereignis aus dem Bereich der Zeitgeschichte ist.

Doch wie so viele andere Blätter der Boulevardpresse druckte auch der Heinrich Bauer Verlag weiter rechtswidrig Fotos von Prominenten ab. Selbst die beiden verlorenen Prozesse in Hamburg reichten dem Verlag nicht. Wir mussten bis zum Bundesgerichtshof gehen, der die Urteile der Vorinstanzen bestätigte. Für einen Verlag wie den Heinrich Bauer Verlag gehört die Persönlichkeitsrechtsverletzung zum täglichen Geschäft. Die Tatsache, dass es diese rechtswidrigen, unwahren Geschichten immer noch gibt, trotz der erhöhten Schmerzensgelder, zeigt eigentlich nur, dass wir nicht weit genug gekommen sind, was die Höhe der Schmerzensgelder angeht. Es scheint so zu sein, dass sich die Persönlichkeitsrechtsverletzung in manchen Segmenten der Medien nach wie vor auszahlt.

Bernhard Paul – Ein Zirkus unter Sektenverdacht

Der verstorbene Fürst Rainier von Monaco, der Vater von Prinzessin Caroline, Prinzessin Stefanie und Fürst Albert, hat schon vor vielen Jahren das Monaco-Zirkusfestival ins Leben gerufen. Dort treten die besten Zirkusevents der Welt auf und werden prämiert. Dazu gehört auch der von Bernhard Paul 1975 gegründete Circus Roncalli, der in vielerlei Hinsicht ein anderer, modernerer Zirkus ist als die allseits bekannten Circus Busch-Krone oder Circus Althoff. Bei Roncalli werden keine Tier-Dressuren vorgeführt und es gibt kein Plastikgeschirr für das Essen. Popcorn und Snacks werden in recycelbaren Pappkartons verkauft. Ich lernte Bernhard Paul beim Zirkusfestival kennen und war begeistert von der Performance seiner Artisten. Kurz darauf kam der Zirkus nach Hamburg und residierte auf der Moorweide, unmittelbar vor meinem Büro. Eines Tages besuchte Bernhard Paul mich in meinem Büro. Er hatte ein Problem. Es gab erste Medienberichte, ob es denn stimme, dass der Name seines Zirkus eine Hommage an den Gründer der Scientology-Sekte, Ron Hubbard, sei. Denn rückwärts gelesen, so war die verbreitete Erzählung, hieße Roncalli »I call Ron«.

»Gibt es eine Verbindung zwischen Ihnen und der Sekte?«, fragte ich Paul gleich am Beginn unseres Gesprächs, weil ich das Mandat in diesem Fall nicht angenommen hätte. Paul wies jeden Verdacht empört zurück.

»Woher kommt denn der Circus-Name?«, wollte ich wissen.

»Das ist ganz einfach«, antwortete er, »ich bin mit André Heller, meinem damaligen Geschäftspartner, durch Köln spaziert. Als wir über den Domplatz schlenderten, schauten wir auf die Straßenschilder und stellten fest, dass er Roncalli-Platz heißt, nach Angelo

Giuseppe Roncalli, dem bürgerlichen Namen des Papstes Johannes XXIII., der 1958 zum Papst der römisch-katholischen Kirche gewählt worden war. Wir fanden, dass dieser Name gut zu unserem Circus passen würde und übernahmen ihn.«

Mit dieser Geschichte konnten wir das Landgericht Hamburg überzeugen, dass die »I call Ron«-Story eine Erfindung war. André Heller als Zeuge, das Straßenschild des Roncalli-Platzes als Foto und ein Wikipedia-Auszug über den Papst Roncalli waren so starke Beweismittel, dass die Verfahren relativ schnell zu Ende gingen. Die Medien gaben Unterlassungserklärungen ab und druckten Richtigstellungen.

Wir haben später noch einige andere Auseinandersetzungen für Bernhard Paul erledigt. Der Circus Roncalli gastierte in Hamburg auch im letzten Jahr, wieder gegenüber unserem Büro auf der Moorweide. Ich war zur Premiere eingeladen und habe vor allem den Auftritt der Tochter von Bernhard Paul bewundert. Sie ist aber nicht nur eine faszinierende Artistin, sondern hilft ihrem Vater auch bei der Leitung des Zirkus. Ich bewundere die Kreativität und den Zusammenhalt der Familie Paul.

Gerd Kromschröder – Eine teure Taxifahrt

Gerd Kromschröder ist ein berühmter investigativer Journalist und Autor. Er schlich sich in eine Neonazi-Truppe ein, versuchte als Türke verkleidet in eine deutsche Diskothek zu kommen, fuhr mit einem Laster, der eine Tonne mit weißem Pulver geladen hatte, von Müllhalde zu Müllhalde und versuchte seine Fracht loszuwerden.

Wenn man ihn fragte, was das für ein Pulver sei, sagte er: »Weiß ich doch nicht!« Er wollte testen, wie einfach in Deutschland womöglich hochgiftiger Abfall beiseitegeschafft werden kann. Kromschöder war in den Achtzigerjahren ein Aushängeschild für die intellektuelle und kreative Recherchekapazität des *Stern*. Aber er war gleichzeitig ein bekennender Linker. Als Rolf Schmidt-Holtz die Chefredaktion des *Stern* übernahm, hatte er den Auftrag, den Linksdrall der Redaktion zu korrigieren und das Magazin wieder auf Mitte-Kurs zu bringen. Jedenfalls erzählte man sich das. Genau weiß ich es nicht. Aber ich weiß, dass versucht wurde, Kromschröder zu entlassen. Journalismus ist ein wichtiger Beruf, der in unserem freiheitlich-demokratischen System für eine ordentliche und der Wahrheit verpflichtete Information der Bürger sorgen soll. Unbestreitbar spielt aber auch Eitelkeit im Journalismus eine große Rolle. Argwöhnisch wird beobachtet, welcher Kollege aufgrund welcher persönlichen Beziehungen vorrangig mit Insider-Informationen versorgt wird. Oft geht es um Statussymbole, wie den Dienstwagen oder die Größe des Büros. Oder darum, wer mit dem Chefredakteur essen gehen darf. Dies gilt auch für so renommierte Verlage wie Gruner + Jahr oder den *Spiegel*-Verlag. Als G+J noch im sogenannten Affenfelsen, dem terrassenförmigen Hochhaus an der Alster residierte, galt als Statussymbol unter Journalisten, wer mittags den besten Tisch bei »Paolino« bekam, einem auf sardische Küche spezialisierten italienischen Restaurant an der Alster in unmittelbarer Nähe des Affenfelsens. Bereits die Begrüßung bei »Paolino« zeigte, auf welcher Karrierestufe sich ein Redakteur gerade befand. Ich bin immer wieder erstaunt, wie stolz manche darauf sind, dass sie in einem Restaurant vom Wirt persönlich mit Handschlag oder gar Umarmung begrüßt werden.

Kromschröder war 1989 Nahost-Korrespondent in Kairo und berichtete über den ersten Irak-Krieg. Er war der erste westliche Journalist, dem es gelang, Fotos vom brennenden Bagdad nach Amman zu schmuggeln und von dort über den *Stern* in die ganze Welt zu verbreiten.

Als der Verlag Gruner + Jahr ihn nun rauswerfen wollte, suchte die Personalabteilung, wie in solchen Fällen üblich, Kündigungsgründe. Zum Beispiel Spesenbetrug. Und sie wurde scheinbar fündig. Kromschröder hatte für eine Taxifahrt von Bagdad nach Amman zweitausend Dollar abgerechnet, was den internen Richtlinien des Verlages widersprach.

Fakt war, Kromschröder hatte sich mitten im brennenden Bagdad einen Taxifahrer gegriffen und den gefragt: »Wieviel willst Du haben, wenn Du mich nach Amman fährst?«

Die Antwort lautete: »Es ist Krieg. Zweitausend Dollar.«

Kromschröder willigte ein und stieg in das Auto. Er hielt den Preis für angemessen, weil es anders nicht möglich war, die exklusiven Fotos schnell nach Hamburg zu senden. Zwischen Bagdad und Amann lagen über neun Stunden Fahrt durch das Kriegsgebiet. Kromschröder nahm das Risiko auf sich, weil er wusste, dass diese Fotos weltweit nachgedruckt und die Öffentlichkeit informieren würden. Beim *Stern* aber fand man in der überteuerten Taxirechnung einen Kündigungsgrund und zitierte Kromschröder nach Hamburg. Er stieg gleich bei uns um die Ecke im Hotel Elysée ab und ich verhandelte am Telefon mit Schmidt-Holtz und seinem Stellvertreter Hans-Ulrich Jörges über eine Abfindung. Wir konnten uns nicht einigen und als wir unser Gespräch beendet hatten, war klar, dass Gruner + Jahr Kromschröder jetzt kündigen würde.

Außerordentliche Kündigungen müssen innerhalb von vierzehn Tagen ab Kenntnis der Kündigungsgründe ausgesprochen und zugestellt werden.

Also rief ich Kromschröder an und riet ihm: »Packen Sie Ihren Koffer und fliegen Sie zurück nach Amman! Gruner + Jahr wird Ihnen gleich eine Kündigung zustellen wollen.«

Kromschröder fuhr zum Flughafen und flog über Frankfurt nach Amman. Die Kündigung konnte nun zwar nicht zugestellt werden, aber dessen ungeachtet vollzog sie der Verlag. Wir telefonierten trotz der Entfernung zwischen Hamburg und Ammann beinahe jeden Tag und legten schließlich Kündigungsschutzklage ein. Kromschröder bekam jedoch nun kein Gehalt mehr. G+J hatte alle Zahlungen gestoppt. Da ich einstweilige Verfügungen auch im Arbeitsrecht immer geliebt habe, beantragte ich daraufhin jeden Monat eine neue einstweilige Verfügung auf Zahlung von einem Monat Notunterhalt in Höhe seines Nettogehalts. Die Verfügung wurde jeden Monat erneut erlassen und jedes Mal wurde in allen Medien darüber berichtet. Das führte dazu, dass am Gericht und vor dem Verlagshaus regelmäßig Kollegen für »Kromo« demonstrierten. Als Gruner + Jahr einen neuen Personalvorstand bekam, willigte dieser in neue Verhandlungen ein. Wir trafen uns und einigten uns auf eine Auflösung des Vertrages mit einer anständigen Abfindung. Persönlich fand ich das traurig. Kromschröder war mit seiner investigativen Kraft und seinem Mut ein Ausnahmejournalist, der G+J gut zu Gesicht stand. Er war ein besonders liebenswerter, aber auch besonders nerviger Mandant.

Eines Tages entschuldigte er sich bei mir: »Es gibt ein arabisches Sprichwort ›Jeder denkt, seine Läuse sind Kamele.‹«

Ich fand das sehr charmant, nachdem ich mich monatelang mit seinen Läusen beschäftigt hatte.

Viele Jahre später kam auf einer Geburtstagsfeier des von mir hochgeschätzten Rolf Schmidt-Holtz ein Herr auf mich zu und sagte: »Sie hier, Herr Prinz? Na, Sie hätte ich hier nicht erwartet!«

Ich fragte, wie er denn darauf käme, worauf er antwortete: »Na, Ihretwegen habe ich mal eine Woche lang vergeblich versucht, in Amman eine Kündigung an Gerd Kromschröder zuzustellen.«

Karen Schultz – Im Medienrummel um Boris Becker

Karen Schultz war die erste in den Medien wahrgenommene Freundin des Tennisspielers Boris Becker. Becker war *das* deutsche Tennisidol, nachdem er im Alter von siebzehn Jahren das Turnier in Wimbledon gewonnen hatte. Karen war blond, strahlend, selbstbewusst und an den ganzen VIP-Veranstaltungen und an den VIP-Gästen, die sich um ihren Freund drängten, überhaupt nicht interessiert. Relativ schnell begriff sie, dass sie sich als Freundin des Idols Boris mit dem Medienrummel irgendwie arrangieren musste. Alle deutschen Mütter liebten sie und wünschten sich, dass sie Boris Becker heiraten würde. Sie wurde praktisch zur »Schwiegertochter der Nation« befördert. Doch sie studierte Höheres Lehramt und wollte Französischlehrerin werden. Eines Tages erschien in einem Klatschblatt ein Foto, das sie auf einer VIP-Party mit vielen leeren Flaschen und Gläsern vor ihr auf einem Tisch zeigte. Das Bild sollte den Eindruck erwecken, sie hätte all diese Flaschen und Gläser selbst leer getrunken. Darunter stand die Zeile: »Karen Schultz – in einsamen Stunden sucht sie Zuflucht bei einem guten Tropfen.« Boris habe sie verlassen, sie sei nun traurig und würde sich wünschen, ihr »Traummann« käme zurück.

Karen Schultz wollte den Schutz ihrer Privatsphäre durchsetzen und bat mich, sie vor der andauernden Berichterstattung über ihre Beziehung mit Boris Becker zu schützen. Allerdings hatte sie als Studentin nicht genug Geld, sich angemessen anwaltlich vertreten zu lassen. Aber wir fanden einen Deal: Wir trafen uns bis zum Beginn ihres Referendariats zweimal in der Woche zum Frühstück und sprachen anderthalb Stunden nur Französisch. Im Gegenzug vertrat ich sie gratis. Das war für mich ideal zum Wiederauffrischen der Sprache, die ich immer noch nicht gut genug beherrschte, aber schon wegen meiner Mandanten Karl Lagerfeld und Prinzessin Caroline häufig sprechen musste.

Carlo Thränhardt, berühmter Zehnkämpfer und Freund von Boris Becker, hatte damals einen Film über ihn gedreht mit dem Titel »Advantage Emotion«. In einigen Szenen war auch Karin Schultz zu sehen. Doch sie wollte kein Fernsehstar werden und hatte Carlo Thränhardt erklärt, dass sie nicht in diesem Film auftreten wolle. Ihre Beziehung zu Boris war zu diesem Zeitpunkt schon zu Ende. Daher wollte sie erst recht nicht mehr in diesem Film zu sehen sein.

Wir klagten gegen den Filmauftritt und erschienen im Februar 1992 zusammen vor Gericht. An meiner Seite betrat Karen Schultz den Sitzungssaal, modisch gekleidet im schilfgrünen Hosenanzug und zuversichtlich lächelnd. Ihre zeitgleich laufende Vorlesung an der Universität hatte sie für diesen Termin geschwänzt, weil er ihr besonders wichtig war. Wir erwirkten mehrere einstweilige Verfügungen wegen Verletzung des Rechts am eigenen Bild und erreichten, dass die Sequenzen, die Karen zeigten, aus dem Film entfernt wurden.

Einer der Journalisten, mit denen ich oft zu tun hatte, war Michael Graeter, seinerzeit der König der Klatschspalten in der *Münchner Abendzeitung*, in *Bild* und *Bunte*. Wir stritten uns heftig vor Gericht, aber wir hatten auch großen professionellen Respekt füreinander. Ich war immer wieder erstaunt, welche Geschichten er ausgrub.

Eines Tages rief er mich an und fragte: »Stimmt es, dass du Französischunterricht von Karen Schultz bekommst?«

»Das geht dich gar nichts an«, antwortete ich.

»Aus euren Namen und dem Wort Französisch mache ich eine schöne Geschichte«, drohte er daraufhin. Ich forderte ihn mit durchaus klaren Worten auf, das bitte zu lassen. Die Geschichte ist nie erschienen.

Petra Kelly – Gegen ein TV-Verbot

Die Gründerin von Bündnis 90/Die Grünen wurde 1992 meine Mandantin, als der TV-Sender SAT.1 ihr von einem Tag auf den anderen verbot, die Umweltsendung »Fünf vor Zwölf« weiter zu moderieren. Die Redaktionsleitung wollte Petra Kelly nicht mehr vor der Kamera haben, weil sie angeblich zu einigen Sendungen nicht erschienen war. Petra Kelly wollte damals gerade für die Grünen zum Europaparlament kandidieren und plante eine Fernsehsendung in England. Daher war es ihr wichtig, weiter in den Medien sichtbar zu bleiben und die vereinbarten Sendungen produzieren zu können. Bärbel Bohley und Lew Kopelew schrieben einen Protestbrief an den SAT.1-Chef Werner Klatten: »Umso unverständlicher ist uns die Entscheidung der SAT.1-Chefredaktion in Hamburg, Frau Kelly alle künftigen Moderationen der Umweltreportage zu untersagen und einen fest vereinbarten Aufnahmetermin einseitig aufzuheben, offensichtlich um Frau Kelly zu bestrafen, dass sie sich energisch gegen ständige Versuche inhaltlicher Einengungen und gegen schwerwiegende Beleidigungen verwahrt hat.« Wir forderten SAT.1 auf, die Entscheidung zu revidieren oder Schadensersatz zu leisten.

Zu einer Lösung kamen wir nicht mehr. Wenige Wochen später tötete ihr Lebensgefährte, Ex-Generalmajor Gerd Bastian, Petra Kelly. Danach setzte er sich die Pistole an den Kopf und drückte ein weiteres Mal ab.

Prinzessin Caroline von Monaco – Für den Schutz der Privatsphäre

Auf Empfehlung von Karl Lagerfeld besuchte ich Prinzessin Caroline von Hannover beim Skifahren in Österreich. Ihr Mann, der italienische Industrielle Stefano Casiraghi, war kurz zuvor, im Oktober 1990, bei einem Bootsunfall ums Leben gekommen. Ihre Kinder waren noch minderjährig. Die kleine Familie wurde pausenlos von Paparazzi verfolgt. Es war gut, dass ich es selbst sehen konnte, ich hätte es sonst nicht geglaubt. Die Belästigung war unglaublich. Auf jedem Hügel rund um das Hotel, in dem die Familie wohnte, standen Fotografen und beobachteten sie. Wenn sie zum Skifahren wollte, verließ ihre Skigruppe zunächst das Hotel und ging nach links. Die Prinzessin kam dann später mit den Kindern aus dem Keller und ging nach rechts. Trotzdem gelang es nicht, die Paparazzi abzuschütteln. Die Fotografen wollten vor allem die Kinder im Skidress fotografieren. Außerdem hofften sie, einen neuen »Lover« im Gefolge der Prinzessin zu finden.

Der kleine Sohn Andrea, heute vierzig Jahre alt und selbst Vater von zwei Kindern, trug vor einem französischen Gericht die folgende Stellungnahme vor:

»Es ist furchtbar, permanent verfolgt zu werden. Ich komme mir vor, als sei ich nicht mehr ich selbst … Auch ist es ungeheuer belastend, sich ständig umsehen zu müssen, ob jemand hinter oder neben einem ist und einem folgt. Das ist eine Art permanente Bedrohung.

Es löst ein Angstgefühl aus, das einer Paranoia gleicht … Das muss unbedingt aufhören. Es demoralisiert mich, greift mein eigenes Ich an. Das ist unglaublich.«

Der Auftrag der Prinzessin war eindeutig: Ich sollte die Belästigung und Verfolgung durch Fotografen unterbinden, so gut es möglich war. Ich überlegte, wie man die Paparazzi loswerden könnte. Der Unterlassungsanspruch im deutschen Recht, der einem Medium verboten hätte, ein bestimmtes Foto zu veröffentlichen, war unpassend, weil es uns ja eigentlich nicht um die Bilder, sondern um die Belästigung ging. Der Unterlassungsanspruch im deutschen Recht setzt voraus, dass bereits eine Verletzung erfolgt ist, sodass »Wiederholungsgefahr« besteht. Man muss also ein verletzendes Foto vorweisen. Dann ist es aber eigentlich schon zu spät. Da auch eine so genannte »Begehungsgefahr« ausreicht, hatte ich es einige Male mit weitergefassten Anträgen versucht, wie zum Beispiel ganz allgemein »… zu untersagen, dass Fotos von Prinzessin Caroline von Monaco und ihren Kindern beim Skifahren veröffentlicht werden.« Ein solch pauschales Verbot ließ die Rechtsprechung aber nicht zu, weil es ja doch mal Fotos geben könnte, die erlaubt seien, etwa bei einem schweren Lawinenunfall. Ansprüche gegen die Fotografen waren außerdem schwer durchzusetzen, weil man diese meistens nicht identifizieren konnte.

Die ökonomische Analyse des Rechts, mit der ich mich schon in Harvard intensiv beschäftigt hatte, lehrte mich Folgendes: Solange die Medien mit der Veröffentlichung dieser Fotos mehr Geld verdienen als sie an Schmerzensgeld zahlen müssen, würden sie weitermachen. Das zu ändern ist eigentlich ganz einfach, indem man die Höhe des Schmerzensgeldes drastisch erhöht. Nur haben die deutschen Gerichte jahrzehntelang immer wieder ohne ein nachvollziehbares Argument behauptet, dass dem Schmerzensgeld kein Strafcharakter zukommt, sondern die Zahlung lediglich Ausgleichs- und Genugtuungsfunktion hat. Schmerzensgelder dürften daher nicht in Höhen geraten, die eine Abschreckungsfunktion haben. Unter anderem aus diesem Grund waren die Schmerzensgelder in Deutschland so niedrig, dass es sich kaum lohnte, dafür zu streiten. Was für ein Unsinn. Welche andere sinnvolle Funktion kann ein Schmerzensgeld haben, als Rechtsverletzer abzuschrecken? Und wie soll es Genugtuung geben, wenn der Verletzer den Profit einheimst und behalten darf?

Seitdem habe ich Hunderte von Prozessen geführt, in denen ich immer wieder betont habe, dass die Urteile der Gerichte vollkommen für die Katz sind, solange sie nicht in irgendeiner Weise die Gegenseite von Verletzungen abschrecken. Für Grundsatzentscheidungen sollte man eine »gerechte« Sache auswählen. Es ist immer einfacher, für Sympathieträger vor Gericht zu ziehen als für Schurken. Und ich hatte Erfolg, weil ich die richtigen Fälle ausgewählt hatte: Prinzessin Caroline von Monaco sowie Kronprinzessin Victoria von Schweden und ihre Schwester Prinzessin Madeleine hatten durch ihre kontinuierliche Prozessführung deutlich gemacht, dass es ihnen mit dem Schutz der Privatsphäre ernst war. Mein eigener Rekord an Schmerzensgeld für eine Mandantin liegt heute bei vierhunderttausend Euro reinem Schmerzensgeld nebst Zinsen und ist schon ein Schritt in die richtige Richtung. In der Regel handelte es sich aber um Beträge, die weder den Medienunternehmen schadeten noch die Geschädigten zufrieden stellten. Und: Selbst, wenn ich den deutschen Markt hätte austrocknen können, wären die Fotos weltweit begehrt und immer noch Anlass genug für die Fotografen gewesen, sich auf die Lauer zu legen.

Ich musste also nicht nur höhere Schmerzensgelder erstreiten, sondern die Veröffentlichungen auch international angreifen. Der Anwalt, der Prinzessin Caroline zu dieser Zeit in Frankreich vertrat, ging nach meinem Empfinden zu sanft mit den Medien um. Ich benötigte daher einen neuen Partner. Den fand ich in Alain Toucas. Auch dieser Anwalt war eine Empfehlung von Karl Lagerfeld. Die französischen Medienunternehmen waren die wichtigsten, weil ihre zahlreichen Klatsch-Zeitschriften von *Paris Match* bis *Voici* und *Ici* – ebenso wie die deutschen Boulevardblätter des Heinrich Bauer Verlages, *Das Neue Blatt*, die *Neue Post* und andere – ständig Paparazzi-Fotos kauften und abdruckten, mithin den Markt schufen, der diese Fotos für die Paparazzi so interessant machte. Um die Medien von Veröffentlichungen abzuhalten, mussten sie auf andere Art und Weise abgeschreckt werden als durch die in Deutschland üblichen niedrigen Schmerzensgelder. Denn auch das hatte ich in Harvard gelernt: Abschreckung ist eine Funktion aus der Höhe der Strafe und dem Risiko, erwischt zu werden. Dieses Risiko lag für die Medien bei fast einhundert Prozent. Das störte sie angesichts der niedrigen Schmerzensgelder jedoch überhaupt nicht. Wir mussten uns also etwas anderes einfallen lassen.

Und was fiel uns außer höheren Schmerzensgeldern ein? Eine große juristische Errungenschaft, nämlich den Anspruch auf Gegendarstellung, Richtigstellung und Widerruf auf der Titelseite, wie ich es 1993 in einem vielbeachteten Beitrag in der juristischen Schrift *NJW* 1993, Seite 3039, »Gegendarstellung auf dem Titelblatt einer Zeitschrift" dargelegt habe.

Die Gegendarstellung soll in der Theorie eine schnelle Erwiderung des Betroffenen auf eine negative Berichterstattung ermöglichen. Sie besteht aus vier Teilen, der Überschrift, Wiedergabe der angegriffenen Erstmitteilung, Erwiderung und Unterschrift: »Gegendarstellung – In Ihrer Ausgabe vom … haben Sie auf Seite sieben über mich berichtet, dass ich, Peter Maier, meine Frau geschlagen habe. Hierzu stelle ich fest: Das ist unrichtig. Peter Maier«. Die Gegendarstellung muss nicht glaubhaft gemacht werden, das heißt, man benötigt weder Zeugen noch eidesstattliche Versicherungen. Der Text kann daher theoretisch auch unwahr sein. Die Unterschrift muss für die meisten Landgerichte eine Originalunterschrift des Erklärenden sein. Bei einigen Gerichten genügt auch die Unterschrift des Anwalts. Das wird von den Anwälten gern als Werbung genutzt.

Während die Gegendarstellung eine Erklärung des Betroffenen selbst ist (»Sie haben in Ihrer Ausgabe vom X über mich behauptet, ich schlage täglich meine Frau. Das ist unrichtig.«), ist die Richtigstellung oder der Widerruf eine Erklärung des Verlages, dass seine Berichterstattung unzutreffend war. Im Widerruf würde es heißen »Wir haben in unserer Ausgabe vom X über Herrn Y behauptet, er schlage täglich seine Frau. Diese Behauptung widerrufen wir hiermit als unwahr.«

Das Pendant dazu ist die Richtigstellung, in der zusätzlich noch ein Stück der Wahrheit, der tatsächlichen Wahrheit verraten wird. Also: »Wir haben behauptet, Herr X schlägt täglich seine Frau. Hierzu stellen wir richtig, dass er sie nur montags, dienstags und mittwochs schlägt.«

In den meisten juristischen Kommentaren wurden Widerruf und Richtigstellung früher als zwei verschiedene Ansprüche behandelt. In unserem Medienrechtslehrbuch haben Butz Peters und ich ausführlich begründet, dass es in Wirklichkeit nur ein Anspruch mit unterschiedlichen Rechtsfolgen ist. Ist diese ergänzungswürdig, erfolgt eher eine Richtigstellung. Besteht der Anspruch in einfacher Verneinung? Dann erfolgt eher ein Widerruf. Es ist jedenfalls ein gänzlich anderer Anspruch als der Gegendarstellungsanspruch, der sich aus dem jeweiligen Landespressegesetz ergibt, während Widerruf und Richtigstellung deliktische Ansprüche aus § 823 BGB sind.

Wir holten häufig zum Doppelschlag aus. Wir zwangen die Medienunternehmen per einstweiliger Verfügung, eine Gegendarstellung auf der Titelseite zu drucken und ein paar Wochen später per Hauptsache-Klage dann noch eine Richtigstellung oder einen Widerruf.

Im Fall der Prinzessin Caroline traf der erste Schlag *Das Neue Blatt*, eine Frauenzeitschrift aus dem Bauer-Verlag. Es war nur eine winzig kleine Gegendarstellung auf der Titelseite rechts unten. Dann folgte der große Schlag gegen *Die Bunte*, die auf der Titelseite ein »Psycho-Interview« mit Prinzessin Caroline angekündigt hatte, das angeblich in dem Ski-Hotel stattgefunden haben sollte, in dem ich die Prinzessin getroffen hatte. Davon hätte ich allerdings etwas gemerkt und so ging ich davon aus, dass dieses Interview erfunden und erlogen war. Prinzessin Caroline bestätigte das und erklärte, dass sie niemals mit *Bunte* gesprochen habe und auch nicht beabsichtige, das zu tun. Der ganze seitenlange Text war erfunden, nur um den Abdruck der Paparazzi-Fotos vom Skifahren mit ihren Kindern in diesem Zusammenhang zu legitimieren. Wir erreichten eine große Gegendarstellung auf der Titelseite und ich hielt abends den *Bunte*-Titel in die Kameras der »Tagesschau«. Es war ein historischer Sieg. Gegendarstellungen, die bis zu diesem Zeitpunkt auf den hinteren Seiten zwischen Horoskop und Impressum versteckt wurden, mussten nun plötzlich auf der Titelseite veröffentlicht werden. Noch dazu war es die erste wirklich große Gegendarstellung auf der Titelseite einer deutschen Illustrierten. Für Karl Lagerfeld hatte ich schon eine Gegendarstellung auf der Titelseite der *Bild* durchgesetzt, die allerdings nur einen Tag lang am Kiosk lag. Mit dem Abdruck auf der wöchentlich erscheinenden *Bunten* hatten wir die nächste Stufe erklommen. Unsere Gegendarstellung war eine Woche lang in allen Zeitungsverkaufsstellen des Landes präsent. So etwas musste die Chefetagen der Boulevardblätter nervös machen.

Nach diesem Erfolg verstärkten wir die Zusammenarbeit mit dem monegassischen Fürstenhaus. Ich lieferte alles, was ich in deutschen Medien für erfunden hielt, nach Monaco und erhielt den Auftrag, gegen jede rechtswidrige Veröffentlichung vorzugehen. Gegendarstellung, Widerruf und Unterlassung bei unwahren Tatsachenbehauptungen waren einfach. Es bestehen zwar grundsätzlich immer Prozessrisiken, aber den überwiegenden Teil dieser Auseinandersetzungen gewannen wir.

Wir entwickelten unsere Strategie immer weiter: Wir begannen mit einer Gegendarstellung im Innenteil, die aber auf der Titelseite

Titelseiten der BUNTEN mit Gegendarstellung, Widerruf und Richtigstellung

angekündigt werden musste. Irgendwann fiel mir auf, dass die meisten Gegendarstellungen unten rechts in der Ecke abgedruckt wurden. Nach kurzem Nachdenken erkannte ich warum: Am Kiosk liegen die Hefte immer so, dass die rechte untere Hälfte abgedeckt ist und nur noch der Name der Zeitschrift oben zu sehen ist. Daher platzierten die Verlage alle Gegendarstellungen und Widerrufe, bei denen wir nur ganz allgemein den Abdruck auf der Titelseite, aber keine präzise Anordnung beantragt hatten, rechts unten in der unsichtbaren Ecke. Nun beantragten wir bei künftigen Verfahren, die Gegendarstellung auf der linken Hälfte der Titelseite oben direkt unterhalb der Titelmarke abzudrucken. Es funktionierte: Gut sichtbare Gegendarstellungen, Widerrufe und Richtigstellungen auf der Titelseite – insbesondere auf der linken Hälfte unterhalb der Marke – sind eine Erfindung von mir, auf die ich nach wie vor stolz bin, zumal die von uns für Printmedien entwickelten Grundsätze auch im Internet anwendbar sind. Gegendarstellungen sollen grundsätzlich dazu dienen, den richtigen Sachverhalt darzulegen, damit der Leser darüber aufgeklärt wird, was wirklich geschehen ist. Wir haben die Gegendarstellung aber auch zur Abschreckung verwendet. Dass der Verkauf von Printprodukten wie *Das Neue Blatt* von der Attraktivität ihrer Titelseiten abhängt, ist evident. Wenn nun in der Auslage am Kiosk statt einer reißerischen Headline vor allem unsere Gegendarstellung zu sehen war, mussten die Verkäufe zwangsläufig sinken. Die Prozessvertreter der Beklagten haben uns in den verschiedenen Verfahren daher immer vorgehalten, dass die Gegendarstellung auf der Titelseite den Absatz ihrer Blätter reduzieren und sie viel Geld kosten würde. Genau das war der von uns beabsichtigte Sinn und Zweck: Abschreckung.

Doch das war immer noch nicht genug. Die Paparazzi verfolgten die Familie von Prinzessin Caroline weiterhin. Wir probierten alle Ansprüche, die es im deutschen Presse- und Medienrecht gibt. Unterlassungsansprüche waren, wie schon erwähnt, relativ wertlos. Die Gegendarstellungen schmerzten die Medien, aber offenbar waren die Verkäufe der Boulevardblätter mit den Paparazzi-Fotos nach wie vor so gut, dass es an dem Abdruckverhalten nichts änderte.

Nach Widerruf und Richtigstellung ging es um die Geldentschädigung in unseren Fällen. Die sogenannten Schmerzensgelder, die es in Deutschland für Persönlichkeitsrechtsverletzungen gab, waren bekanntlich nur lächerlich niedrig. Häufig haben wir nur ein paar Tausend D-Mark bekommen. Dass solch lächerliche Summen nicht ausreichen, um einen Medienkonzern zu beeindrucken, kann sich jeder ausrechnen. Wenn ein Paparazzi-Foto auf der Titelseite von *Bild* auch nur zu einer Auflagensteigerung von einem Prozent führt, müssten wir dem Springer-Verlag mehr als den dadurch erzielten Mehrgewinn abknöpfen, damit dieses Foto dort in Zukunft nicht mehr gedruckt wird. Abschreckung ist, wie gesagt, ein Faktor aus der Höhe der Strafe multipliziert mit der Wahrscheinlichkeit, ertappt und überführt zu werden. Warum gibt es in öffentlichen Verkehrsmitteln so viele Schwarzfahrer? Weil die Strafen gering sind und die Wahrscheinlichkeit, erwischt zu werden ebenfalls, also lohnt sich das Schwarzfahren statistisch über einen längeren Zeitraum. Nichts anderes gilt für Medienunternehmen. Ich stellte daher vor Gericht Vergleiche an: Wenn unser Rechtssystem davon ausgeht, dass mit einem Strafmandat in Höhe von dreißig Euro für Falschparken eine abschreckende Wirkung auf Normalbürger erzielt wird, muss man sich doch fragen, wie hoch die Geldentschädigung bei einem gutverdienenden Medienunternehmen sein muss, um vergleichbare Abschreckung zu erzielen. 1995 habe ich das in der *Neuen Juristischen Wochenzeitschrift* in meinem Aufsatz »Der Schutz der Persönlichkeitsrechte vor Verletzung durch die Medien« begründet und dann mit dem Aufsatz »Geldentschädigung bei Persönlichkeitsrechtsverletzungen durch Medien« in der NJW 1996 fortgeführt.

Ein weiterer Gesichtspunkt war die Menge der Veröffentlichungen. Unsere Rechtsprechung hatte auch bei Medien, die ständig und vorsätzlich Persönlichkeitsrechte verletzen, wie zum Beispiel dem Hamburger Heinrich Bauer Verlag, jahrelang eine Verletzung nach der anderen isoliert gewürdigt und bei Schmerzensgeldprozessen stets entschieden, dass gerade diese eine Verletzung noch nicht für ein Schmerzensgeld ausreiche. Wir setzten durch, dass im Falle mehrerer rechtswidriger Veröffentlichungen das Gesamtverhalten des Beklagten einschließlich etwaiger Folgeberichterstattung zu würdigen ist und zu einer Erhöhung der Geldentschädigung führen muss.

Materiellen Schadensersatz, worunter nicht das Schmerzensgeld fällt, machten wir in der Praxis allerdings nur in Ausnahmefällen geltend. Die Voraussetzung für einen materiellen Schadensersatzanspruch ist, dass man tatsächlich einen nachweisbaren materiellen Schaden hat, zum Beispiel eine Delle im Auto oder den Verlust eines Auftrags. Wir hingegen bemühten uns, mit einstweiligen Verfügungen, Unterlassungs- und Gegendarstellungsansprüchen frühzeitig dafür zu sorgen, dass ein Schaden gar nicht erst eintritt.

Das Verbot der Paparazzi-Fotos war trotzdem schwer durchzusetzen. Die entscheidende, nicht immer einfach zu beantwortende Frage war: Ist das Foto rechtswidrig und kann damit verboten werden oder zeigt es eine sogenannte »Person der Zeitgeschichte«? Bei normalen Menschen hätte man jedes Mal fünfzig zu fünfzig wetten können. Bei Aristokraten aber hatten die deutschen Gerichte keinen Zweifel, dass es sich um »absolute Personen der Zeitgeschichte« handelte. Denn das deutsche Recht liebte die »absolute Person der Zeitgeschichte«, einen diffusen, vollkommen unklaren Rechtsbegriff. Wenn aber Richter der Meinung waren, jemand sei eine solche »absolute Person der Zeitgeschichte«, musste sich diese Person jede Fotoveröffentlichung gefallen lassen. Ich hatte einen Fall, in dem ein deutscher Schauspieler mit seiner Freundin durch Buxtehude schlenderte und ein Fischbrötchen aß. Er war dabei fotografiert worden. Wir machten Unterlassungsansprüche bei Gericht geltend. Das Foto verletze die Privatsphäre und das Recht am eigenen Bild.

Die erste Instanz folgte mir. Der Künstler war dem Landgericht relativ unbekannt und damit keine Person der Zeitgeschichte. In der zweiten Instanz rief mich der damalige Vorsitzende des Berufungssenats an und sagte: »Lieber Herr Prinz, ich will sie schon mal informieren. Wir werden wahrscheinlich gegen Sie entscheiden. Ihr Mandant ist für den Senat der Inbegriff der absoluten Person der Zeitgeschichte.« Ich hatte den Namen des Mandanten vorher noch nie gehört und fragte deswegen neugierig nach, wie das denn sein könne. Der Richter antwortete mir: »Ich habe ein Premieren-Abo am Altonaer Theater. Da spielt Ihr Mandant in jedem Stück. Ich kenne keinen berühmteren Schauspieler.« Den Fall haben wir dann absurderweise tatsächlich verloren.

In einem anderen Fall war es genau umgekehrt. Wir vertraten den Entertainer Harald Juhnke gegen einen Berliner Verlag, der Paparazzi-Fotos gedruckt hatte, die ihn betrunken zeigten. Die Berliner Kammer lehnte den Erlass einer einstweiligen Verfügung ab, weil Harald Juhnke nach ihrer Auffassung eine »absolute Person der Zeitgeschichte« war. Wir nahmen den Antrag zurück und stellten ihn am Landgericht Hamburg neu. Und siehe da – die Hamburger erließen eine einstweilige Verfügung. In Hamburg war Juhnke eben nicht eine derartig »absolute Person der Zeitgeschichte« wie in Berlin. Die reine Zufälligkeit dieser Ergebnisse wollte ich nicht akzeptieren und schrieb mir deswegen den Kreuzzug gegen die »absolute Person der Zeitgeschichte« auf die Fahnen. So kam ich nach Straßburg zum Europäischen Gerichtshof und führte meinen berühmtesten Prozess.

Durch mein Interesse an Rechtsvergleichung und meine Zusammenarbeit mit Alain Toucas in Paris hatte ich gelernt, dass die Franzosen in Paragraph 9 ihres Code Civil das Recht auf Schutz der Privatsphäre geregelt hatten. Vergleichbar war die Formulierung in Paragraph 6 der Europäischen Menschenrechtskonvention. In Deutschland gab es nichts Vergleichbares. Ich wollte ausprobieren, wie die rechtlich unterschiedlichen Systeme in Europa beschaffen waren und ob ich die europäische Menschenrechtskonvention wie auch das französische Recht für meine Mandantin nutzen konnte. Ich besorgte mir einige Blätter und Magazine mit Paparazzi-Fotos und klagte in einem Verfahren gegen insgesamt dreizehn Fotos, die Prinzessin Caroline in verschiedenen Situationen zeigten und in unterschiedlichen Blättern erschienen waren. In einigen Fällen stellten sie eine schwere Verletzung ihrer Privatsphäre dar, in anderen eine weniger schwere. Die Verhandlung vor dem Landgericht Hamburg sollte nun der erste Schauplatz meines Plans sein.

Die erste Instanz schrieb im Urteil erwartungsgemäß, alle diese Fotos seien rechtlich zulässig, weil meine Mandantin eine »absolute Person der Zeitgeschichte« sei. Ich legte Berufung ein, aber beim Hanseatischen Oberlandesgericht verloren wir erneut. Das klingt jetzt so, als wäre das juristische Routine. Aber Verlieren ist nie angenehm. Wenn man Rechtsprechung ändern will, muss man im Blick haben, dass die unteren Instanzen vollkommen blind den veröffentlichten Urteilen der oberen Instanzen folgen. Um etwas zu ändern, muss man also zwangsläufig erst verlieren, um dann in die oberen Instanzen vordringen.

Einen ersten Teilerfolg errangen wir beim Bundesgerichtshof (BGH, VI ZR 15/95). Die Richter des Bundesgerichtshofes pickten sich vier Fotos heraus, die sie für rechtswidrig hielten. Es waren Fotos, welche Prinzessin Caroline mit ihrem damaligen Freund Vincent Lindon an einem abgelegenen Tisch in der Ecke eines Restaurants zeigte. Ein romantisches Dinner, bei dem die beiden sich ganz offensichtlich so verhielten, wie sie sich nicht verhalten hätten, wenn sie von der Beobachtung durch einen Paparazzo gewusst hätten. Nur diese vier Fotos sollten nun nach dem Willen des BGH rechtswidrig sein. Es blieben immer noch neun Fotos, die laut Gericht rechtlich nicht zu beanstanden waren.

Wir legten wegen der neun Fotos, die nicht verboten wurden, Verfassungsbeschwerde beim Bundesverfassungsgericht in Karlsruhe ein. Das waren vor allem Fotos, welche die Kinder der Prinzessin zeigten. In der mündlichen Verhandlung kämpfte ich vehement für ein Verbot dieser Bilder. Ich argumentierte, dass es doch nicht sein könne, dass es Menschen gibt, denen man den Schutz der Persönlichkeitsrechte generell vorenthält, nur weil irgendjemand objektiv nicht nachprüfbar findet, dass sie »absolute Personen der Zeitschichte« seien, ein Begriff, der, wie ich ausführte, unpräzise und nicht nachvollziehbar ist. Eine Richterin am Bundesverfassungsgericht sagte: »Lieber Herr Prinz, wir haben Verständnis für das Anliegen ihrer Mandantin. Es geht hier doch in erster Linie um die Kinder, oder? Und da wird Ihnen der Senat entgegenkommen.«

Drei weitere Fotos, auf denen Caroline mit ihren Kindern zu sehen war, erklärte das Bundesverfassungsgericht ebenfalls für rechtswidrig, weil sie gegen Artikel 6 des Grundgesetzes verstießen, den Schutz von Ehe und Familie. Für unser Anliegen war das ein gutes Ergebnis. Für Prinzessin Caroline verbesserten die Urteile des BGH und des Bundesverfassungsgerichts die Situation jedoch nicht. Der Schutz der Privatsphäre sollte für sie nur dann gelten, wenn sie mit ihren Kindern zusammen fotografiert wurde? Fotos ohne die Kinder schienen damit weiterhin erlaubt.

Das Problem ist die Beharrlichkeit der deutschen Justiz. Haben sie einmal falsch entschieden wie bei den Festlegungen zu Personen der Zeitgeschichte, wird das Recht über Jahre hinweg weiter gestreckt und geschoben, solange es juristisch irgendwie passt und nicht offenkundig gegen höhere Entscheidungen verstößt.

Es blieben damit immer noch sechs Fotos, welche nur die Prinzessin zeigten, mit denen wir vor den Europäischen Gerichtshof für Menschenrechte gingen. Dort wollte ich klären, ob die gesamte deutsche Rechtsordnung vom Landgericht bis zum Bundesverfassungsgericht diese Paparazzi-Fotos erlauben durfte. Es waren harmlose Fotos, Caroline beim Reiten, beim Spazierengehen, beim Radfahren. Dennoch waren sie Beleg für eine ständige Bespitzelung meiner Mandantin durch die Medien. Deswegen wollte ich,

Als Kläger (rechts) gegen Paparazzi-Fotos von Caroline von Monaco im Bundesverfassungsgericht

dass auch diese Fotos verboten werden. Eigentlich wollte ich den Markt für Paparazzi-Fotos insgesamt austrocknen und da wäre jegliche Unklarheit in der Frage, was rechtswidrig ist und was nicht, kontraproduktiv, weil sich daraus wieder Hunderte von Rechtsstreitigkeiten mit den Medienunternehmen ergeben würden. Ich beschäftigte mich in der Vorbereitung des Prozesses intensiv mit dem Europäischen Gerichtshof für Menschenrechte und stellte fest, dass dort in der ersten Instanz sieben Richter aus aller Herren Länder saßen, die im Zweifelsfall die Akte schon aus sprachlichen Gründen nicht unbedingt richtig lesen konnten. Mein Fall war aber ganz einfach. Man musste nur auf die Fotos schauen, dann konnte selbst ein Laie ohne Rechtskenntnis entscheiden, ob diese Aufnahmen zulässig oder unzulässig und rechtsverletzend sind. Also bereitete ich die mündliche Verhandlung in Straßburg vor, indem ich die restlichen Fotos, um die es noch ging, auf anderthalb Quadratmeter große Pappen ziehen ließ, die ich den Richtern im

Im Europäischen Gerichtshof für Menschenrechte

Gerichtssaal vorzuführen plante. Dementsprechend war mein Plädoyer auch darauf angelegt, die Fotos immer wieder zu zeigen und beharrlich zu fragen, wie es denn sein könne, dass es erlaubt ist, diese augenscheinlich von privaten Situationen gemachten Bilder gegen den Willen der heimlich fotografierten Person aus rein merkantilen Gründen zu veröffentlichen.

Am Abend vor der Verhandlung traf ich mich mit Alain Toucas und zwei Anwältinnen aus meiner Kanzlei zum Choucroute. Das ist das Gleiche wie eine deutsche Schlachtplatte mit Kassler, Würstchen und Sauerkraut, ein sehr deftiges Essen. Alain bestand darauf, es zu probieren, es sei eine Straßburger beziehungsweise Elsässer Spezialität. In der folgenden Nacht schlief ich sehr schlecht wegen meiner Aufregung vor dem Prozess und wegen der Schlachtplatte.

Als ich am nächsten Morgen mit meinen Fotos beim Europäischen Gerichtshof in Straßburg ankam, verwehrte man mir den Zugang. So etwas habe es noch nie gegeben und es sei nicht akzeptabel, dass ich mit diesen riesigen Fotos in den Gerichtssaal ginge. Ich erklärte den für die Bewachung zuständigen Herrschaften an der Tür, warum ich das machen wollte, und bat darum, mit dem Senatsvorsitzenden direkt sprechen zu dürfen. Das sei keine Frage für den Senatsvorsitzenden, erfuhr ich, drang aber bis zum Gerichtspräsidenten vor. Unser Fall war vorher durch alle Medien gegangen, deshalb wusste der Präsident, weshalb ich in Straßburg war. Bei einer Tasse Kaffee in seinem Zimmer konnte ich ihn sehr freundlich überzeugen, dass die Fotos für die mündliche Verhandlung notwendig seien, und ab ging es mit den plakatgroßen Pappen in die mündliche Verhandlung.

Ich hatte Alain Toucas und meine zwei jungen Kolleginnen dabei, die während meines etwa halbstündigen Plädoyers auf meine Zeichen hin immer wieder wie Nummerngirls mit den großen Fotos durch den Saal liefen und sie den Richtern präsentierten. Die mündliche Verhandlung lief ganz nach unseren Wünschen. Die Gegenseite, die im Auftrag der deutschen Regierung verteidigen sollte, warum die deutsche Justiz solche Fotos unbedingt veröffentlichen wollte, argumentierte schwach. Das wäre mir in deren Situation auch nicht anders gegangen. Als die Entscheidung verkündet wurde, die nichts weniger als ein neues europäisches Recht des Bildnis- und Persönlichkeitsrechtsschutzes bedeutete, waren wir plötzlich in allen internationalenMedien. Mein Plädoyer kann man bis heute bei YouTube anschauen.

Der Europäische Gerichtshof für Menschenrechte entschied, dass die Bundesrepublik Deutschland als Träger der deutschen Judikative durch alle von uns zuvor verlorenen Instanzen die Menschenrechte unserer Mandantin verletzt hatte. Denn die deutschen Entscheidungen basierten immer noch auf dem Begriff der »absoluten Person der Zeitgeschichte« und bauten lediglich geringe Ausnahmen ein, wie etwa das Verbot von Fotos, auf denen die Kinder zu sehen waren. Der Europäische Gerichtshof hingegen stellte nun fest, dass es bei Fotoveröffentlichungen nicht darauf ankommt, ob sie eine »absolute Person der Zeitgeschichte« zeigen, sondern allein darauf, ob es ein berechtigtes Informationsinteresse der

Matthias Prinz mit Caroline von Monaco

Öffentlichkeit an diesen Fotos gab, was beispielsweise bei Caroline von Monaco bei einem privaten Reitvergnügen nicht der Fall war. Es kommt also nicht mehr darauf an, wer auf dem Foto ist, sondern ob das Foto selbst durch irgendein Informationsinteresse der Öffentlichkeit gerechtfertigt ist.

Viele Pressekommentatoren nahmen mir den Erfolg übel, obwohl das Anliegen meiner Mandanten, in Ruhe gelassen zu werden, ja nicht unredlich war. Wer einmal von Paparazzi verfolgt und bedrängt worden ist, wird dies bestätigen können. Es war nur so, dass viele Medien damit Geld verdienten und sich entsprechend gegen die neue Rechtsprechung wehrten, weil sie ihre Gewinne in Gefahr sahen. Ich fing mir einige Shitstorms ein und wurde auch von einigen Medien bespitzelt, um irgendwelche nachteiligen Geschichten über mich zu finden und zu veröffentlichen. Einmal rief mich der Hausmeister der gegenüber meinem Büro gelegenen Kirche an und erzählte mir, dass zwei Journalisten einer Hamburger Zeitung ihn freundlich angesprochen und gefragt hätten, ob ich denn ein netter Nachbar sei und ob es zutreffe, dass ich von mir beschäftigte Handwerker nicht bezahlen würde. Eine bereits Jahre zuvor ausgeschiedene Sekretärin berichtete mir, sie hätte ebenfalls Besuch von zwei Journalisten bekommen, die fragten, ob es wahr sei, dass sie gekündigt hätte, weil sie von mir mit einem Kugelschreiber beworfen wurde. Ihre Antwort war: »Er hat mich zwar mit einem Kugelschreiber beworfen, aber ich liebe ihn noch heute. Die Zeit, die ich bei ihm gearbeitet habe, war die schönste meines Berufslebens.« Weder diese wahre Geschichte noch die unwahre Geschichte von den angeblich unbezahlten Handwerkern ist je erschienen.

Nachdem in Straßburg grundsätzlich klar geworden war, dass solche Paparazzi-Fotos rechtswidrig sind, kämpften wir weiter gegen die unlauteren Methoden der Boulevard-Fotografen, zunächst in Frankreich und in Deutschland. Wir versuchten es auch in Spanien und Italien. Dort allerdings dauerten Gerichtsverfahren so lange, dass wir nach einigen Versuchen lieber auf den Rechtsweg verzichteten. In Großbritannien und besonders in den USA sind die Verfahren extrem kostspielig und aufwendig, obwohl dort immerhin größere Schadensersatzzahlungen erwartbar sind, die ein solch umständliches Verfahren möglicherweise rechtfertigen. Wir haben eine Handvoll Verfahren in den USA geführt, unter anderem für David Beckham. Andere anglo-amerikanische Mandanten wie Sharon Stone, Russel Crowe, Sandra Bullock, Diane Kruger, Don Johnson oder Phil Collins haben wir vor deutschen Gerichten vertreten, weil wir es hierzulande für aussichtsreicher und effektiver hielten.

Die Caroline-Entscheidung in Straßburg war nur eine Entscheidung der ersten Instanz des Europäischen Gerichtshofs für Menschenrechte. Prozessgegner war die Bundesrepublik Deutschland gewesen. Deutschland als Beklagte hatte die Rechte unserer Mandantin durch ihre Gerichtsurteile verletzt. Es wäre rechtlich möglich, aber Sache der Regierung gewesen, dagegen noch einmal ein mögliches Rechtsmittel einzulegen. In ganzseitigen Inseraten riefen vierundsechzig Chefredakteure dazu auf: »Herr Bundeskanzler, stoppen Sie die Zensur!« Aber es gab auch vernünftige Stimmen, wie zum Beispiel Wolfgang Hoffmann-Riem, dem ich schon in Harvard begegnet war. Der frühere Hamburger Justizsenator, Rechtsprofessor und Verfassungsrichter erläuterte in einem Interview, dass von Zensur keine Rede sein könne. Die Regierung entschied sich schließlich, keine Rechtsmittel einzulegen. Auch Bundeskanzler Schröder und sein Außenminister Joschka Fischer hatten zuvor Auseinandersetzungen wegen Verfolgungen durch Paparazzi und der Verletzung ihrer Privatsphäre geführt, sodass allgemein vermutet wurde, dass die Erfahrungen von Bundeskanzler Schröder und Bundesaußenminister Fischer einerseits und diversen Medien andererseits über Privatsphärenverletzungen durch Fotos bei diesem Verzicht eine große Rolle gespielt haben. Schließlich haben wir mit dem Urteil nicht nur Caroline, sondern auch zahlreiche Politiker von einer ständigen Beobachtung ihres Privatlebens befreit.

Wir hatten beim Hamburger Landgericht und beim Hanseatischen Oberlandesgericht immer eine besondere Qualität der presserechtlichen Rechtsprechung. Das lag zum einen an meinem Seniorpartner, Manfred Engelschall, der die Zivilkammer 24 des Landgerichts, die sogenannte Pressekammer, die ersten elf Jahre geleitet hatte, und seinen sehr qualifizierten Nachfolgern beim Landgericht und Oberlandesgericht. Zum anderen lag es auch daran, dass diese Pressekammer sehr viele Fälle bekam, weil Hamburg der Sitz so vieler Verlage war. Dabei wäre die Zuständigkeit der Hamburger Gerichte eigentlich gar nicht zwingend gewesen – wegen des sogenannten fliegenden Gerichtsstands: Wenn ich die *Bunte* in Paris kaufen kann, dann kann ich sie dort auch verklagen. Daher haben wir angefangen, deutsche Blätter in Paris zu verklagen oder französische Blätter in Hamburg. Mittlerweile gibt es in einigen Fragen bemerkenswerte Unterschiede zwischen einzelnen Gerichten in

Mit Prinzessin Carolines Bruder Prinz Albert von Monaco

unterschiedlichen Ländern und sogar bei verschiedenen deutschen Landgerichten. Das muss bei der Wahl des Gerichts genau berücksichtigt werden. Fest steht der Gerichtsstand allein bei einer Gegendarstellung. Die muss am Sitz des Medienunternehmens geltend gemacht werden und so bleibt das Landgericht Hamburg zweifelsfrei weiterhin für *Zeit*, *Spiegel*, und den Heinrich Bauer Verlag wichtig.

Prinzessin Caroline und ihre Familie haben dank der Gerichte ein wenig mehr Ruhe gefunden. Wir waren zusammen auf Skitour und im Sommer besuche ich gern das Monaco Springderby, wo ich dann ein paar schöne Tage mit Prinzessin Caroline und ihrem von mir hoch geschätzten Bruder Albert verbringe. Ich war auch schon als Gast beim Rot-Kreuz-Ball und dem Rosenball, hatte mir sogar überlegt, in Monaco ein Büro zu eröffnen. Vor kurzem bin ich vom ersten Grand Prix der Formel-E-Weltmeisterschaft in Monaco zurückgekommen. Prinzessin Caroline ist eine der charmantesten, klügsten und humorvollsten Persönlichkeiten, die ich jemals kennengelernt habe. Jedes Gespräch, das wir miteinander geführt haben, war hochinteressant. Und ihr großes Vertrauen, mit mir durch alle juristischen Instanzen zu gehen, ehrt mich sehr. Der Fall, den wir in Straßburg verhandelt haben, bleibt einer der interessantesten und spannendsten meines Lebens.

Helmut Newton – Rausschmiss bei Marlene Dietrich

Bei einer unserer vielen Baubesprechungen in der Villa Jako erzählte mir Karl Lagerfeld, dass der international bekannte Fotograf Helmut Newton eine Ausstellung im hiesigen Museum für Kunst und Gewerbe hatte. Er wollte sich die anschauen und ich sollte ihn doch dahin begleiten, er würde mir Newton vorstellen. Die beiden seien gute Freunde und Newton könne sicherlich einen deutschen Anwalt brauchen. Gesagt, getan. Wir ließen uns in Karls BMW-Limousine in die Hamburger Innenstadt chauffieren und besuchten Helmut Newton, der gerade seine Ausstellung vorbereitete. Lagerfeld hatte zu diesem Zeitpunkt angefangen zu fotografieren, die beiden begrüßten sich mit »Gut Licht«, einem traditionellen Fotografengruß, den die beiden immer austauschten, wenn sie sich trafen. Das war ihre Art des Spaßens.

Lagerfeld erzählte Newton von unserer Zusammenarbeit in der *Bild*-Sache, dem Film von Altman und einigen anderen kleinen Fällen, die ich mittlerweile für ihn gewonnen hatte. Helmut war höchst interessiert, weil er zu diesem Zeitpunkt eine Auseinandersetzung mit der Zeitschrift *Emma* und deren Herausgeberin, Alice Schwarzer, hatte. Diese hatten eine Serie von Newton-Fotos veröffentlicht, um zu zeigen, was für ein Macho-Chauvinist er sei. Helmut sagte: »Das Fräulein darf über meine Fotos denken, was es möchte. Wenn es diese aber druckt, muss es dafür bezahlen wie alle anderen auch.«

Helmut Newton kommunizierte ebenfalls bevorzugt mit handschriftlichen Briefen. Jahre später riefen mich meine Eltern aus

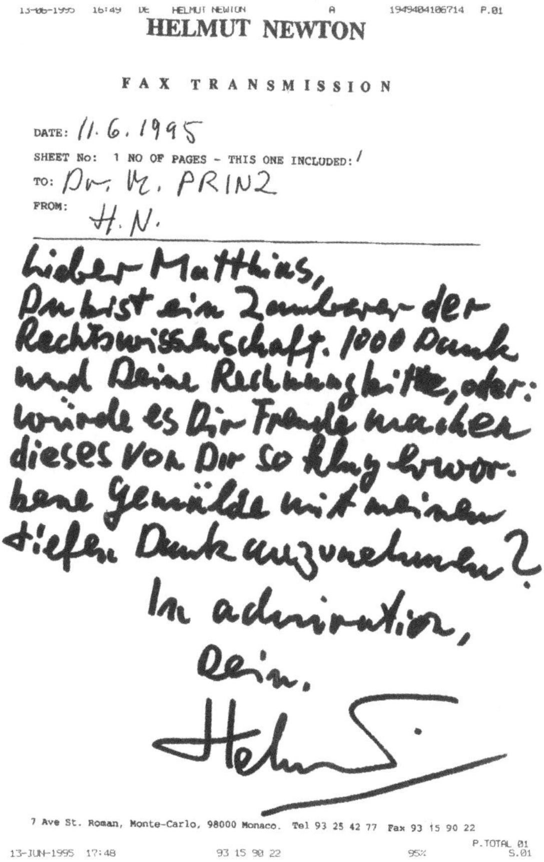

13-06-1995 16:49 DE HELMUT NEWTON A 1949404186714 P.01

HELMUT NEWTON

FAX TRANSMISSION

DATE: 11.6.1995

SHEET No: 1 NO OF PAGES - THIS ONE INCLUDED: 1

TO: Dr. M. PRINZ

FROM: H.N.

Lieber Matthias,
Du bist ein Zauberer der Rechtswissenschaft. 1000 Dank und Deine Rechnung bitte, oder: würde es Dir Freude machen dieses von Dir so klug erworbene Gemälde mit meinen tiefen Dank anzunehmen?
In admiration,
Dein,
Helmut.

7 Ave St. Roman, Monte-Carlo, 98000 Monaco. Tel 93 25 42 77 Fax 93 15 90 22

13-JUN-1995 17:48 93 15 90 22 95% P.TOTAL 01 S.01

Handgeschriebener Brief von Helmut Newton an Matthias Prinz

dem Museum für Fotografie in Berlin an, das die Bilder der Helmut Newton Stiftung als wechselnde Dauerausstellung zeigte, und berichteten: »Matthias, hier hängt ein Brief von Helmut Newton an Dich neben einem Brief von Newton an Gerd Schröder.« Der Brief begann mit: »Matthias, Du bist ein Zauberer der Rechtswissenschaft.« Es war der Brief, mit dem er mir eine übergroße »Miss Livingston No 1« geschenkt hatte. »Miss Livingston« ist eines seiner berühmtesten Motive – eine Frau, die nackt auf einem Hocker sitzt und das eine Bein abspreizt, um einen deutlichen Blick auf ihren Unterleib und ihr Schamhaar zu eröffnen.

Dass Helmut Newton mir ein Bild schenkte, hat mich nicht überrascht. Ich habe die Erfahrung gemacht, dass Weltstars ungern Rechnungen bezahlen. Sie empfinden es offenbar als Anmaßung, von ihnen, von so prominenten Persönlichkeiten, Geld dafür zu verlangen, dass man ihre Probleme löst.

Aber fast alle, mit denen ich zusammenarbeitete, waren sehr großzügig in ihrer Art des Umgangs. Lagerfeld hat mir mehr Mandanten empfohlen als irgendjemand anders. Helmut hat mich mit faszinierenden Fotografien beschenkt, die ich liebe und in Ehren halte.

Kurz vor seinem Tod im Januar 2004 sagte er zu mir: »Matthias, ich würde dir gerne ein neues Foto für Dein Berliner Büro schenken. Was möchtest Du denn?« Ich antwortete: »Helmut, such Du das doch bitte aus.«

Er wählte eine wunderschöne Fotografie in einsfünfzig mal einsfünfzig Meter Größe aus – zwei bildhübsche Frauen im New Yorker Central Park, unbekleidet aufeinanderliegend und sich küssend.

Das Museum für Fotografie befindet sich in unmittelbarer Nähe des Berliner Bahnhofs Zoo. Der Blick vom Bahnhof Zoo auf die umliegenden Häuser und auch das Gebäude, in dem sich heute die Newton Stiftung befindet, war das Letzte, was Helmut 1938 als Siebzehnjähriger von Berlin gesehen hatte, bevor der als Sohn einer wohlhabenden jüdischen Fabrikantenfamilie in Berlin unter dem Namen Helmut Neustädter Geborene seine Geburtsstadt verlassen musste und nach Australien emigrierte. Er fühlte sich Berlin aber dennoch verpflichtet, kam wieder zurück und beschenkte die Stadt mit diesem unglaublichen Museum. Ich war auf seinen und den ausdrücklichen Wunsch seiner Frau June Newton, deren Künstlername *Alice* Springs war, lange im Aufsichtsrat der von ihm gegründeten Stiftung, um dort seine Interessen zu vertreten. Zu Helmuts Beerdigung 2004 kam ich auf zwei Krücken, weil ich mir beim Rennradfahren die Hüfte gebrochen hatte. Ich fuhr im ersten Bentley Continental vor, der in Deutschland auf der Straße war, weil mir Ferdinand Piëch das Auto in »british racing green«

und mit englischem Kennzeichen vor die Tür gestellt hatte. Dieses Auto und meine Krücken beschäftigten die anwesenden Medien sehr, obwohl mit Bundeskanzler Gerhard Schröder, Bürgermeister Wowereit und James-Bond-Darsteller Roger Moore jede Menge Prominenz gekommen war, um dem Meister der Fotografie und liebenswerten Menschen Helmut Newton die letzte Ehre zu erweisen.

So sehr ich den Verlust Newtons betrauerte, amüsierte mich die Lage des Grabes, das die Stadt Berlin Helmut Newton als besondere Ehrung zugewiesen hatte. Es liegt gleich neben dem Grab von Marlene Dietrich. Das erinnerte mich an eine Geschichte, die Karl Lagerfeld und Helmut immer wieder erzählt hatten, nämlich wie es zugegangen war, als sie gemeinsam für die *Vogue* Fotos von Marlene Dietrich machen sollten. Sie betraten ihre Wohnung in Paris und fanden eine ältere, ungepflegte Dame mit bekleckerter Bekleidung, die erst sehr distanziert war, dann aber auftaute. Newton motivierte sie schließlich, ihren Rock kokett etwas hochzuziehen und sagte spontan: »The legs are still good.« Das empfand sie als Beleidigung und warf die beiden Fotografen hinaus.

Diese Geschichte ist in der neuen TV-Serie über Karl Lagerfeld »Becoming Karl Lagerfeld« falsch dargestellt. Darin wird behauptet, Marlene Dietrich sei mit Karl Lagerfelds Kostümentwurf, den dieser für das Fotoshooting gemacht hatte, nicht zufrieden gewesen und habe ihn und Newton deswegen vor die Tür gesetzt. Ich hatte die Gelegenheit, mit der früheren PR-Frau von Karl Lagerfeld zu reden, die ihn damals ständig begleitete. Sie erinnert sich noch genau so wie ich, dass es der Satz »The legs are still good« war, der den Eklat ausgelöst hatte, und dass beide Fotografen diese Anekdote übereinstimmend so erzählt haben.

Newton fotografierte die schönsten und berühmtesten Models der Welt. Doch ihn selbst schien das wenig zu beeindrucken. Meine Frau Alexandra und ich saßen einmal mit ihm und seiner Frau June im Monte Carlo Beach Club, als ein paar Models von einem Shooting aus Karl Lagerfelds dortiger Villa La Vigie vorbeikamen.

Sie erkannten Helmut, stürzten sich auf ihn, umarmten und küssten ihn und gingen dann weiter an einen anderen Tisch. Ich war sprachlos vor so viel weiblicher Schönheit. Aber Helmut hatte ganz anderes im Sinn. Er hatte June an diesem Morgen zu ihrem Geburtstag einen schicken Fiat 500 geschenkt und aus diesem Anlass einen kleinen Streich inszeniert. Der Oberkellner des Beach Clubs kam an unseren Tisch und sagte: »Frau Newton, da ist gerade jemand in ihr neues Auto gefahren.« June sprang empört hoch und rannte zum Parkplatz. Helmut konnte sich ausschütten vor Lachen – an dem neuen Wagen war natürlich keine einzige Schramme.

Helmut war ein Mann von großem Scharfsinn, großem Humor und ebensolcher Kreativität. Sein Witz und seine sprühende Intelligenz waren hinreißend. Ich bin stolz darauf, dass ich ihn kannte und mit ihm arbeiten durfte. Er hat mein Leben ebenso bereichert wie Karl Lagerfeld. Sein Humor und seine Bescheidenheit fehlen mir. Gero von Boehm hat anlässlich des hundertsten Geburtstags von Helmut Newton einen großartigen Film gedreht, »Helmut Newton – The bad and the beautiful«, den ich nur jedem empfehlen kann.

Tom Cruise – Ein Anspruch und ein Verzicht

In der Ausgabe der *Bunten* vom 25. Juli 1996 wurde ein Interview mit Tom Cruise veröffentlicht, in dem er über seine Fruchtbarkeit gesagt haben sollte: »Sperm count zero.« Cruise bestritt, diesen Satz jemals gesagt zu haben. Der Hollywood-Staranwalt Bert Fields hatte in Amerika bereits einen Schadensersatzanspruch von sechzig Millionen Dollar angekündigt. Den sollten wir nun durchsetzen.

Bert Fields kannte ich schon aus anderen Angelegenheiten. Tom Cruise war damals wegen seiner Scientology-Verbindung in Deutschland hoch umstritten. Aus diesem Grund hatten wir zunächst gezweifelt, ob wir das Mandat annehmen sollten, eingedenk unserer alten Grundregel: keine Verbrecher, keine Sekten. Aber in diesem Fall war er als Privatperson und nicht als Sektenmitglied betroffen. Wir forderten Entschuldigung und Schmerzensgeld. *Bunte* entschuldigte sich daraufhin auf einer ganzen Seite bei Tom Cruise. Dann stürzten am 8. August 1996 mehrere Burda-Mitarbeiter mit einem Firmenflugzeug ab. Tom Cruise, der selbst ein leidenschaftlicher Pilot ist, war von dem Tod der Burda-Mitarbeiter und des Piloten sehr berührt. Mit Rücksicht auf die Witwen und die neun verwaisten Kinder der Absturzopfer verzichtete er auf weitere Ansprüche gegen Burda. Eine noble Geste.

Bärbel Bohley – Satire oder Pornografie?

Bärbel Bohley war eine berühmte Bürgerrechtlerin in der DDR und eine begabte Malerin. In den ersten Jahren nach dem Mauerfall spielte sie eine wichtige politische Rolle im Neuen Forum und in verschiedenen Gremien zur Aufarbeitung des DDR-Unrechts. Im März 1996 erschien der *Eulenspiegel*, ein Satiremagazin mit DDR-Vergangenheit, mit einem Porno-Foto auf der Titelseite, in das Bärbel Bohley und Bundeskanzler Kohl einmontiert worden waren. Unter den beiden Kopulierenden hieß es: »Kohls Neue: Mehr als Freundschaft?« Die Collage nebst Titel bezog sich auf ein Treffen von führenden ehemaligen DDR-Bürgerrechtlern mit Helmut Kohl, welches kurz zuvor im Kanzleramt stattgefunden hatte. In dem von uns angestrengten Gerichtsverfahren ging es um die Frage, ob es sich dabei um zulässige Satire oder eine Verletzung des Persönlichkeitsrechts handelte. Bei unseren presserechtlichen Auseinandersetzungen geht es häufig um eine Abwägung zwischen zwei wichtigen Grundrechten. Einerseits gibt es die Artikel 1 und 2 des Grundgesetzes, welche die Menschenwürde, die Entscheidungsfreiheit und damit das allgemeine Persönlichkeitsrecht schützen. Und andererseits gibt es den Artikel 5 zum Schutz der Meinungsäußerung, Informations- und Kunstfreiheit. Ein Gericht muss also in einem Fall wie dem von Bärbel Bohley prüfen, ob ihr Persönlichkeitsrecht durch die Veröffentlichung so weit verletzt war, dass eine Veröffentlichung aus Kunstgründen oder zur

Information der Öffentlichkeit dahinter zurückstehen musste. Wir fanden die dargestellte Szene so abstoßend, dass sie auch durch eine darin etwa enthaltene politische Bedeutung nicht gerechtfertigt werden konnte. Das Landgericht Hamburg teilte unsere Auffassung und verbot die Fotos.

Kajo Neukirchen – Juristische Reifeprüfung

Im Wartezimmer unserer Kanzlei im Erdgeschoss gab es früher sehr unbequeme weiße Leder-Freischwinger, in denen man nicht lange sitzen konnte. Eines Tages im Jahr 1996 rief mich meine Sekretärin an und sagte: »Oh, ich habe ganz vergessen, Ihnen zu sagen, dass schon seit einer Stunde die Herren von dieser Metallfirma hier unten am Empfang warten.«

Dort saß auf einem der Freischwinger, riesig groß und sehr beeindruckend, Kajo Neukirchen, jener Manager, den die Deutsche Bank in den Neunzigerjahren gerne als Krisenmanager für angeschlagene Unternehmen beauftragte. Nach brutalen, aber erfolgreichen Sanierungen verschiedener Industrie-Unternehmen war Neukirchen zum Vorstandsvorsitzenden der Frankfurter Metallgesellschaft, eines ehemaligen Dax-Konzerns, berufen worden, um die traditionsreiche Firma, welche von seinem Vorgänger Heinz Schimmelbusch durch Öl-Termingeschäfte ins Wanken gebracht worden war, wieder auf Kurs zu bringen. Innerhalb weniger Monate hatte Neukirchen dort rund fünfzig Führungskräfte vor die Tür gesetzt. Der als »Rambo der deutschen Wirtschaft« gefürchtete Manager war mit seinem Chefjustiziar Harald Rieger in meine Kanzlei gekommen, einem außerordentlich angenehmen, klugen Juristen. Anlass ihres Besuchs war eine Geschichte im *Manager Magazin*, in der Neukirchen zu Unrecht vorgeworfen wurde, die Bilanz der Metallgesellschaft geschönt zu haben.

Ich schlug Neukirchen ein Vergleichsgespräch mit dem Chefredakteur des *Manager Magazin* und seinem Stellvertreter vor. Wir trafen uns dafür zu einem Mittagessen in der »Osteria« in der

Badestraße in Hamburg-Pöseldorf. Unvergesslich ist mir, wie Neukirchen mit großzügiger Geste Trüffel auf die Spaghetti des Chefredakteurs schabte und ihn aufforderte: »Nehmen Sie ordentlich! Das kriegen Sie nicht jeden Tag!«

Auch wenn es das Ziel dieses Treffens war, das *Manager Magazin* in dem Rechtsstreit zum Einlenken zu bringen, so ging es mir immer auch noch um etwas anderes, nämlich die Kommunikation zwischen den Medien und meinen Mandanten zu fördern, um negative Berichterstattung – die gerade bei Wirtschaftsthemen besonders schädlich sein kann – in der Zukunft zu vermeiden.

Daher schlossen wir bei diesem Lunch erst einmal Frieden. Das *Manager Magazin* hat durch hartnäckige, kontinuierliche Recherche und Aufdeckung von fragwürdigen Vorgängen schon manches Unternehmen ruiniert. Sal. Oppenheimer ist ein gutes Beispiel. Eine höfliche Kommunikation ist im Bereich der Wirtschaftsprozesse immer sinnvoll, um Schaden zu reduzieren.

In einer ähnlichen Gesprächsrunde wie in Hamburg habe ich später in der Frankfurter Unternehmenszentrale versucht, die Berichterstattung über die Metallgesellschaft zu verbessern, indem ich auch dort ein Mediengespräch initiierte. Das ging allerdings schief. Neukirchen stauchte in Anwesenheit der Journalisten seine Sekretärin ruppig zusammen, weil sie ihm die falsche Zigarre gebracht hatte. Das fanden die Herren von der Presse nicht so sympathisch.

Einen Eindruck von Neukirchens Art und Wirkung auf sein Umfeld vermittelt eine andere Episode. Ich saß mit dem Chefjustiziar bei einem Kaffee in der Kantine der Metallgesellschaft, als seine Sekretärin kam und ankündigte: »Herr Neukirchen hat jetzt Zeit für Sie.«

Der Chefjustiziar sagte daraufhin zu mir: »Wenn Sie hier angestellt wären, würden Sie jetzt Angstschweiß bekommen!«

Neukirchen war ein beinharter Sanierer. Die dabei erforderliche Ruppigkeit prägte auch seine Umgangsformen. Die Tätigkeit für ihn war in gewisser Weise meine juristische Reifeprüfung, mit Verfahren auf drei verschiedenen Kontinenten und in Zusammenarbeit mit internationalen Topjuristen und einem exzellenten General Counsel. Es war eine der interessantesten juristischen Erfahrungen meines Lebens. Neukirchen und die Metallgesellschaft, das ist eine Geschichte, die für ein eigenes Buch ausreichen würde. Vielleicht schreibe ich es noch.

Der Sultan von Brunei – Angst vor Frauengeschichten

1998 kam der Sultan von Brunei zu einem offiziellen Staatsbesuch nach Deutschland. Einige Monate vorher hatte ich einen Anruf aus London bekommen. Ein befreundeter PR- und Politikberater, mit dem ich eng zusammenarbeitete, bat mich, das Mandat für den Sultan zu übernehmen und ihn während des Staatsbesuchs zu betreuen.

Wozu diese Vorkehrung? Auslöser war ein Prozess in den USA, in Kalifornien. Eine Schönheitstänzerin namens Shannon Marketic, sie war 1992 zur Miss California und dann sogar zur Miss USA gewählt worden, hatte den Sultan und einige seiner Familienmitglieder mit der Begründung verklagt, dass sie nach Brunei eingeladen worden war, um zu tanzen. Für das vereinbarte Honorar von mehreren tausend Dollar pro Tag hätte man dort von ihr aber mehr als nur Tanzen erwartet. Es stellte sich heraus, dass der Sultan gar nicht in die Angelegenheit involviert war, sondern dass sein Bruder Frau Marketic engagiert hatte. Die Klage wurde später in Kalifornien zurückgewiesen, aber sie war noch anhängig, als der Sultan zu seinem Staatsbesuch nach Deutschland aufbrach. Die *Bild*-Zeitung schrieb damals, dass dies »der erste Staatsgast in der Geschichte der Bundesrepublik Deutschland sei, der mit einem Presseanwalt im Gefolge kommt«. Und sie ergänzte, es »müssten alle einschlägigen Medien gewarnt sein, sicherheitshalber eine finanzielle Rücklage zu bilden, sollten sie beabsichtigen, die Staatsvisite des Herrschers über das am Südchinesischen Meer gelegenen Sultanat Brunei dazu zu benutzen, Weibergeschichten aufzukochen, die dem jüngeren Bruder … nachgesagt werden«.

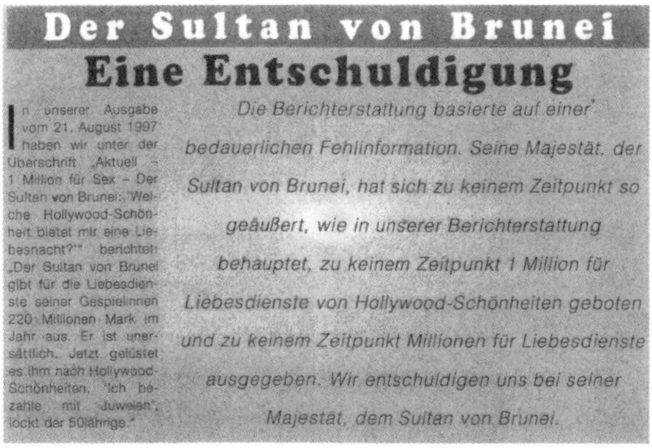

Der Sultan von Brunei

Eine Entschuldigung

In unserer Ausgabe vom 21. August 1997 haben wir unter der Überschrift „Aktuell – 1 Million für Sex – Der Sultan von Brunei: 'Welche Hollywood-Schönheit bietet mir eine Liebesnacht?'" berichtet: „Der Sultan von Brunei gibt für die Liebesdienste seiner Gespielinnen 220 Millionen Mark im Jahr aus. Er ist unersättlich. Jetzt gelüstet es ihm nach Hollywood-Schönheiten. 'Ich bezahle mit Juwelen', lockt der 50jährige."

Die Berichterstattung basierte auf einer bedauerlichen Fehlinformation. Seine Majestät, der Sultan von Brunei, hat sich zu keinem Zeitpunkt so geäußert, wie in unserer Berichterstattung behauptet, zu keinem Zeitpunkt 1 Million für Liebesdienste von Hollywood-Schönheiten geboten und zu keinem Zeitpunkt Millionen für Liebesdienste ausgegeben. Wir entschuldigen uns bei seiner Majestät, dem Sultan von Brunei.

Ausschnitt aus der NEUEN REVUE: Entschuldigung für unwahre Berichterstattung

Meine Anwesenheit sollte also ein Zeichen an die Presse senden, dass sie bei falscher Berichterstattung mit juristischen Konsequenzen rechnen müssten. Und siehe da, es funktionierte, die befürchteten Artikel kamen nicht. Das ist die »Großer schwarzer Hund«-Funktion des Medienanwalts, die kompromisslose Abschreckung!

Ich traf den Sultan vorher in London im Hotel Dorchester, welches ihm gehört. Dort übernachtete ich danach häufiger, weil ich als Gast des Sultans einen besonderen Service genoss. Gemeinsam mit ihm und seinem Tross flog ich anschließend in seinem privaten Airbus von London nach Berlin. Als wir landeten, wurden wir mit militärischen Ehren empfangen. Es war ein besonderes Erlebnis, ein paar Meter hinter dem Sultan das Flugzeug zu verlassen und wie ein Staatsgast behandelt zu werden. In Berlin residierten der Sultan, seine Begleiter und ich im »Schloss Hotel Grunewald«, das einige Jahre zuvor mein Freund Karl Lagerfeld eingerichtet hatte. Karl hatte sich als Honorar nur ein paar Gratisübernachtungen erbeten, weil er es praktisch fand, in Berlin ein *pied da terre* zu haben. Nach seiner ersten Übernachtung fragte ich ihn, wie es denn war und er meinte: »Die Suite ist so groß, dass ich eine halbe Stunde gebraucht habe, um alle Lichter auszumachen.«

In der Suite von KL wohnte nun während seines Staatsbesuchs der Sultan, dem ich diese Geschichte beim Frühstück erzählte.

Mit dem Sultan von Brunei: Die Anwesenheit des Anwalts beim Staatsbesuch als Warnung an die Presse

Am Morgen ritt der Sultan im Grunewald. Anschließend spielte er Badminton und danach begann der Staatsbesuch. Am Abend hatte ein Berliner Juwelier eine Vitrine mit teurem Schmuck vor die Zimmertür des Sultans gestellt. Eine bildhübsche Verkäuferin stand die ganze Nacht bereit, um ihm den Schmuck zu zeigen. Aber sie wartete vergeblich. Der Sultan verließ seine Suite nicht.

Am nächsten Abend gab es für den Sultan ein Essen im Schloss Charlottenburg, zu dem die damalige Berliner Bürgermeisterin, Dr. Christine Bergmann, eingeladen hatte. Bei diesem Essen saß mir Sabine Christiansen gegenüber, die bekannte Talkshow-Moderatorin. Als am Tisch ein Getränk ausgeschenkt wurde, das die Farbe eines guten weißen Burgunders hatte, prosteten wir einander zu und stellten beim ersten Schluck fest, dass es Apfelsaft war, der aus Rücksicht auf den hohen Gast serviert wurde.

Nach dem Staats-Dinner suchten Sabine Christiansen und ich ein nahegelegenes italienisches Restaurant auf und tranken dort gemeinsam sehr fröhlich eine Flasche Rotwein. Der Staatsbesuch war insgesamt ein großes Erlebnis. Wir fuhren mit Blaulicht in einer Kolonne durch Berlin zum Treffen mit Bundeskanzler Kohl. Überall gewährte man uns Vorfahrt. Wann hat man das schon einmal? Mit der Maschine des Sultans flogen wir anschließend von Berlin wieder zurück nach London.

Nach der Ankunft auf dem Flughafen Heathrow stieg ich um in ein Linienflugzeug nach Nassau. Ein Mandant hatte meine Frau und mich zu einer Bootstour auf den Bahamas eingeladen. Morgens in Berlin mit dem Sultan und abends auf dem Achterdeck einer Yacht in Nassau – ich schaute in den von Sternen funkelnden karibischen Himmel und konnte kaum glauben, was ich alles erleben durfte. Die nächsten Tage schipperten wir die Exumas hinunter, eine Inselgruppe der Bahamas und eines der schönsten Tauchreviere der Welt. Dort gibt es einen Naturschutzpark, den Exuma National Park. Zwei Freunde und ich überredeten den Park Ranger, mit uns tauchen zu gehen. Er führte uns an einen Tauchplatz, der »The Wall« heißt, weil es dort so steil hinunter geht. Als wir ankamen und unser Boot an der dort liegenden Boje festmachten, schwammen plötzlich große braune Fische um die Boje.

Unser Ranger, auf dessen Sachverstand wir vertrauten, sagte nur: »Wow, die habe ich an dieser Stelle noch nie gesehen!«. Drei oder vier sehr große Haie kreisten um das Seil herum, das von der Boje in die Tiefe ging. Der Ranger klappte seinen Sitz hoch und holte ein langes Stück Holz hervor, das ursprünglich einmal der Stiel einer Spitzhacke gewesen war. Ich fragte ihn, was das denn sei, und er sagte mir: »An attitude adjuster.« Also ein Einstellungsregler, um eine freundliche Einstellung der Haie zu adjustieren.

Der Ranger verschwand nach unten und kam nicht gleich wieder hoch. Als es uns zu lange dauerte, sprangen wir hinterher und tauchten ebenfalls ab, während die Haie nach wie vor mit etwas Abstand in großen Kreisen um uns herumschwammen. Wir fanden den Ranger, und schließlich tauchten wir gemeinsam auf dreißig Meter hinunter und begannen uns die »Wall« anzuschauen.

Das war ein steiler Abriss nach unten, so tief, dass man aufpassen musste, keinen Tiefenrausch zu bekommen. Solch ein Zustand konnte dazu führen, dass man geradewegs nach unten schwimmen und nie wieder hochkommen würde. Am Rand des Abgrunds standen wir auf einer Art Balkon und der Ranger hielt uns von hinten an unseren Gewichtsgürteln fest. Wir schauten hinab ins Dunkle. Wow! Es war der gefährlichste Tauchgang meines Lebens. Und das alles nur wenige Stunden nach dem Staatsbesuch mit dem Sultan in Berlin.

Als ich von den Bahamas wieder nach Hause in Hamburg zurückgekehrt war, kam ein Anruf aus London, von der Botschaft von Brunei. Der Sultan würde mir gern eine Freude machen und mir etwas schenken. Ich sollte mit der Botschaft einen Termin für die offizielle Übergabe vereinbaren. Ich fürchtete irgendeine überladene goldene Uhr, aber ich erhielt eine ganz feine Platin-Piagét in einem hölzernen Geschenkkasten mit dem Wappen des Sultans. Der hatte nämlich kurz zuvor in London den berühmten Juwelier Asprey gekauft und ließ sich nun dort Sondermodelle anfertigen. Die Uhr habe ich heute noch und trage sie regelmäßig zum Smoking.

Carsten Maschmeyer – Das Prinzip der kontrollierten Sprengung

1993 rief mich das Büro von Carsten Maschmeyer an. Er wollte gern grundsätzlich beraten werden. Er war zu diesem Zeitpunkt noch Chef des Allgemeinen Wirtschaftsdienstes AWD und ich besuchte ihn in der Firmenzentrale in Hannover. Ich war tief beeindruckt von dem angenehmen Gespräch mit ihm. Er ist im persönlichen Umgang überaus gewinnend und sehr sympathisch.

Vor meiner Fahrt nach Hannover war ich ins Büro meines Seniorpartners Manfred Engelschall gegangen. Ich erzählte ihm, dass Carsten Maschmeyer sich gemeldet habe und von uns vertreten werden wollte. Engelschall wehrte sich heftig. Maschmeyer hatte, wie damals viele Finanzdienstleister, einen derart schlechten Ruf, dass Engelschall ihn nicht als Mandanten wollte. Ich habe dann durchgesetzt, dass ich wenigstens nach Hannover fahren wollte, um ihn kennenzulernen.

Nach meiner Rückkehr berichtete ich Manfred von dem Betriebskindergarten im Hannoveraner AWD-Gebäude, in dem alle Mitarbeiter ihre Kinder betreuen ließen, auch Carsten Maschmeyer selbst. Das war mir als jungem Vater so sympathisch, dass ich Manfred überreden konnte, das Mandat anzunehmen. Es besteht jetzt erfolgreich seit über dreißig Jahren.

Vor der Landtagswahl in Niedersachsen im Jahr 1998 erschienen in vielen Zeitungen der Region ganz- und doppelseitige anonyme Anzeigen, in denen es hieß: »Der nächste Kanzler muss ein Niedersachse sein.« Die Anzeige war so gestaltet, dass man auf Fotos eine Reihe von deutschen Bundeskanzlern sah. Darunter stand jeweils »Kein Niedersachse«. So stand also unter einem Foto von Konrad Adenauer »Kein Niedersachse«, unter einem Foto von Ludwig Erhardt »Kein Niedersachse« und so weiter. Dann kam das Foto von Gerhard Schröder mit der Bildunterschrift »Der nächste Kanzler muss ein Niedersachse sein«. Die Anzeigen erregten bundesweit Aufmerksamkeit und die Illustrierte *Stern* begann zu recherchieren, wer sie in Auftrag gegeben und bezahlt hatte. Es war nur noch eine Frage von Tagen, bis der Geldgeber öffentlich würde.

In dieser Situation rief mich Carsten Maschmeyer an. Ich wusste, dass Maschmeyer sich Schröder als Kanzlerkandidaten wünschte und begrüßte ihn gleich am Telefon mit dem Satz: »Du warst das mit den Anzeigen. Das habe ich mir schon gedacht!«

Maschmeyer lebte damals in Hannover und gestand mir, die Anzeigen aufgegeben zu haben. Er wollte verhindern, dass Schröder bei der Landtagswahl in Niedersachsen schlecht abschneiden und dann Oskar Lafontaine zum Kanzlerkandidaten der SPD gekrönt werden könnte. Wir begegneten der beabsichtigten *Stern*-Veröffentlichung mit einer Methode, die ich »kontrollierte Sprengung«

nenne. Wir informierten vorab ein anderes Blatt, um eine einseitige *Stern*-Berichterstattung gegen das Duo Maschmeyer/Schröder zu verhindern. Diese Methode benutze ich häufig, wenn eine negative Berichterstattung droht, also zum Beispiel *Spiegel*, *Zeit* oder *Stern* intensiv an einer Geschichte recherchieren, die sich ungünstig auf das Image meiner Mandanten auswirken kann. In solchen Fällen schicken einem die Journalisten vor der Veröffentlichung einen Fragenkatalog, den man beantworten soll. Das beruht auf der journalistischen Sorgfaltspflicht, die Journalisten verpflichtet, einen Betroffenen vor der Berichterstattung anzuhören. So erfährt man also, was einem bevorsteht und kann entsprechend reagieren.

Man kann es in dieser Situation auch so machen wie der ehemalige Chefredakteur des *Handelsblatt* und Gründer von *Media Pioneer*, Gabor Steingart, der in einem ähnlich gelagerten Fall sowohl die Anfrage des *Spiegel* als auch seine eigene Antwort ins Netz stellte. Oder man macht es so wie wir damals bei den Anzeigen, die Carsten Maschmeyer für den künftigen Bundeskanzler geschaltet hatte. Wir motivierten ein anderes Blatt zu einer Berichterstattung, die nicht so negativ war, wie es die *Stern*-Anfrage erwarten ließ. Damit war das Interesse des *Stern* an der Veröffentlichung gesunken, die Geschichte hatte ihren Neuigkeitswert eingebüßt und der Artikel erzeugte nicht den gefürchteten negativen Effekt.

Mit Carsten Maschmeyer habe ich in den darauffolgenden Jahrzehnten viel erlebt. Unter anderem haben wir vollkommen zu Recht versucht, die Ausstrahlung eines Dokumentarfilms über den AWD in der ARD zu verhindern, indem wir alle Intendanten der Länderanstalten anschrieben. Die *Süddeutsche Zeitung* nannte das einen »Abmahnungs-Tsunami«. Leider haben sich die Intendanten nicht von unserer Argumentation überzeugen lassen und so kam es zu einer negativen Berichterstattung in der ARD. Später stellte sich dann heraus, dass die Recherche von einem Konkurrenten angestiftet und teilweise auch bezahlt worden war, um Maschmeyer zu schaden.

weniger als 100 Meter nähert", so Pfeiffer.

Gegendarstellung

Zu dem Artikel mit der Überschrift „Rinderwahnsinn lauert im Gras. Schon vor Monaten schlugen Experten Alarm/ Trittin verschwieg Gefahr" im WESER-KURIER vom 30. November 2000:

Der WESER-KURIER schreibt, „Umweltminister Jürgen Trittin kann dichthalten. Schon seit Februar dieses Jahres liegt eine brisante Studie im Berliner Ministerium. Kernaussage: Der BSE-Erreger überträgt sich möglicherweise über Böden und Weiden. Der grüne Ressortchef machte die Expertise aber erst jetzt publik, nachdem Passagen aus dem Papier an die Öffentlichkeit geraten waren."

Hierzu stelle ich fest:

Die Behauptung, dass diese Studie – es handelt sich um das Gutachten „Wege zum vorsorgenden Bodenschutz" des wissenschaftlichen Beirates Bodenschutz (WBB) – „erst jetzt publik" gemacht wurde, ist unzutreffend. Das Gutachten ist im Februar 2000 dem Bundesumweltministerium übergeben, und bereits am 25. Februar 2000 als Bundestagsdrucksache 14/2834 veröffentlicht worden.

**Jürgen Trittin,
Bundesminister für Umwelt,
Naturschutz und Reaktorsicherheit**

Festzuhalten ist, dass der wissenschaftliche Beirat beim Umweltministerium im Februar dieses Jahres in seinem Gutachten auf die Gefahr durch BSE-Erreger im Boden aufmerksam gemacht hat. Festzuhalten ist weiter, dass Minister Trittin auf die brisanten Passagen dieses Gutachtens öffentlich erstmals im November dieses Jahres hingewiesen hat, – neun Monate später. Die Redaktion

…n im Landtag

…rufungsverfahren für Ministerin

Frankfurt/Main – DAX: 5398,64 (– 49,26) Punkte. US-Dollar: 1,7965 Mark (Freitag: 1,7902). Kilo Gold:

Gegendarstellung

zu dem Artikel **„Erklär mir Jürgen Trittin"** aus der **BZ vom 23. Juli 1998, Seite 2:**

1. Die BZ behauptet ich sei: „Im Aufsichtsrat der Deutschen Messe AG und der Kreditanstalt für Wiederaufbau".

Hierzu stelle ich fest, daß ich seit 1994 nicht mehr im Aufsichtsrat der Deutschen Messe AG und seit 1995 nicht mehr im Aufsichtsrat der Kreditanstalt für Wiederaufbau bin.

2. Die BZ behauptet über mich: „Verdient 243 000 Mark im Jahr".

Dies ist unrichtig. Mein Jahresbrutto-Einkommen beträgt weniger als die Hälfte.

3. Die BZ veröffentlicht ein Foto von mir mit der Bildunterschrift „Trittin posiert in Bonn von einem Poster von Che Guevara" und schreibt über mich „Idole: Ernesto Che Guevara, Jesus Christus".

Hierzu stelle ich fest: Das Foto zeigt mich während eines Besuchs in der Bonner Spiegel-Redaktion vor dem Hintergrund des damals aktuellen Spiegel-Titelblattes. Weder Che Guevara noch Jesus Christus sind meine „Idole".

4. Die BZ behauptet, ich habe gesagt: „Deutschland solle aus der NATO austreten".

Hierzu stelle ich fest, daß ich mich nicht in dieser Weise über einen Austritt Deutschlands aus der NATO geäußert habe.

Bonn, den 3.8.98 Jürgen Trittin

Gegendarstellungen in BZ und Weser Kurier: Der vermeintliche Bolzenschneider erwies sich als Handschuh, der Schlagstock als Seil

Jürgen Trittin – Handschuh statt Bolzenschneider

Jürgen Trittin beriet ich seit 1998 in Presse- und Medienfragen. Wir erstritten einige Gegendarstellungen. Parteipolitisch bin ich nicht festgelegt. Unwahre Nachrichten empfand ich als unzulässig, egal über wen sie behauptet wurden. Wer also ein Problem mit unwahrer Berichterstattung hatte, konnte gerne zu mir kommen, aus allen Parteien, außer Radikale.

Der Höhepunkt meiner Zusammenarbeit mit Trittin begann am 29. Januar 2001. *Bild* druckte auf Seite Zwei ein großes Foto von Jürgen Trittin bei einer Antifa-Demonstration in Göttingen. Die Schlagzeile lautete: »Was machte Minister Trittin auf dieser Gewalt-Demo?« Im Text hieß es dann: »Vermummte Autonome demonstrierten mit Schlagstock und Bolzenschneider gegen die Ermittlungen der Justiz in der linken Szene.« Die Worte »Schlagstock« und »Bolzenschneider« waren besonders groß gedruckt. Bei genauerer Betrachtung des Trittin-Fotos erwies sich der vermeintliche Bolzenschneider allerdings als ein Handschuh und der Schlagstock als ein Seil in den Händen anderer Demonstranten. *Bild* und andere Medien, welche diese Geschichte nachgedruckt hatten, mussten Gegendarstellungen abdrucken und Unterlassungserklärungen abgeben.

Karim Aga Khan IV – Leidenschaft für Inseln

Als ich achtzehn wurde, war ich das erste Mal auf Sardinien. Mein Vater liebte diese Insel und so verbrachten wir in den folgenden Jahren sehr schöne Familienurlaube dort. Ich lernte Windsurfen und Sardinien zu lieben. Auf der Insel hörte ich das erste Mal von Prinz Karim Aga Khan. Ihm eilte ein legendärer Ruf voraus. Er hatte im Norden von Sardinien die gesamte touristische Infrastruktur der Costa Smeralda zwischen Olbia und Porto Cervo entwickelt und ausgebaut. Zu seinen Investments gehörten mehrere Luxushotels, ein Golfplatz, ein Yachthafen und noch vieles mehr.

Als er später mein Mandant wurde, fragte ich ihn, wie er ausgerechnet auf Sardinien gekommen sei. Er erzählte mir die folgende Geschichte: Er habe in Kenia anlässlich der Gründung und feierlichen Eröffnung einer Tageszeitung eine Rede gehalten, während seine engsten Mitarbeiter in der ersten Reihe ständig getuschelt und auf Fotos gezeigt hätten, die sie herumreichten. Es waren Aufnahmen der Costa Smeralda, der schönsten Küstenlinie Italiens im

Nordosten Sardiniens, aber gleichzeitig auch des letzten europäischen Malariagebiets. Die Weltbank suchte einen finanzkräftigen Investor, der diese landschaftlich einmalige Region zu einem Tourismusziel entwickeln würde, und diese Unterlagen waren gerade angekommen, als der Aga Khan in Kenia sprach. Der Aga Khan war das Religionsoberhaupt der Ismailiten, einer schiitischen Glaubensrichtung, die insbesondere in Afrika, aber auch in Pakistan sehr verbreitet ist. Er war unfassbar reich und ein kluger Investor. Er kaufte also ein Grundstück nach dem anderen an der Costa Smeralda und wunderte sich dabei, dass die meisten Verkäufer Frauen waren. Der Grund war, dass die Frauen seit Generationen beim Verteilen der Erbschaften meistens jene Gebiete am Wasser bekamen, die man landwirtschaftlich nicht nutzen konnte, weil die Erde zu salzig war, während die Männer die fruchtbaren Flächen in den Bergen erbten.

Auch den Aga Khan habe ich kennengelernt, weil er juristische Hilfe brauchte. Er hatte sich eine Insel auf den Bahamas gekauft und die internationalen Medien berichteten, dass er dort die Korallenriffe zerstöre, um seinen Hafen zu erweitern. Das konnte ich mir überhaupt nicht vorstellen. Also vertrat ich ihn mit großem Vergnügen gegen diese Berichterstattung. Daraus entstand, wie so häufig, eine langjährige Mandatsbeziehung. Wir trafen uns oft auf Sardinien und er schenkte mir einmal eine Mitgliedschaft in dem von ihm gegründeten Costa Smeralda Yacht Club. Dort können Mitglieder sehr luxuriös wohnen und ihre Yachten pflegen lassen.

1998 heiratete der Aga Khan Gabriele Prinzessin zu Leiningen, die damals in München lebte. Als die beiden sich 2014 scheiden ließen, bat der Aga Khan, mich um die rechtlichen Konsequenzen in Deutschland zu kümmern. Die Scheidung war ein internationales juristisches Spektakel, weil beide in Frankreich und England lebten und ihr Kind in Frankreich geboren war. Bei dieser Auseinandersetzung traf ich Fiona Shackleton, jene Scheidungsanwältin, die schon Prince Charles und Lady Di bei ihrer Scheidung betreut hatte und von der Queen für die juristische Arbeit im Rahmen der

Scheidung zur Life Peeress geadelt worden war. Fiona Shackleton heißt jetzt Baroness Shackleton of Belgravia und ist eine kenntnisreiche Juristin mit großartigem Humor.

Als sie zur finalen Verhandlung nach München kam, trafen wir uns, nachdem sie zuvor das Oktoberfest besucht hatte. »Matthias, they all look like waitresses«, lautete ihr Kommentar über die bayerischen Damen im Dirndl – und damit meinte sie nicht die Kellnerinnen.

Bei meinem letzten Treffen mit dem Aga Khan wurde ich von meinem ältesten Sohn Fidelius begleitet. Wir tranken Tee im Wohnzimmer des Aga Khan in Porto Cervo, einem Ort an der Costa Smeralda, den er gegründet hat. Mein Sohn erzählte von seinem Medizinstudium. Der Aga Khan erwiderte, dass er mehrere Krankenhäuser betreibe, insbesondere in Pakistan, und ihn herzlich einladen würde, dort eine Weile zu arbeiten.

Als besorgter Vater fragte ich sofort: »Pakistan? Ist das nicht gefährlich?«

»Nicht, wenn er als mein Gast kommt«, erwiderte His Highness, Prince Karim Aga Khan IV.

Im Februar 2025 starb der Aga Khan im Alter von achtundachtzig Jahren in Lissabon. Zum neuen Religionsführer der Ismailiten wurde sein Sohn Prinz Rahim al-Hussaini ernannt.

Sport und Showgewerbe

Die Beratung von hochdotierten Profi-Sportlern bringt zwar viel Geld, ist aber auch ein wahnsinnig nerviger Job. Sportstars sind meist schwierig im Umgang. Besonders nach einem gewonnenen Spiel oder Rennen sind sie so euphorisiert, dass sie nicht aufnahmefähig sind und jeden Vertrag, den man ihnen in diesem Zustand vorlegt, ohne Kontrolle ihres Anwalts unterschreiben. Das Gleiche gilt für Musiker. Dass Künstler und Spitzensportler in dieser Hinsicht vergleichbar sind, habe ich auch bei meinen Mandanten aus der Kultur- und Showszene gelernt. Ob Justus Frantz, Roy Black oder Roberto Blanco – wer es gewohnt ist, auf der Bühne zu stehen, beklatscht und gefeiert zu werden, ist schwer zu beraten, weil eine seriöse Beratung häufig auch Kritik beinhalten kann.

Wir hatten sehr viele Mandanten aus dem Sport und aus der Showbranche. Stand in den Zeitungen, dass wir einen bekannten Star vertraten, meldeten sich sofort die nächsten. Als der sogenannte Pop-Titan Dieter Bohlen 2003 auf der Frankfurter Buchmesse sein Werk »Hinter den Kulissen« vorstellen wollte, beauftragten uns zahlreiche Promis, welche in dem Buch beschrieben wurden, eine weitere Veröffentlichung zu verhindern. Bereits zuvor hatten wir drei einstweilige Verfügungen mehrerer Protagonisten des Buches in anderen Zusammenhängen erwirkt.

Roberto Blanco – Im Chor mit Justitia

Kurz bevor Dieter Krause, der langjährige Vorsitzende des Pressesenats beim Hanseatischen Oberlandesgericht, in den Ruhestand ging, sprachen mich einige Richter aus seinem Senat an und fragten, ob ich nicht Lust hätte, zu seiner Verabschiedung in einem Chor mitzusingen, der mit einer Überraschung aufwarten wollte. Seine Nachfolgerin hatte ein Lied geschrieben, das nach der Melodie des Brecht-Songs »Und der Haifisch, der hat Zähne« auf Video aufgenommen werden oder live gesungen werden sollte. Krause habe mich doch immer besonders geschätzt und es wäre nett, wenn ich mitsingen würde. Am Aufnahmetag war ich zufällig mit Roberto Blanco zum Mittagessen verabredet. Wir trafen uns im Chinarestaurant des Hotel Atlantik. Es gab gutes chinesisches Essen mit Alsterblick und Sancerre Rosé. Roberto hatte mich belehrt, dass man zu asiatischem Essen ausschließlich diesen Wein trinken könne. Es war ein lustiges Mittagessen und Roberto versuchte mich zu überzeugen, auf Kuba – seiner Heimatinsel – mit ihm gemeinsam zu investieren. Irgendwann sagte ich: »Roberto, ich muss jetzt leider gehen. Ich habe eine Verabredung mit meinem Berufungsgericht. Wir wollen zusammen ein Lied aufnehmen.« Da kam mir eine Idee: »Hast Du nicht Lust mitzukommen?« Klar hatte Roberto Lust zu singen.

Wir fuhren ins Oberlandesgericht, trafen uns mit den Richtern des Berufungssenates, ohne den Vorsitzenden, und sangen alle gemeinsam das für Krause umgedichtete Lied. Die Abschiedsfeier für Krause sollte ein paar Tage später stattfinden. Roberto fühlte sich wohl inmitten der ganzen Richterschaft und motivierte uns, ordentlich mitzusingen.

»Ein bisschen Spaß muss sein!« legte er zum Warmwerden vor.

Nach der Aufnahme rief ich meine Mandantin Eva Herman an, damals Tagesschau-Sprecherin, und bat sie, das Chor-Video mit einem Tagesschau-Intro zu veredeln. Das hat sie denn auch getan. Nach dem Tagesschau-Logo und dem Tagesschau-Jingle trat Eva Herman im Tagesschau-Look auf und verkündete: »Heute wird Hamburgs berühmtester Richter, Dieter Krause, verabschiedet. Dazu singt jetzt für ihn der Hamburger Juristenchor mit Roberto Blanco.«

Das Video haben wir am Abend der Party gezeigt. Eine Kopie davon habe ich heute noch. Die Besetzung des Presse-Senats des Hanseatischen Oberlandesgerichts mit Roberto Blanco ist allein schon ein Hit. Und erst recht der Text, gesungen nach der Melodie von Kurt Weill:

Und der Haifisch, der hat Zähne,
und die trägt er im Gesicht.
Und der Dieter hat ne Schere,
und die trägt er ins Gericht.

Dieser Dieter hat ne Robe,
jeden Dienstagmorgen an,
dass man glaubt, er kann nur richten.
Wie man sich doch irren kann!

In dem ehrwürdigen Hans OLG
schneidet er die Haare ab,
schwarze, rote, blonde, graue,
nur nicht die von Wilhelm Rapp …

Dazu muss man wissen, dass Krause im Hanseatischen Oberlandesgericht nicht nur für seine juristischen Fähigkeiten, sondern auch als Friseur geschätzt wurde. Der im Lied erwähnte Wilhelm Rapp war damals Präsident des Hamburger Verfassungsgerichts und des Hanseatischen Oberlandesgerichts.

Dieter Krause verfügte, neben seiner Rechtskenntnis und seiner Fähigkeit, Haare schneiden zu können, auch über besonders effektive Verhandlungsmethoden. Das Problem bei gerichtlichen Auseinandersetzungen ist häufig, dass es bei Urteilen nur Rot oder Schwarz gibt, entweder man gewinnt oder verliert. Vermittelnde Lösungen gibt es im Regelfall nur, wenn die Parteien sich einigen. Und das erreichte Krause, indem er einen der Parteienvertreter anrief und sagte: »Sie haben zwar beim Landgericht gewonnen, aber ich muss Ihnen leider sagen, dass es sein könnte, dass das OLG die Sache möglicherweise anders sehen wird. Was halten Sie denn davon, wenn ich die Gegenseite überzeuge, die Hälfte des umstrittenen Betrags zu zahlen?«

Zu diesem Zeitpunkt hatte er natürlich längst mit der Gegenseite gesprochen und wusste, dass diese bereit war, ein Viertel oder sogar mehr zu zahlen. Da war dann noch genug Spielraum, um das Ergebnis nach oben zu verhandeln. Krause hatte das von vornherein so geplant. Das lange Warten auf OLG-Entscheidungen, das heute die Regel ist, gab es damals nicht, weil die Richter nicht so viele Urteile schreiben mussten. Häufig ist eine Einigung auf irgendeine mittlere Position auch viel besser als das Beharren auf Extrempositionen, welche dann nur durch ein Urteil aufgelöst werden können.

In den meisten Fällen benötigte Krause keine fünfzigseitigen Urteile, sondern einfach nur zwei Telefonate.

Helmut Schulte und Willi Reimann – Tritt unter dem Tisch

Helmut Schulte hatte ein Lehramtsstudium in den Fächern Biologie und Sport absolviert. Durch eine staatliche Arbeitsbeschaffungsmaßnahme kam er als Jugendtrainer zum FC St. Pauli. Nachdem die HSV-Legende Willi Reimann, der zwischendurch St. Pauli trainiert hatte, mit meiner juristischen Hilfe zum Lokalrivalen Hamburger SV abgewandert war, wurde Schulte 1987 interimsweise zum Trainer der Profimannschaft des FC St. Pauli befördert. In dieser Saison stieg St. Pauli in die Bundesliga auf. Im Februar 1991 jedoch wurde er entlassen. Ich vertrat ihn bei den Verhandlungen, er bekam eine anständige Abfindung und wurde in der darauffolgenden Saison Trainer bei Dynamo Dresden. Später wurde er Nachfolger von Udo Lattek bei Schalke 04 und danach, diesmal vom Sommer 1996 bis Januar 1998 Sportdirektor bei St. Pauli.

Als er nun in seiner neuen Funktion als Sportdirektor bei St. Pauli den Trainer Uli Maslo wegen Erfolglosigkeit beurlaubte, rief er mich an, bevor ich es in der Zeitung lesen konnte: »Hat Maslo sich schon bei Dir gemeldet?«

Als ich verneinte, sagte er: »Dann vertrittst Du dieses Mal bitte St. Pauli!«

Das habe ich dann mit größtem Vergnügen gemacht und ein paar Monate später auch Schultes zweite Vertragsauflösung bei St. Pauli verhandelt. Im März 2008 kam er zum dritten Mal zu den Kiezkickern, diesmal als Geschäftsführer Sport. Als diese Zusammenarbeit 2012 endete, handelte ich für ihn auch seine dritte Trennung vom FC St. Pauli mit einer ordentlichen Abfindung aus.

Schultes Vorgänger Willi Reimann half ich ebenfalls bei seinem Ausscheiden. Der ehemalige Stürmerstar des HSV war als Trainer des FC St. Pauli ab 1986 so erfolgreich, dass der HSV ihn dort abwarb. Willi Reimann war wohl der erste deutsche Bundesliga-Trainer, für den eine Ablöse bezahlt wurde, vom HSV an den FC St. Pauli. Als Willi Reimann Jahre später als Trainer des VfL Wolfsburg entlassen wurde, wie es in jedem Trainerleben vorkommt, bat er mich um Hilfe. Da wir uns mit dem Wolfsburger Club nicht einigen konnten, starteten wir ein Schiedsverfahren beim DFB-Schiedsgericht in Frankfurt. Als der DFB-Chefjustitiar Götz Eilers einen Vorschlag machte, wie sich die Parteien einigen könnten, merkte ich, dass Willi Reimann neben mir zuckte und schon annehmen wollte. Ich trat ihm heftig auf den Fuß und erklärte dem Schiedsrichter, dass eine solche lächerlich geringe Summe für uns nicht in Betracht käme. Wir erreichten dann auch eine höhere Abfindung.

Willi Reimann habe ich vor ein paar Monaten wiedergesehen. Er umarmte mich und sagte zu meiner Frau: »Ihrem Mann verdanke ich mein kleines Vermögen.« Er erzählte von dem Tritt unter dem Tisch und wir lachten herzlich.

Monica Lierhaus – Die Kämpferin

Monica Lierhaus war die erste Frau, welche in der ARD-Sportschau die Bundesliga-Spiele moderiert hat. Vorher, von 1999 bis 2001, hatte sie auf SAT.1 die Sportsendungen *ran* und *live-ran* moderiert. Monica war sympathisch, charmant und verstand eine Menge vom Sport. Zu unserem ersten Besprechungstermin trafen wir uns in meiner »Berliner Dependance«, dem Hinterzimmer des Restaurants »Schwarzenraben«. Monicas Vater war, wie übrigens auch der Vater von Claudia Schiffer, Rechtsanwalt und vertraute mir die Rechtsangelegenheiten seiner Tochter an. Er ermunterte Monica, mir ihre Verträge vor Abschluss zu zeigen. So konnte ich ihre ungewöhnliche Karriere von Anfang an begleiten. Zehn Jahre später wurde Monica an einem Hirnaneurysma operiert und anschließend für vier Monate in ein künstliches Koma versetzt. Sie war auch über die Sportschau hinaus eine erfolgreiche Moderatorin und wohnte mit ihrem Lebensgefährten Rolf Hellgardt in einem schönen Haus am Ise-Kanal in Hamburg. Als sie aus dem Koma erwachte, war sie schwer sprach- und gehbehindert. Aber genauso, wie sie vorher als Journalistin und Sportlerin eine Kämpferin war, blieb sie das auch trotz der schweren Behinderung. Am meisten hat mich beeindruckt, dass sie sich weigerte, in ihrem Haus einen Treppenlift einbauen zu lassen, und darauf bestand, weiterhin alle Treppen selbst zu steigen. Wir teilen ein gemeinsames Schicksal – von ziemlich weit oben nach ziemlich weit unten.

Harald Juhnke – Mal ein Star, mal kein Star

Harald Juhnke war einer der bekanntesten Entertainer der Bundesrepublik. Er war allerdings, wie ich herausfand, in Berlin ungleich berühmter als in Hamburg. Ich hatte seit dem Jahr 2000 meine Professur an der Berliner FU. Die Vorlesungen hielt ich nach dem in Harvard üblichen sokratischen Prinzip, also wie einen sokratischen Dialog. Das geht im Presserecht besonders gut, weil es immer zwei wichtige verfassungsrechtlich bedeutende Rechtsgüter gibt, die gegeneinander abzuwägen sind. In der einen Waagschale liegt die Presse-, Meinungs- und Informationsfreiheit, in der anderen das aus der Menschenwürde und dem Selbstbestimmungsrecht des Einzelnen hergeleitete Persönlichkeitsrecht.

Auf dem Weg nach Berlin ging ich morgens zu Fuß von der Kanzlei über die Moorweide zum Bahnhof Dammtor. Dann stieg ich in den ICE, der früher in guten Zeiten bis Berlin nur eineinhalb Stunden brauchte. Dann fuhr ich mit der S-Bahn nach Lankwitz und dem Berliner Stadtbus bis zur Universität. Öffentliche Verkehrsmittel mit ihrer bunten Publikumsmischung habe ich schon immer gern benutzt. Unterwegs kaufte ich mir in Hamburg ein paar Tageszeitungen, wie *Bild*, *B.Z.* und *Morgenpost,* und suchte während der Fahrt nach interessanten aktuellen Fällen. Wenn ich in Berlin ankam, wusste ich schon, welche Blätter für die Vorlesung geeignet waren und kaufte jeweils ein Dutzend davon zur Verteilung an die Studenten.

Häufig standen darin Harald-Juhnke-Geschichten, anhand derer ich meinen Studenten die Rechtslage in Presse-Streitigkeiten vor Augen führen konnte. Im Presserecht geht es um zwei Rechtsgüter, den Schutz der Wahrheit und den Schutz der

Persönlichkeitssphäre. Wenn es denn also wahr ist, dass Harald Juhnke betrunken mit dem Kopf auf einen Glastisch gefallen ist und sich verletzt hat, ist das grundsätzlich eine Geschichte, über die berichtet werden kann. Die Pressefreiheit ist jedoch immer abzuwägen mit dem allgemeinen Persönlichkeitsrecht. Man kann nicht grenzenlos berichten und die Intimsphäre und Privatsphäre anderer nicht gnadenlos ausbeuten.

Als Juhnke betrunken auf einen Glastisch gefallen war, erschien in den Zeitungen ein Foto von ihm mit blutendem Kopf. In einem anderen Fall hatte er ein paar Trunkenheitstage hinter sich, als ein Privatsender mit Kamerateam bei ihm vor der Tür auftauchte, um den lallenden Juhnke, nur mit einem Bademantel bekleidet, zu interviewen.

Damals galt noch, dass »absolute Personen der Zeitgeschichte« sich Fotoveröffentlichungen grundsätzlich gefallen lassen mussten. Was aber eine »absolute Person der Zeitgeschichte« ist, stand im Wesentlichen im Ermessen des Betrachters.

Als ich in obiger Sache Unterlassungsansprüche für Juhnke geltend machte, urteilten alle Berliner Gerichte, dass Harald Juhnke der Inbegriff der »absoluten Person der Zeitschichte« war und sich diese Veröffentlichungen gefallen lassen müsste. Er war aber eben nur in Berlin ein Weltstar.

Wir haben den Antrag für Harald Juhnke beim Landgericht Berlin dann einfach zurückgenommen und denselben Antrag nochmal in Hamburg gestellt. Dort wurde die einstweilige Verfügung erlassen, die wir gefordert hatten. Daraufhin haben wir sämtliche Juhnke-Verfahren nicht mehr in Berlin, sondern in Hamburg geführt und sie dort alle gewonnen, weil das Hanseatische Oberlandesgericht nicht der Meinung war, dass Juhnke eine »absolute Person der Zeitgeschichte« ist. An der Elbe wären das wohl eher Udo Lindenberg oder ein anderer Hamburger Künstler gewesen. Ich bin sicher, dass nach damaliger Rechtsprechung heute auch Taylor Swift eine »absolute Person der Zeitgeschichte« wäre.

Diese beiden unterschiedlichen Rechtsgüter eigneten sich in meiner Vorlesung gut für einen sokratischen Diskurs. Denn nun konnte jeder für sich selbst argumentieren, warum es gerechtfertigt sein sollte, in die Rechte von Harald Juhnke so weit einzudringen, dass er nur noch als wehrloses Objekt der Berichterstattung erschien. Oder anders, um in der Diktion des Europäischen Gerichtshofs zu bleiben: »Welches berechtigte Informationsinteresse hat die Öffentlichkeit daran, Harald Juhnke in dieser Situation zu sehen?«

Christoph Daum – Wahrheit beim Haartest

Zur Zeit der Fußball-Weltmeisterschaft 1990 wurde Christoph Daum als Trainer des 1. FC Köln entlassen und beurlaubt.

Daum rief mich an und sagte: »Guten Tag, mein Name ist Christoph Daum. Bis vor fünf Minuten war ich Trainer des 1. FC Köln. Sie sind mir empfohlen worden. Können Sie mir helfen?«

Der 1. FC Köln spürte wegen dieser Entlassung heftigen Gegenwind, weil Daum zuvor so erfolgreich tätig gewesen war. Er hatte die stark abstiegsgefährdete Mannschaft 1986 auf dem sechzehnten Tabellenplatz übernommen und wurde mit ihr in der nächsten Spielzeit Vizemeister der Bundesliga. Um den Druck auf den Kölner Club zu erhöhen, beantragte ich beim Arbeitsgericht Köln eine sofortige einstweilige Verfügung auf Weiterbeschäftigung von Daum.

In der Nacht vor der mündlichen Verhandlung zog ich mit ihm durch die Kölner Altstadt. Überall ließ man ihn hochleben, in allen Kneipen wurde er bejubelt. Die Verhandlung im Kölner Arbeitsgericht war schnell beendet, ebenso das Anstellungsverhältnis. Christoph erhielt eine angemessene Abfindung und schied »im besten Einvernehmen« aus.

Zehn Jahre später, während seiner Zeit bei Bayer Leverkusen, erhielt Daum das Angebot, Bundestrainer der deutschen Fußballnationalmannschaft zu werden. Er rief mich an und fragte, ob ich seinen Vertrag aushandeln könnte.

Ich lehnte ab: »Christoph, ich habe im Moment so viel zu tun und will im Herbst mit den Kindern nach Zypern fahren. Tut mir leid, aber ich empfehle Dir jemand anderen, der das auch kann.«

Doch Daum bestand darauf, dass ich den Vertrag entwerfen und verhandeln sollte.

Als ich beim Abendessen meinen Kindern davon erzählte, sagte mein Sohn, damals neun: »Papi, bei Leverkusen spielt doch Ulf Kirsten. Mein Lieblingsspieler. Kannst Du mir nicht ein Trikot mit seiner Unterschrift besorgen?«

Am nächsten Tag rief ich Daum an und sagte: »Ok, Christoph, ich mach's. Aber nur, wenn ich von Ulf Kirsten für meinen Sohn ein Trikot mit Autogramm bekomme.«

Ich fuhr also nach Leverkusen ins Stadion. Dort warteten bereits Rainer Calmund, Rudi Völler und Daum. An einem Extra-Tisch saß Ulf Kirsten mit einem Spezialstift und einem Trikot, um darauf das Autogramm für Fidelius zu schreiben.

Kurz darauf kam es zu einem heftigen Streit zwischen dem damaligen FC-Bayern-Boss Uli Hoeneß und Christoph Daum. Hoeneß hatte öffentlich angedeutet, Daum würde koksen. Mich interessierte das wenig. Ich hatte den Auftrag, für Daum einen Vertrag auszuhandeln, mehr nicht. Zufällig geriet ich aber in die Sache hinein, als ich in einer Talkshow bei Sabine Christiansen dem ebenfalls eingeladenen Dieter Hoeneß, dem Bruder von Uli Hoeneß, meine Meinung zu dem Fall sagte. Christoph Daum hatte gerade seinen Haartest machen lassen und ich war hundertprozentig sicher, dass sich daraus nichts ergeben würde. Sonst, so behauptete ich, hätte er einen solchen Test ja nicht gemacht. Das hätte ich lieber nicht sagen sollen.

Ich saß ein paar Tage später mit meiner Familie in einer traditionellen Kneipe auf Zypern mit Bierhumpen und herrlich gebratenem und gewürztem Freilandhuhn, als Andrea Schoeller, die Geschäftspartnerin meiner Frau, anrief: »Matthias, es geht durch alle deutschen Nachrichten. Der Haartest von Daum ist positiv!«

Wie die Geschichte weiterging, ist bekannt. Aus dem bereits unterschriftsreifen Bundestrainervertrag wurde nichts.

Wenig später war ich mit meinen Kindern in Garmisch-Partenkirchen wandern. Auf der abgelegenen Esterbergalm, die man nur zu Fuß in einer einstündigen Wanderung bergauf erreichen kann, saßen wir in der Sonne und aßen einen Kaiserschmarrn.

Der Kellner, der die Süßspeise brachte, schaute mich an und sagte: »Sind Sie nicht der Anwalt aus dem Fernsehen?«

Das war der Moment, in dem ich zum Schutz meiner Privatsphäre beschlossen habe, nicht wieder in Talkshows zu gehen.

Peter Boenisch – Pferde und Tabak

Peter Boenisch, der frühere *Bild*-Chefredakteur und spätere Regierungssprecher, hat mir viele Mandanten empfohlen, mit denen ich viele Jahre gearbeitet habe, wie zum Beispiel Theo Müller von Müller Milch. Schließlich bekam Boenisch selbst Schwierigkeiten. Zweiundvierzig Jahre nach seinem Eintritt bei Springer wurde er gekündigt. Der Vertrag, den er nach seiner Zeit als Regierungssprecher mit Springer abgeschlossen hatte, wurde mit der Begründung gekündigt, er hätte für die *Süddeutsche Zeitung* einen Text zum Thema Pressefreiheit verfasst. Damit habe er seinen exklusiven Autorenvertrag mit Springer gebrochen. Ende. Aus.

Wir haben den Rechtsstreit schnell in seinem Sinne gelöst und Boenisch konnte sich mit anderen Themen beschäftigen. Zu seinen Hobbys gehörte die Galopp-Rennbahn Hoppegarten bei Berlin. Er war Präsident des Union-Klubs, der diese Rennbahn von 2002 bis 2005 betrieb. Boenisch brauchte dringend Geld für die Rennbahn und warb ständig um Sponsoren und Förderer. Zu diesem Zeitpunkt brachte der Zigarettenkonzern Reemtsma in Hamburg gerade die Marke »Zino Davidoff« auf den Markt. Zino Davidoff ist in vielerlei Hinsicht eine Symbolfigur für guten Geschmack und besondere Qualität gewesen. Davidoff-Zigarren galten über Jahrzehnte als die besten.

Meine Frau hatte die PR für Davidoff übernommen. Wir konnten Peter Boenisch ein Gespräch mit Zino vermitteln und diesen motivieren, das Rennen, das heute »Preis der Deutschen Einheit« heißt, in »Prix Zino Davidoff – Preis der Deutschen Einheit« umzubenennen. Der Deal nutzte beiden. Boenisch bekam seine Förderung und sein Sponsoring. Zino Davidoff bekam Werbung für das neue Produkt. Alle waren zufrieden. Ich erfand dazu die Geschichte, Zino Davidoff habe sich sein ganzes Leben gewünscht, als Jockey reiten zu dürfen und sponsere deswegen diesen Preis. Diese erfundene Geschichte stand dann auch in der Presseerklärung und in allen Zeitungen. Zino war mir deshalb nicht gram. Kurz vor seinem Tod schenkte er mir einen Humidor, den er handschriftlich signiert hatte: »Ne fume pas trop, Matthias.« Rauch nicht zu viel, Matthias. Der moderne Humidor, ein aus Holz oder anderen Materialien gefertigter Behälter, der Zigarren gleichmäßig feucht hält, ist übrigens eine Erfindung von Zino Davidoff.

Oliver Kahn – Ein Traum wie ein verschossener Elfmeter

Für Oliver Kahn stritt ich in einem sehr interessanten Fall. Die Firma Electronic Arts hatte ein Computerspiel herausgebracht, das sie »FIFA Fußball Weltmeisterschaft 2002« nannte. Darin wurden alle deutschen Nationalspieler mit einem Trikot gezeigt, auf das ihr Name gedruckt war. Auch die Gesichter der Spieler waren zu erkennen. Man konnte also davon ausgehen, dass durch diese nicht autorisierten Abbildungen der Sportler deren Rechte am eigenen Bild verletzt wurden. Oliver Kahns Management gab uns den Auftrag, dagegen vorzugehen. Wir stoppten die Nutzung seines Fotos, weil diese nach Auffassung des zuständigen Gerichts ja offensichtlich rechtswidrig war. Ich freute mich schon, nun auch die Unterlassungs- und Lizenzansprüche jedes einzelnen anderen Fußballspielers mit Electronic Arts auszuhandeln zu können und dabei viel Geld zu verdienen. Doch der Traum endete wie ein verschossener Elfmeter. Die Deutsche Fußball Liga (DFL) vereinbarte mit den Spielern der Nationalmannschaft, dass die DFL entscheiden konnte, wie und wo die Spieler vermarktet werden, wenn es sich um den Kontext der Nationalmannschaftsspiele handelte.

2002 begannen Gespräche zwischen der Deutschen Telekom und dem FC Bayern über Trikotsponsoring. Das wären Verhandlungen gewesen, die normalerweise ich auf Seiten der Telekom geführt hätte, aber ich blieb in Absprache mit Jürgen Kindervater im Hintergrund, um einen direkten Kontakt mit Uli Hoeneß zu vermeiden, der mir meine Äußerungen zum Daum-Fall immer noch übelnahm. Den Vertragsabschluss feierten wir mit einer Radtour. Die Telekom hatte Hoeneß, Karl-Heinz Rummenigge und mich zur Tour de France eingeladen. Ich nahm meinen damals zwölfjährigen Sohn Fidelius mit, der sich riesig freute, mit Rummenigge und Hoeneß Rad fahren zu können. Leider wurde er tief enttäuscht, weil die beiden Herren jeden Kontakt mit mir vermieden. Aber einen Punkt machten wir. Wir fuhren beide mit dem Rennrad den Mont Ventoux hinauf, während die FC-Bayern-Chefs bald vom Rad abstiegen und sich mit einer Art überdachtem BMW-Motorrad auf den Weg nach oben machten. Am Anfang radelte Rummenigge noch mit und ich war tief beeindruckt von den kräftigen Waden, die der vor mir fahrende Ex-Fußballer hatte. Aber seine Kondition ließ schnell nach.

Russel Crowe – Im Regen vor der Tür

Im Jahr 2000 hatte Russel Crowe den römischen Feldherren Maximus Decimus Meridius in Ridley Scotts Historienfilm »Gladiator« verkörpert und im Jahr darauf den Oscar als bester Hauptdarsteller für diese Rolle erhalten. Im November 2003 besuchte er Hamburg zur Premiere seines neuen Filmes »Master & Commander«. Am Abend vor der Premiere feierte er mit seinem Team auf der Hamburger Reeperbahn. Dabei war er von einem *Bild*-Zeitungsfotografen entdeckt und fotografiert worden. Nichts Ungewöhnliches für einen Hamburger Prominenten, aber

Crowes Management hatte Angst vor negativer Berichterstattung und rechtswidrigen Fotos. Wir sollten uns bereithalten, dies von Anfang an zu verhindern.

Wir hatten in all den Jahren so viele negative und rechtswidrige Berichterstattungen verhandelt, dass wir sie teilweise schon intuitiv kommen sahen. Dazu kamen unsere Verbindungen zu zahlreichen Chefredakteuren, die wir arbeitsrechtlich betreuten. Es gab also grundsätzlich immer die Möglichkeit, persönlichen oder telefonischen Kontakt mit der Chefredaktion aufzunehmen und sie im direkten Gespräch von der Rechtswidrigkeit einer Veröffentlichung zu überzeugen. Es war die Kombination aus rechtlicher Betreuung und Kommunikationsberatung, die wir nun regelmäßig unseren Mandanten anboten und für die wir auch bekannt waren.

Es war ein Sonntag. Ich rief meine Sekretärin an und sagte: »Da kommt gleich ein neuer Mandant, um einige Vollmachten zu unterschreiben. Könntest Du bitte ins Büro fahren?«

Ich hielt es bewusst so vage, weil ich mir noch nicht sicher war, ob Russell Crowe sich persönlich um seine Vollmachten kümmern würde, es hätte ja auch ein Bote von der Filmfirma sein können. Wenn ich ihr gesagt hätte, Russell Crowe steht gleich vor der Tür, hätte sie wahrscheinlich gedacht, ich veralbere sie und wäre womöglich gar nicht ins Büro gefahren.

Kurz darauf rief mich der PR-Manager wieder an und sagte: »Russel Crowe steht bei Ihnen vor der Tür, es regnet, er wird nass und keiner macht auf.«

An diesem Wochenende waren Handwerker in unserer Kanzlei, deshalb war die Türklingel abgestellt. Ich rief meine Sekretärin Steff Schulz im Büro an, die seit ihrem einundzwanzigsten Lebensjahr bei mir arbeitet und daher schon viele Stars erlebt hat. Ich bat sie, hinunterzugehen und den Besuchern im Erdgeschoss die Tür zu öffnen. Sie fiel fast in Ohnmacht. Auf der Schwelle standen zwei Manager und zwischen ihnen ganz eindeutig Russel Crowe, der sie freundlich mit einem Handschlag begrüßte und ihr dann die Treppe hoch ins Büro folgte. Steff bereitete die Vollmachten vor, Russel Crowe fragte, ob er ihren Aschenbecher benutzen dürfe, und sie rauchten gemeinsam eine Zigarette. Er unterschrieb die Dokumente und verließ das Büro, wieder mit Handschlag und einem Lächeln, in Richtung Flughafen. Die befürchtete Veröffentlichung der Fotos haben wir verhindert. Wir forderten Unterlassung und drohten hohe Schadensersatzklagen in den USA für den Fall an, dass die Berichterstattung die Filmpremiere negativ beeinflusst hätte.

Leider habe ich, anders als Steff, Crowe nie getroffen. Steff sagt immer aus ihrer langen Erfahrung im Umgang mit unterschiedlichster Prominenz: »Die berühmtesten Menschen sind meistens die freundlichsten und bescheidensten.«

Reinhold Messner – Streit um den Tod des Bruders

2003 erschien das Buch »Die Überschreitung: Günther Messners Tod am Nanga Parbat«. Darin behauptet der Autor Max von Kienlin, dass Reinhold Messner im Juni 1970 bei einer Nanga-Parbat-Expedition von Anfang an geplant habe, den Berg zu überschreiten. Messner brach am 27. Juni 1970 vom letzten Lager zum Alleingang über die Rupal-Wand zum Gipfel auf. Die Rupal-Wand ist die höchste Steilwand der Welt und war damals noch von keinem Bergsteiger bezwungen worden. Sein Bruder Günther fasste daraufhin überraschend den Entschluss, ebenfalls allein nachzusteigen. Er hatte jedoch weder eine Biwak-Ausrüstung noch genügend warme Kleidung und Nahrung dabei. Günther schaffte es, seinen Bruder einzuholen, aber dann zeigten sich aufgrund des enormen Aufstiegstempos bald Anzeichen der Höhenkrankheit bei ihm. Reinhold und Günther erreichten am späten Nachmittag gemeinsam den Gipfel.

Wie es weiterging, blieb später hoch umstritten. Reinhold Messner erklärte, er hätte entschieden, über die etwas leichtere Diamir-Wand abzusteigen, um seinen Bruder so schnell wie möglich nach unten zu bringen. Gegen Ende des Abstiegs am übernächsten Tag habe er im Schneesturm den Kontakt zu ihm verloren und befürchtet, dass er von einer Lawine verschüttet worden sei. Reinhold Messner gelang nach mehreren Tagen der Weg zurück in die Zivilisation, zu Tode erschöpft und mit erfrorenen Zehen.

In seinem Buch behauptete Kienlin nun, Reinhold Messner habe den Berg wegen seines ehrgeizigen Ziels der Erstüberquerung des Nanga Parbat von Anfang an allein angehen wollen. Dann habe er seinen nachfolgenden Bruder noch auf der Rupal-Seite verloren, dort sei er vermutlich abgestürzt. Kienlin schrieb: »Reinhold hat seinen Bruder seinem sportlichen Ehrgeiz geopfert.« Der Vorwurf war, dass Messner den Berg übersteigen wollte und davon auch nicht abließ, als sein nachsteigender Bruder schwächelte.

Laut Reinhold Messner hatte sich die Geschichte ganz anders zugetragen: Die beiden Brüder seien zu einem Not-Biwak in der Merkl-Scharte unweit des Gipfels gezwungen worden, da ein nächtlicher Abstieg über die Rupal-Wand aufgrund des körperlichen Zustandes von Günther Messner nicht möglich schien. Reinhold Messner habe sich erst dann und nicht schon vorher für einen Abstieg über die etwas leichtere, ihm jedoch unbekannte Diamir-Wand entschieden.

Jahre danach wurden der Knochen eines rechten Wadenbeins und später weitere sterbliche Überreste sowie ein Schuh, der sich eindeutig Günther Messner zuordnen ließ, am Grund der Diamir-Wand gefunden, was Reinholds Darstellung bestätigt. Damit steht nach meiner Auffassung heute eindeutig fest, dass Reinhold Messner mit seiner Version der Ereignisse recht hatte.

Die anderslautende Version im Buch von Max von Kienlein haben wir zunächst per einstweiliger Verfügung verbieten lassen. Anschließend ging es in das Hauptsacheverfahren. Nach einer mehrere Jahre andauernden Beweisaufnahme, in deren Rahmen drei Sachverständigengutachten eingeholt wurden, hat das Landgericht Hamburg im Januar 2007 zugunsten unseres Mandanten entschieden. Dieses Verfahren war für Reinhold Messner ungemein wichtig, weil in ihm der Vorwurf ausgeräumt werden konnte, er habe mit egoistischen Handlungen den Tod seines Bruders verschuldet.

Reinhold Messner kommt eigentlich aus Sulden in Südtirol. In dieser Gegend habe ich meine ersten größeren Skitouren gemacht. Es gibt dort drei Viertausender, nämlich die Königsspitze, den Monte Cevedale und den Ortler, die ich alle von der Cassati-Hütte aus mit Skiern bestiegen habe. So habe ich reichlich Südtiroler Berggeschichten erlebt und konnte mich mit Reinhold Messner immer wunderbar austauschen.

Kronprinzessin Victoria von Schweden – Lügen über ihr Liebesleben

Es war der 15. Oktober 2003. Der Wecker klingelte. Endlich konnte ich aufstehen. Ich hatte schon Stunden wach gelegen und nachgedacht. Ich war aufgeregt. Mich beschäftigte ein wichtiger Termin, den ich an diesem Tag dreizehn Uhr beim König und der Königin von Schweden in deren Palast in Stockholm haben sollte. Ein neues Mandat, das möglicherweise richtungsweisend sein konnte. So richtungsweisend, wie vielleicht mein erster Hackethal-Fall, mein erster Lagerfeld-Fall oder mein erster Caroline-von-Monaco-Fall waren. Wenn die Fälle interessant genug waren, wenn die neuen Mandanten mit mir arbeiten wollten, und wenn ich die Prozesse gewinnen würde. Um sieben Uhr sollte die Maschine nach Stockholm starten, es war also noch genug Zeit. Unter der Dusche schaute ich das erste Mal auf die Uhr. Sie zeigte sieben Uhr.

»Alex, es ist schon sieben Uhr!«

»Ach Quatsch«, sagte meine Frau und schaute auf den Wecker, den sie am Abend zuvor für mich auf fünf Uhr gestellt hatte.

Aber es war tatsächlich sieben Uhr! Irgendwas muss beim Stellen des Weckers schiefgelaufen sein.

»Bitte ruf bei Palige an!«

Ich sprang aus der Dusche, rasierte mich eilig, während Alex mit Palige telefonierte. Das war unser wunderbarer Reisebürospezialist, der wohl schon lange bereut hat, mir seine Privatnummer und seine Handynummer gegeben zu haben, und in solchen Notfällen auch morgens um sieben Uhr angerufen werden konnte. In Minutenschnelle hatte er alle Verbindungen gecheckt mit dem Ergebnis, dass der einzige mögliche Flug über Kopenhagen erst viertel nach eins in Stockholm landen würde.

»Wie lang brauche ich von dort in die Stadt?«

»Es sind vierzig Kilometer vom Flughafen zum Königspalast, es gibt aber noch einen kleinen Flughafen in der Stadt«, sagte Palige, »wenn Sie da landen könnten … Aber nein, da dürfen nur Privatmaschinen landen.«

Privatmaschinen? Mein alter Freund Kolo hatte vor Jahren seine Autowerkstatt aufgegeben, zum Piloten umgeschult und betrieb jetzt ein Charterflugunternehmen. Seine Handynummer hatte ich gespeichert, um viertel nach sieben Uhr hatte ich ihn an der Strippe.

»Kolo, kannst Du mich jetzt gleich nach Stockholm fliegen?«

»Ja, klar. Ich bin gerade beim Frühstück. In einer Stunde können wir starten. Ich ruf Dich zurück, wenn ich alles vorbereitet habe.«

Fünf Minuten später rief er zurück: »Es genügt, wenn wir um halb zehn starten. Wir fliegen nur anderthalb Stunden und Du bist fünf Minuten später im Palast.« Okay. Da hatte ich noch Zeit, einmal um die Alster zu joggen und anschließend in meinem Tennis-Club an der Alster zu schwimmen. Das Wetter war schön. Das Leben auch. Die Katastrophe war noch einmal abgewendet.

»Sie möchten bitte dringend Alex anrufen«, sagte unsere Haushälterin Linda, als ich vom Schwimmen zurückkam.

Meine Frau fand, dass ich unseren Sohn Fidi mitnehmen sollte, der damals elf Jahre alt war. Er hatte Ferien und es wäre doch schön, wenn er mitreisen und sich Stockholm anschauen könnte.

Eine Stunde später waren wir in der Luft. Ich sah meinen Freund Kolo das erste Mal in der Uniform eines Flugkapitäns. Wir flogen in einem schicken Jet mit zwei Triebwerken, den Kolo für sein Privatflugunternehmen gechartert hatte. Dazu muss man wissen, dass es viele reiche Leute gibt, die Privatjets besitzen und die laufenden Kosten refinanzieren, indem sie die Flieger verchartern. Ein geliehenes Flugzeug war für den Unternehmer Kolo wirtschaftlicher als ein eigenes. Denn Chartergebühren musste er nur bezahlen, wenn er das Flugzeug tatsächlich auch nutzte.

Anderthalb Stunden nach dem Start landeten wir auf dem kleinen Flughafen Bromma, der nur sieben Kilometer vom Stockholmer Stadtzentrum entfernt liegt. Vor der Ankunft durften Fidi und ich unmittelbar hinter Kolo sitzen und uns den Anflug aus der Perspektive des Piloten anschauen. Er machte das richtig gut. Es folgte eine weiche Landung. Man sollte nur so reisen, wenn es nicht so teuer wäre.

Zu dritt nahmen wir ein Taxi in die Stadt. Da wir noch reichlich Zeit hatten, überredete ich den Taxifahrer zu einer kleinen Stadtrundfahrt. Dann stieg ich vor dem Palast aus. Mein Sohn fuhr mit Kolo weiter, um sich Stockholm anzuschauen. Ich wurde freundlich empfangen. Ein Uniformierter salutierte. Ein Soldat präsentierte sein Gewehr.

Die persönliche Assistentin der Königin wartete schon auf mich und führte mich in ein Konferenzzimmer. Dort standen der Hofmarschall und der Hausjurist. Dann kamen die Hauptpersonen. Die Kronprinzessin Victoria. Ein sehr nettes, aufgewecktes, junges Mädchen. Wach und spontan. Sehr witzig. Die Königin Silvia. Sehr würdig, sehr charmant, eine schöne Frau mit klugen, warmen Augen. Der König Karl Gustav.

Zunächst sehr distanziert, sagte er etwas auf Schwedisch zur Königin.

Und sie antwortete »Me? You are the boss.«

Er sollte das Gespräch beginnen. »In English, please.«

Nach einigen Aufwärmfloskeln kamen wir zum Problem, den Boulevardblättern, die mit Lügengeschichten über Royals viel Geld verdienen. Ich war vorbereitet und hatte einige deutsche Hefte aus den vergangenen Wochen dabei: *Neues Blatt*, *7 Tage*, *Echo der Frau*, *Woche der Frau*, *Frau mit Herz* – alle mit Paparazzi-Fotos und erfundenen Geschichten über die Königsfamilie.

Die Kronprinzessin war verärgert. Die Geschichten wären alle frei erfunden. Das seien doch alles Lügen. Der König war offensichtlich erstaunt, wie viele dieser Geschichten es gab, und die Königin erklärte, dass sie schon immer etwas gegen diese ständige Belästigung habe tun wollen und nun endlich genug davon hätte. Sie wollten sich jetzt wehren. Wir gingen Artikel für Artikel durch und diskutierten unterschiedliche Strategien. Ich erklärte das deutsche Recht, das französische, italienische, spanische, alle Möglichkeiten, welche die unterschiedlichen Gesetze boten. Über das Ziel waren wir uns einig – solche Lügengeschichten sollte es in Zukunft nicht mehr geben. Ich skizzierte meine Strategie. Den Gerichten würden wir eine große Auswahl ausgesuchter Fälle vorlegen. Alle denkbaren Ansprüche – Unterlassung, Gegendarstellung, Widerruf, Schadensersatz – würde ich mit äußerster Härte durchsetzen. Man könnte dann abwarten, ob die Boulevardblätter freiwillig aufhörten oder ob wir weitermachen müssten. Wir führten ein kluges, zum Teil auch kontroverses Gespräch über unterschiedliche Vorgehensweisen, aber im Wesentlichen wurden wir uns einig.

Nach zwei Stunden schüttelten wir uns die Hände und das Königspaar zog sich mit der Kronprinzessin zurück, um sich auf einen Staatsbesuch vorzubereiten. Ich blieb mit dem Hausjuristen im Konferenzraum und bereitete die erforderlichen Dokumente, also Vollmachten und andere Papiere vor.

Als er mich für zehn Minuten verließ, hatte ich erstmals Zeit mich umzusehen. Kein Prunk, kein Luxus, aber ein schönes, altes Gebäude mit hohen Räumen, schönen alten Möbeln, Ahnenbildern an den Wänden und einer Standuhr im Konferenzzimmer, die jedes Mal zur vollen Stunde laut schlug. Ein Blick aus dem Fenster auf Stockholm. Eine Stadt, die ich jetzt hoffentlich öfter sehen würde.

Wir waren gerade fertig, als ein Uniformierter von der Wache erschien: »Professor Prinz. Your Taxi is waiting.«

Die Assistentin der Königin begleitete mich zum Schlosstor hinaus. Sie war selbst auf dem Weg zu einem Anwalt, den sie konsultieren wollte, weil sie von einem Stalker verfolgt wurde. Vor der Tür stand das Taxi mit Kolo und Fidelius. Ich konnte mich kaum von der Assistentin verabschieden, als Fidi schon auf mich einstürmte.

»Wie war es, Papi?«

»Lass mich doch erst mal ins Taxi steigen, Fidi.«

Es war mir unangenehm, dass die Assistentin der Königin sah, dass ich mit einem eigenen Flugkapitän und mit Sohn angereist war. Aber egal. Im Taxi erzählten mir die beiden begeistert, wie sie Stockholm besichtigt hatten, dass sie Lachsbrötchen gekauft und das berühmte Wasa-Schiff gesehen hatten, ein dreihundertsechzig Jahre altes Holzschiff, welches vierzig Jahre zuvor aus dem Schlamm der Ostsee gehoben worden war.

Fidi war happy. Ab zum Flughafen, rein in die Maschine. Ein kaltes Bier und ein Lachsbrötchen für mich. Mein Sohn fand unsere Reise großartig.

Zurück in Hamburg besorgte ich mir alle Blätter der Regenbogenpresse, die ich finden konnte, und recherchierte die aktuellen Geschichten über das schwedische Königshaus. Ich stellte fest, dass die beiden Prinzessinnen ein sehr bewegtes Liebesleben mit ständig wechselnden Prinzen haben mussten, wenn man den Geschichten der Yellow Press glauben wollte. Bei meinem nächsten Besuch in Stockholm traf ich deshalb neben Kronprinzessin Victoria auch ihre Schwester, Prinzessin Madeleine. Ich hatte einen Berg von Fotokopien mit Titelgeschichten über die beiden dabei. Da hieß es zum Beispiel »Liebesbeziehung zum Prinzen von Jugoslawien« oder »Madeleine verliebt in Harry«. Es war mir unangenehm, die beiden jungen Frauen nach ihren angeblichen Liebesbeziehungen zu fragen. Wir kämpften uns gemeinsam durch den großen Stapel Papier und es stellte sich heraus, dass keine einzige dieser behaupteten Liebesgeschichten stimmte. In den meisten Fällen kannten die Prinzessinnen ihre angeblichen Liebhaber oder künftigen Ehemänner noch nicht einmal persönlich. Zurück in Hamburg fingen zwei Anwälte meiner Kanzlei und ich an, diese Veröffentlichungen anzugreifen. Wir wählten jedes Mal das Mittel, das bei dieser besonderen Veröffentlichung am geeignetsten erschien. Mal Gegendarstellung, mal Widerruf, mal Richtigstellung oder Schmerzensgeld. Wir versuchten, jede einzelne Veröffentlichung so schnell wie möglich für

Gegendarstellungen und Widerrufe schwedischen Königshauses: Vierhunderttausend Euro Schmerzensgeld für Verletzung durch unwahre Geschichten

die Medien so teuer und unangenehm zu machen, wie es nur ging, damit diese ständigen Verletzungen der Persönlichkeitsrechte der beiden jungen Frauen eingestellt würden. Unsere Mühen führten dazu, dass der Bundesgerichtshof eine Entscheidung des Hanseatischen Oberlandesgerichts bestätigte, indem er die Zulassung der von einer der Beklagten beantragten Revision gegen ein Urteil des Hanseatischen Oberlandesgerichts (Az. 7 U 4/08) ablehnte, mit dem Prinzessin Madeleine von Schweden 400 000 Euro Schmerzensgeld zugesprochen wurden. Diese 400 000 Euro sind nach meiner Kenntnis bis heute der höchste Betrag, der jemals in Deutschland in einer Mediensache gerichtlich festgelegt wurde. Noch höhere Beträge, die angeblich in anderen Verfahren erzielt wurden, errechnen sich inklusive Zinsen. Auch in unserem Fall kamen natürlich auf die hohe Summe noch die Zinsen sowie Gerichts- und Anwaltskosten obendrauf, sodass der Klägerin insgesamt ein noch höherer Betrag zugesprochen wurde. Das ist auch heute noch der höchste Betrag, der jemals in einer Presserechtssache vor Gericht entschieden wurde. Außergerichtlich gab es noch wesentlich höhere Beträge.

Anwalt in Wirtschaftsangelegenheiten

Die ständige Befassung mit Paparazzi-Fotos langweilte mich allmählich. Ich begann daher, meine Kampfzone auf andere Rechtsgebiete auszuweiten und bezog Gesellschafts- und Kapitalmarktrecht mit ein. Das führte dazu, dass ich von nun an öfter die Hauptversammlungen deutscher Aktiengesellschaften besuchen musste. Diese Veranstaltungen haben immer etwas von »Shoot out on Main Street«. Da sitzen die Vorstands- und Aufsichtsratsmitglieder auf einem Podium und werden von Aktionären oder deren Vertretern beschimpft. Die Redner sind meist kompetent und haben früher selbst für das Unternehmen gearbeitet oder irgendein persönliches Problem mit dem Unternehmen.

Ich saß bei den Veranstaltungen regelmäßig in der ersten Reihe und prüfte, ob ein Redner falsche Tatsachen behauptete, gegen die der Vorstand vorgehen musste. Zu meinen Auftraggebern gehörten zahlreiche deutsche DAX-Konzerne. Wenn ich einen Hinweis auf eine rechtswidrige Äußerung hatte, las ich umgehend das Protokoll, das auf jeder Hauptversammlung geführt wird, und bereitete zunächst Unterlassungsansprüche vor, die ich dann am besten noch während der Hauptversammlung den Mandanten vorschlagen konnte.

Einer der von mir betreuten Vorstandsvorsitzenden ärgerte sich ständig über die unwahren Äußerungen eines bestimmten Aktionärs. Immer wieder musste ich per einstweiliger Verfügung gegen dessen Aussagen vorgehen. Das passierte schließlich so oft, dass der querulantische Aktionär mich eines Tages in der Kaffeepause der Hauptversammlung ansprach: »Sie können Ihrem Auftraggeber sagen, er kann sich beruhigen. Ich werde heute kein Wort sagen. Mir wird das zu teuer.«

Die Teilnahme an den Hauptversammlungen war mir für die Mandatsbetreuung immer sehr wichtig, weil man dabei innerhalb kurzer Zeit tiefe Einblicke in das Unternehmen bekommt. Wenn man auf einer Hauptversammlung von Anfang bis Ende zuhört, erfährt man als Medienexperte schnell, wo die nächsten Probleme lauern, und kann sich darauf vorbereiten.

Unsere Beauftragung lief häufig an den Hausanwälten und der Rechtsabteilung vorbei. Es war meist der Vorstandsvorsitzende oder Aufsichtsratsvorsitzende selbst, der anrief, weil er uns gern als Wunderwaffe einsetzen wollte, um negative Medienberichterstattung mit allen Konsequenzen für den Aktienkurs und den Ruf des Unternehmens zu minimieren. Das gefiel den Mitarbeitern der Rechtsabteilungen nicht immer. Den größten Widerstand erlebte ich bei einem bekannten DAX-Konzern, als ich den Leiter der Rechtsabteilung anrief, um meine Mitarbeit bei einem Korruptionsskandal anzukündigen.

Er fragte: »Wer hat Sie denn beauftragt? Wir haben doch noch nie zusammengearbeitet.«

Ich erklärte ihm, dass sein Vorstandsvorsitzender mich am Wochenende auf meinem Handy angerufen hatte.

»Mein Vorstandsvorsitzender vergibt keine Anwaltsmandate! Und woher hat er ihre Handynummer?«

Erst als ich vorschlug, dass wir seinen Chef auf dessen Handy – ich hatte natürlich die Nummer – gemeinsam anrufen sollten, um diese Frage zu klären, gab er auf. Später habe ich mich dann mit dem anfangs so unwilligen Chefjustiziar arrangieren können.

So ähnlich wie dort lief es mit vielen Konzernjuristen und Kommunikationschefs von Konzernen. Wir waren unabhängige Einzelkämpfer, eine Art Task Force, die eingesetzt wurde, wenn es um einen Skandal und das Bild des Unternehmens in der Öffentlichkeit ging. Aufgrund meiner langjährigen Erfahrung wusste ich, dass in solchen Situationen erst einmal das Unternehmen selbst aufklären musste, was der Hintergrund eines angeblichen Skandals war. Sind die Vorwürfe berechtigt? Und wenn ja, wer ist dafür verantwortlich?

War dies geschehen, gingen wir bei der Lösung von Problemen und deren Kommunikation ganz anders vor als die Kollegen der Wirtschaftsrechtskanzleien, die typischerweise Hauptversammlungen bevölkern. Unser entscheidender Vorteil bestand darin, dass wir ziemlich zuverlässig abschätzen konnten, was in einem Gerichtsverfahren herauskommt. Während es sonst heißt »Vor Gericht und auf hoher See ist man in Gottes Hand«, weil gerichtliche Entscheidungen nicht prognostizierbar sind, waren wir uns im Presse- und Medienrecht oft sicher, wie eine Sache ausgeht. Bei den über zehntausend mündlichen Verhandlungen, die ich geführt habe, bekommt man mit den Jahren einen Sensus, ob man ein Verfahren gewinnt oder verliert. Natürlich habe ich mich auch immer mal wieder geirrt, aber einige Bereiche wie einstweilige Verfügungen gegen Aussagen auf Hauptversammlungen blieben über die Jahre fehlerlos. Keine einzige einstweilige Verfügung, die wir dort erstritten haben, ist jemals wieder aufgehoben worden.

Bei der Annahme neuer Mandate war es mir immer wichtig, den Mandanten zu verstehen und zu sehen, wie sein Unternehmen funktioniert. Das gelingt auch durch Teilnahme an den Hauptversammlungen, manchmal braucht man aber mehr, wie zum Beispiel eine Führung durch den Betrieb. Ich war immer ein großer Fan von Fabrik- beziehungsweise Firmenbesichtigungen. Wenn man sich die Firma eines potenziellen Mandanten anschaut, bekommt man ein Gefühl für die jeweiligen Besonderheiten. Ich war bei Müller Milch in Aretsried, einem Dorf, in dem der kämpferische Alois Müller seine Jugend verbracht hatte. Es schien mir, als ob aus der elterlichen Molkerei von Alois Müller die Milch geradezu herausquellen würde. Einen ganz ähnlichen Eindruck gewann ich auch in Warstein. Auch dort hat man den Eindruck, dass die gesamte Stadt für die Firma gebaut wurde und Warstein eine Brauerei mit angeschlossener Stadt ist. Außer bei Müller Milch und Warstein war ich auch beim AWD, bei Porsche, VW, Scania, MAN, EnBW, Edeka, den deutschen Großbanken, Jägermeister und vielen weiteren Unternehmen vor Ort, um mein Verständnis der Unternehmen und ihrer Besonderheiten zu verbessern.

Ron Sommer – Löwen zeigen keine Schwäche

Unter dem Dach der Deutschen Bundespost gab es früher die Deutsche Bundespost Postbank, den Deutsche Bundespost Postdienst und die Deutsche Bundespost Telekom. 1994 wurden diese drei Bereiche privatisiert. Ron Sommer wurde von der Bundesregierung mit der Mammutaufgabe betraut, die Deutsche Telekom AG zu leiten und an die Börse zu bringen. Er hatte einen genialen Kommunikationschef, Jürgen Kindervater, dessen wichtigste Aufgabe darin bestand, die Telekom als Marke zu etablieren sowie den Börsengang vorzubereiten. Kindervater erfand das »T« als Markensymbol, Magenta als Telekom-Markenfarbe, ließ den Jingle komponieren, den heute jeder aus der Werbung kennt, und initiierte die große Kampagne zum Börsengang der »Volksaktie«. Privat war

Kindervater ein begeisterter Radfahrer. Sein Engagement für das Team Telekom hatte allerdings nicht nur diesen Grund, sondern war sehr rational. Genau wie die Farbe Magenta war auch der Profi-Radsport nicht besonders populär, Kindervater wollte die Telekom-Farbe und den Sport aus der Nische holen. Das war für mich als Radfahrer und Triathlet natürlich sehr verlockend. Kindervaters Erfindung der T-Marke und Ron Sommers Mut, in den USA zu investieren, sind der Schlüssel zum Telekom-Erfolg der letzten Jahre.

Im Mai 2000, vor der Eröffnung der Weltausstellung in Hannover, steckte die Expo GmbH in Problemen mit ihrem »Weltpartner« Deutsche Telekom. Die Expo hatte sich Yahoo als weiteren Sponsor gesichert, der als »Produktpartner« auftreten sollte. Die Telekom hatte über 100 Millionen Euro in den Auftritt inklusive der Werbung als »Weltpartner« investiert. Wir verklagten die Expo GmbH auf Unterlassung jeglicher Zusammenarbeit mit Yahoo. Am 21. Mai, also neun Tage vor der Expo-Eröffnung, erließ das Gericht eine einstweilige Verfügung, welche der Expo die weitere Zusammenarbeit mit Yahoo als »Produktpartner« verbot. Die Expo legte Widerspruch ein und wir verhandelten schon am nächsten Tag weiter. Wir gewannen das Verfahren und es kam in der Folge zu einer Einigung, welche der Expo rechtzeitig eine gesichtswahrende Lösung ermöglichte.

Mein erstes Zusammentreffen mit Ron Sommer hatte ich bei einem der regelmäßigen Mallorca-Trainingswochenenden, die Jürgen Kindervater mit dem Team Telekom, dem Telekom-Management und zum Teil auch mit interessierten Journalisten durchführte. Ich hatte zu dieser Zeit einen Bandscheibenvorfall, den ich allerdings verheimlichte, weil ich bei diesem Termin unbedingt dabei sein wollte.

Beim Frühstück im Hotel fiel mir auf, dass Ron Sommer ziemlich schlecht aussah und humpelte. Auch er hatte offenbar starke Schmerzen. Aber auch er traute sich nicht, darüber zu sprechen – oder gar das Radfahren abzusagen. Er wollte keine

Schwäche zeigen. Über diese Scheu hatte ich zuvor schon lange mit Kajo Neukirchen gesprochen, dem Sanierer der Metallgesellschaft. Er hatte sich nach einem Bandscheibenvorfall unter falschem Namen ins Krankenhaus einliefern lassen, damit niemand merkt, dass er nicht im Vollbesitz seiner Kräfte war. Neukirchen und ich waren uns einig: Wenn der Löwe Schwäche zeigt, holen ihn die Hyänen. Das hat sich später auch bei Ron Sommer gezeigt. Er wurde in den Wahlkampf zum Bundestag hineingezogen und für die Kursverluste der Telekom-Aktie infolge der Börsenkrise 2001 verantwortlich gemacht.

Mitten im Bundestagswahlkampf 2002 sah ich im Fernsehen eine Talkshow mit Edmund Stoiber. Er wollte Bundeskanzler werden. In dieser Talkshow erklärte er, was die Regierung unter Kanzler Gerhard Schröder seiner Meinung nach alles falsch gemacht habe. Als Musterbeispiel nannte er die »Volksaktie« der Telekom. Mir war klar, dass dies der Beginn eines Trends werden würde. Die stark beworbene Telekom-Aktie war allen präsent. Viele Bürger hatten nach dem Kurssturz Geld verloren. Es war naheliegend, dass jemand mit einer Neigung zum Populismus auf dieses Thema aufspringen und es entsprechend reiten würde.

Unter den Zuschauern im Fernsehstudio erkannte ich meinen alten Freund Michael Spreng, der viele Jahre Chefredakteur der *Bild am Sonntag* gewesen war. Am nächsten Morgen rief ich ihn an und fragte ihn geradeheraus, ob er Stoiber im Wahlkampf beraten würde. Das bejahte er.

»Lasst mir bitte meinen Ron Sommer in Frieden! Der Mann ist ein Genie und leistet Großes für unser Land«, bat ich ihn.

Doch meine Initiative bewirkte leider gar nichts. Zwei Monate vor der Bundestagswahl im September 2002 trat Sommer zurück. Ich war immer ein Feind von Rücktritten. Aber Ron Sommer stand seinerzeit wegen des Kursverfalls der »Volksaktie« unter so starkem öffentlichem Druck, dass ich seine Reaktion nachvollziehen konnte. Aus langfristiger und heutiger Sicht war Sommer fraglos überaus erfolgreich für die Telekom. Er hat die Privatisierung samt

Börsengang vollzogen und das US-Geschäft gekauft, das heute unstreitig die überwiegende Einkommensquelle des Unternehmens ist.

Einen für Sommer wichtigen Prozess führten wir noch während seiner Zeit als Telekomchef. Auf dem Titel der *Wirtschaftswoche* vom 14. September 2000 wurde eine Person mit den Gesichtszügen Ron Sommers abgebildet, die auf einem magentafarbenen, zerbröckelnden T saß. Der Telekomchef sah zudem in der Fotomontage wesentlich schlechter aus als auf dem verwendeten Originalfoto. Sein Körper war schwergewichtiger und die Person für Ron Sommer untypisch gekleidet. Die Manipulation des Kopfes und die Verwendung eines fremden Körpers waren für den Betrachter nicht ohne weiteres zu erkennen. Unsere von Jürgen Kindervater inspirierte Klage gegen diese negative Darstellung führte zu einem jahrelangen Rechtsstreit.

Mit einstweiliger Verfügung vom 26. September 2000 verbot das Landgericht Hamburg der *Wirtschaftswoche* die Verbreitung dieser Fotomontage. Das Blatt legte erwartungsgemäß Widerspruch ein. Daraufhin hob das Landgericht Hamburg die einstweilige Verfügung mit Urteil vom 3. November 2000 wieder auf. Das Hanseatische Oberlandesgericht gab unserer folgenden Berufung statt und ordnete die einstweilige Verfügung mit Urteil vom 30. Januar 2001 wieder an. Das war das Verfügungsverfahren. Weiter ging es im Hauptsacheverfahren.

Die *Wirtschaftswoche* reichte eine negative Feststellungsklage beim Landgericht München ein, dass sie nicht zum Unterlassen der Veröffentlichung dieser Fotomontage verpflichtet sei. Das war ein juristischer Trick unserer Gegnerin, die sich auf diese Weise der Zuständigkeit des Landgerichts Hamburg zu entziehen versuchte. Wir legten daraufhin Hauptsache-Klage beim Landgericht Hamburg ein und die *Wirtschaftswoche* musste ihr Verfahren in München für erledigt erklären, weil unsere in Hamburg erhobene Leistungsklage die Münchner Feststellungsklage erledigte. Dieser Fall ist ein Musterbeispiel dafür, wie beide Seiten alle prozessualen Kunstgriffe ausnutzen, um ihren Mandanten zum Recht zu verhelfen. Bei seiner Kostenentscheidung folgte das Landgericht München später dem Hanseatischen Oberlandesgericht und beschloss, dass die *Wirtschaftswoche* die Prozesskosten zu tragen habe.

Im nun nur noch in Hamburg anhängigen Hauptsacheverfahren verbot das Landgericht Hamburg der *Wirtschaftswoche* die Veröffentlichung der Fotomontage mit Urteil vom 6. Juli 2001. Die Berufung wies das Hanseatische Oberlandesgericht mit Urteil vom 12. Februar 2002 zurück. Mit Urteil vom 30. September 2003 hob der Bundesgerichtshof die Hamburger Urteile auf und wies die Klage insgesamt ab. Auf unsere Verfassungsbeschwerde hin entschied das Bundesverfassungsgericht am 14. Februar 2005, dass das Urteil des Bundesgerichtshofs Ron Sommer in seinem allgemeinen Persönlichkeitsrecht verletzt und verwies den Rechtsstreit an den Bundesgerichtshof zurück. Mit Urteil vom 8. November 2005 hob der Bundesgerichtshof das Urteil des Hanseatischen Oberlandesgerichts vom 12. Februar 2002 auf und wies die Sache zur neuen Verhandlung und Entscheidung nach Hamburg zurück. Mit Urteil vom 30. Oktober 2007 entschied das Hanseatischen Oberlandesgericht erneut, dass die Fotomontage rechtswidrig war, wies die Berufung gegen das Urteil des Landgerichts zurück und ließ eine Revision nicht zu. Die *Wirtschaftswoche* legte dagegen Nichtzulassungsbeschwerde beim Bundesgerichtshof ein, welche am 28. November 2008 zurückgewiesen wurde.

Der Fall ist auch ein gutes Beispiel dafür, wie lange sich Prozesse hinziehen können. Gewinnen kann man nur, wenn man einen langen Atem und eine gute Strategie hat.

Der Medienberichterstattung konnten wir später entnehmen, dass die *Wirtschaftswoche* anschließend noch eine erfolglose Verfassungsbeschwerde beim Bundesverfassungsgericht angestrengt hatte. Die war so erfolglos, dass wir vom Bundesverfassungsgericht noch nicht mal um Stellungnahme gebeten wurden. Die von uns damals erstrittenen Urteile sind heute wichtig, weil sie die Grenzen der zulässigen Fotomanipulation definiert haben und daher gerade im Internet von hoher Relevanz sind.

Ich hatte bei solch langwierigen Verfahren häufig den längeren Atem, weil ich mir gemeinsam mit Manfred Engelschall überlegen konnte, was denn am Ende das »richtige« Ergebnis sein könnte. Natürlich waren das keine Insiderinformationen im eigentlichen Sinne, weil Manfred und ich die beteiligten Richter ja nicht kannten. Aber er wusste, wie Richter denken und fühlen, und hat uns mit seinem großartigen Judiz, seinem spezifischen Urteilsvermögen, entsprechend gut vorbereitet. All das geht nicht ohne das Vertrauen der Mandanten in ihren Anwalt, trotz zwischenzeitlicher Niederlagen nicht aufzugeben.

Team Telekom – Wenn Freunde lügen

In seiner Nummer 24 des Jahres 1999 verbreitete der *Spiegel* kurz vor Beginn der Tour de France einen Artikel mit der Überschrift »Die Werte spielen verrückt«. Darin hieß es, im Team Telekom würde genauso systematisch und umfassend gedopt wie bei der gesamten Konkurrenz im Radsport. Die Teamleitung, die Radsportler und die Kommunikationsabteilung der Telekom waren in hellem Aufruhr. Alles unwahr! Wir machten das Übliche, forderten Unterlassung und Widerruf. Wir bekamen eidesstattliche Versicherungen von Fahrern, Teamleitung und Ärzten, die alle beschworen, dass im Team Telekom nicht gedopt wurde. Nach kurzem Streit gab es einen Waffenstillstand und wir einigten uns mit dem *Spiegel*, dass dieser den Doping-Vorwurf unterlässt, solange keine neuen Erkenntnisse vorliegen. Die neuen Erkenntnisse kamen dann ein paar Jahre später. Jef D'hont, ein ehemaliger belgischer Masseur der Mannschaft, unterstellte dem Team im April 2007 in seinem Buch »Memoires van een wielerverzorger«, das übrigens nie auf Deutsch erschienen ist, systematisches Doping. Daraufhin beichtete ein Fahrer nach dem anderen, dass er doch gedopt habe. Für uns war das eine Katastrophe. Alle hatten bis dahin versichert, nie mit Hilfe unerlaubter Mittel die Rennen bestritten zu haben. Die vielen eidesstattlichen Versicherungen von Fahrern und Ärzten, die ursprünglich zu einstweiligen Verfügungen geführt hatten, stellten sich nun alle als unwahr heraus.

Jedes Jahr im Januar hatte ich mit den Ärzten und den Sportlern zur Saisonvorbereitung eine Woche lang auf Mallorca verbracht. Wir radelten zusammen, ließen sportärztliche Untersuchungen an uns durchführen, tranken abends ein Bier miteinander. Nie hätte ich gedacht, dass mich all diese Radsportfreunde belogen hatten, als sie mir zur Vorlage bei Gericht eidesstattlich versicherten, dass im Team Telekom nie systematisch gedopt wurde.

Nachdem das Doping aufgeflogen war, bekam ich Besuch von einem der leitenden Ärzte aus der Sportmedizin der Universität Freiburg. Ich machte ihm Vorwürfe, weil er mich angelogen hatte. Er wehrte sich nur schwach und erzählte, wie er als junger Assistenzarzt und Sportmediziner ins Uniklinikum Freiburg gekommen war. Nach einer Weile habe er festgestellt, dass die Radsportler dort gedopt wurden. Das sei im Rennsport seit Jahren üblich gewesen. Er habe lange an seiner Berufswahl gezweifelt. Vor allem aber habe er Angst gehabt, dass einer seiner Schützlinge tot vom Rad fallen könnte. Daher habe er sich entschieden, bei dem Doping mitzumachen, jedoch die eingenommenen Mengen und gesundheitlichen Folgen sorgfältig zu kontrollieren.

Ich war mit der Telekom nicht nur auf Mallorca, sondern auch bei zahlreichen großen Radrennen wie zum Beispiel der Tour de France, der Vuelta in Spanien oder bei Mailand–San Remo. Bei der Tour de France sind wir am frühen Morgen auf einen der berühmten Berge wie den Col du Tourmalet oder den Mont Ventoux geradelt. Oben gab es meist ein Barbecue und eine Massage, während wir auf das Feld der Profis warteten. Zu der kleinen VIP-Gruppe, zu der Jürgen Kindervater persönlich einlud, gehörten zum Beispiel der damalige SPD-Chef und Verteidigungsminister Rudolf

Scharping, der später mein Mandant wurde, sowie Uschi Disl, die ehemalige Biathletin. Es ging fröhlich und sehr sportlich zu. Ich habe solche Events immer geliebt. Sie sind etwas Besonderes, weil man sie nicht kaufen kann, sondern eingeladen werden muss.

Warsteiner – Ein Bier und eine Unterstellung

Ein Mandat der berühmten Brauerei Warsteiner? Da muss ich natürlich hin und mir das einmal anschauen. Eine Brauerei mit angeschlossener Stadt. Ich traf mich mit dem Patriarchen Albert Cramer. Es ging um einen Bericht im *Manager Magazin* über angebliche Managementfehler. Darin wurde die Behauptung aufgestellt, dass in den Produkten der Brauerei mehr Alkohol als in anderen Bieren wäre, um den Konsum anzukurbeln. Wir klagten gegen das *Manager Magazin.*

Auf dem Weg zur Gerichtsverhandlung hielt ich an einer Tankstelle und kaufte ein Dutzend verschiedener Flaschenbiere und Bierdosen. Es bestätigte sich, was ich schon vorher wusste. Diese Biere enthielten bis auf minimale Abweichungen genauso viel Alkohol wie Warsteiner. In der mündlichen Verhandlung stellte ich dann eine Marke nach der anderen auf den Tisch und führte aus: »Hier ist Jever, das enthält 4,9 Prozent, hier ist Flensburger – 4,8 Prozent, Warsteiner – 4,8 Prozent …« – Nachdem wir so bewiesen hatten, dass die Biere alle einen ähnlichen Alkoholgehalt hatten, gewannen wir das Verfahren und fuhren mit unseren Beweismitteln zurück in die Kanzlei. Dort veranstalteten wir mit allen Mitarbeitern eine Bierprobe. Wir nahmen die unterschiedlichen Biersorten, verbanden uns die Augen und probierten eins nach dem anderen. Ich erinnere mich nicht, welche Marke nach Geschmack gewann, aber ich war sehr beeindruckt von der Bandbreite unterschiedlicher Geschmäcker.

Thomas Borer – Botschafter in flagranti erwischt?

Unmittelbar an der Berliner Mauer stand in DDR-Zeiten das Gebäude des Schweizerischen Generalkonsulats für die DDR. Ab 1992 war es eine Außenstelle der Bonner Botschaft. Ende der 90er wurde aufwändig um- und angebaut, ab 2000 war es wieder offizielle Botschaft. 1999 wurde Thomas Borer zum Botschafter der Schweiz in Deutschland ernannt und residierte ab dem Jahr 2000 als erster Botschafter der Nachkriegszeit wieder in dem Gebäude in Berlin. Seine Frau, die US-Amerikanerin Shawn Borer-Fielding, war eine frühere Miss Texas. Das Paar gehörte zur sich schnell entwickelnden Prominenten-Szene der neuen gesamtdeutschen Hauptstadt.

Unser erster Fall für das Paar war eine Fotomontage. Das Berliner Stadtmagazin TIP hatte den Kopf der Botschafter-Gattin auf den Körper eines prallen Pin-Ups mit nacktem Oberkörper montiert. Wir gewannen das Verfahren, aber das fröhliche Botschafter-Ehepaar hielt uns noch weiter in Atem. Im Januar 2002 fuhr Thomas Borer in seine Tiefgarage in der Schweizer Botschaft. Auf dem Beifahrersitz saß eine junge Dame, die nicht seine Gattin war und sich in der Folge intensiv an ihm zu schaffen machte. Es war eine Falle, jedenfalls erschien »zufällig« ein Fotograf im Parkhaus und fotografierte das Paar in flagranti. Die Bilder erschienen unter anderem in der Schweizer Zeitung *Blick*. Thomas Borer musste in der Folge als Schweizer Botschafter zurücktreten. Das Ganze war wohl ein abgekartetes Spiel gewesen Das Blatt musste sich in der Folge entschuldigen, hat sogar den Chefredakteur entlassen. Wir konnten daher für Thomas Borer später ein ziemlich hohes Schmerzensgeld erstreiten.

Ferdinand Piëch – Ein bodenständiger Visionär

Mein Interesse an Wirtschaftsmandaten und mein offensichtlicher Erfolg bei der Zusammenarbeit mit Unternehmenspatriarchen und Vorstandsvorsitzenden führte dazu, dass mich eines Tages der größte aller Vorstandsvorsitzenden anrief – der Volkswagen-Chef Ferdinand Piëch.

»Pieäääch«, meldete er sich gedehnt mit seinem österreichischen Dialekt am Telefon. »Herr Professor Prinz, ich würde Sie gerne einmal kennenlernen. Haben Sie Lust, mich in Salzburg zu besuchen?«

Natürlich wollte ich das und reiste in die Mozartstadt. Was für eine Ehre, den großen Ferdinand Piëch kennenzulernen und möglicherweise mit ihm arbeiten zu können.

Es war kurze Zeit, bevor Piëch das Zepter bei VW an seinen Nachfolger Bernd Pischetsrieder übergab. Aus diesem Anlass fuhr er 2002 selbst am Steuer eines Prototypen des berühmten Ein-Liter-Autos vom Firmensitz Wolfsburg zur Hauptversammlung nach Hamburg. Das Ein-Liter-Auto hatte Piëch entwerfen lassen, um zu beweisen, dass so ein Fahrzeug technisch möglich ist. Doch die Kunden waren für ein solches Auto nicht zu begeistern, es wurden 2014 nur zweihundert Exemplare in einer Kleinserie gebaut. Die Karosserie war pfeilförmig, die beiden Sitze waren nicht neben-, sondern hintereinander platziert. Auf der Rückfahrt von der Hauptversammlung, auf der Piëch den Vorstandsvorsitz abgegeben hatte, saß dann Pischetsrieder vorn am Steuer. Eine Symbolik durch Fahrzeugnutzung, die ich in den kommenden Jahren noch häufig kennenlernen durfte. Piëch überlegte sich immer ganz genau, welches Auto er zu welchem Auftritt nutzte. In diesem Fall war es das zweisitzige Modell mit hintereinander liegenden Sitzen.

Ferdinand Piëch war ein genialer Manager. Er kaufte für den VW-Konzern eine Fahrzeug-Marke nach der anderen – Bentley, Lamborghini, Bugatti, Ducati, MAN, Scania, Navistar. Gleichzeitig brachte er die Autos auf ein immer höheres technisches Niveau. Wenn Ferdinand Piëch das Gefühl hatte, VW müsste einen SUV in der Modellpalette haben, kaufte er sich privat alle SUVs, die auf dem Markt waren. Genauer – seine Frau Ursula kaufte die Autos, Piech schenkte ihr das Geld für den Kaufpreis. In Salzburg fuhr er dann so lange mit den Autos herum, bis er verstanden hatte, worauf es bei so einem Fahrzeug ankommt, was ein SUV von VW daher leisten und wo ein Modell aus Wolfsburg besser und innovativer sein müsste.

So entstanden auch der Tiguan, der Tuareg und der Pickup Amarok. Als ich Piëch einmal in Salzburg besuchte, lieh er mir einen Amarok, den ich das ganze Wochenende fahren durfte. Das Auto war so groß, dass ich mich gar nicht in die engen Straßen der Salzburger Innenstadt traute. Aber es war ein technisch hervorragendes Fahrzeug. Manche Designer amüsierten sich über Piëchs Abneigung gegen Fugen in den Karosserien. Er wollte, dass die Fahrzeuge windschnittig waren und elegant aussehen. Daher sollten zwischen den einzelnen Metallteilen möglichst wenige Fugen klaffen.

Vor einiger Zeit sah ich mir gemeinsam mit einem ehemaligen VW-Topmanager einen ID.7 an – ein neues VW-Elektroauto.

»Fugen, wo man hinschaut«, sagte der VW-Mann, »früher hätten wir uns nicht getraut, solche Autos zu bauen.«

Unternehmen sind dann besonders erfolgreich, wenn sie von Managern geführt werden, die das hergestellte Produkt kennen, lieben und verstehen. Piëch war ein fanatischer, konsequenter Konstrukteur, der an vielen Fronten zugleich kämpfte. Eine beeindruckende Unternehmerpersönlichkeit.

»Lieber Herr Professor Prinz, das machen wir mit ruhiger Hand«, lautete eine seiner Lieblingsformeln in unserer Zusammenarbeit. Er unterstellte mir neben juristischer Expertise auch wirtschaftlichen Sachverstand, daher ging die Beratung zum Glück weit über Presserechtliches hinaus.

Anfang Juli 2005 rief Ferdinand Piëch mich an und sagte: »Herr Hartz braucht Ihre Hilfe. Rufen Sie ihn doch bitte gleich an.«

Ich war beim Joggen an der Alster, hatte aber schon mit einem Anruf aus Wolfsburg gerechnet und mein Telefon mitgenommen, weil ich ein paar Tage nichts von Ferdinand Piëch gehört hatte. In den Medien kursierte der Vorwurf, dass VW-Betriebsräte gemeinsam mit dem Personalvorstand Peter Hartz auf Kosten des Konzerns Prostituierte nach Hannover einfliegen ließen, um sich dann mit ihnen zu vergnügen. Hartz bat mich, schnell nach Wolfsburg zu kommen.

Als ich in seinem Büro saß, war er ganz entspannt, zeigte mir Gruppenfotos von einer Reise mit seinen Betriebsräten nach Indien. Ein fröhliches Foto, auf dem alle herzlich lachten. So sei die Stimmung auf solchen Reisen, erzählte er. Wenn man dann zufällig abends einen Betriebsrat an der Rezeption träfe, der sich vielleicht woanders amüsiert hatte, denke sich keiner etwas Böses.

Am nächsten Morgen erhielt ich wieder einen Anruf von Volkswagen. Diesmal war es der Kommunikationschef, der mich dringend um einen Besuch in Wolfsburg bat. Die *Bild*-Zeitung hatte auf ihrer Seite Zwei den Schattenriss einer Person abgedruckt, die durchaus Peter Hartz sein konnte. Dazu hieß es sinngemäß: »Dieser Mann lässt Prostituierte auf VW-Kosten einfliegen«. Bei VW lag eine Anfrage von *Bild* vor, ob es sich bei diesem als Schattenriss abgebildeten Mann um Peter Hartz handele.

Als ich in Wolfsburg eintraf, empfing mich der Kommunikationschef Dirk Große-Leege schon auf dem Flur mit dem *Bild*-Brief und dem Artikel in der Hand. Der Chef der Rechtsabteilung, Michael Ganninger, ein hervorragender Konzernjurist, mit dem ich sehr gern zusammengearbeitet habe, und ich entschieden, dass wir gemeinsam zu Peter Hartz gehen und ihm den Ernst der Lage erklären sollten. Meine Sorge in diesem Moment war durchaus, dass er sich unter dem Druck dieser furchtbaren Geschichte aus dem Fenster stürzen könnte, sein Büro lag immerhin im obersten Stock des VW-Hochhauses. Ich war heilfroh, dass Michael Ganninger mit mir in das Büro ging.

Wir zeigten Hartz den *Bild*-Artikel und die *Bild*-Anfrage. Er war relativ gefasst und erklärte uns seine persönlichen Motive, die hier niemanden etwas angehen. Wir entwarfen gemeinsam seinen Rücktrittsbrief. Damit war die Angelegenheit zunächst einmal erledigt.

Mit Ferdinand Piech im Prozess gegen VW-Manager Gebauer: Man hätte im Gerichtssaal das Fallen einer Stecknadel hören können

Es folgten ein Straf- und Ermittlungsverfahren gegen Hartz sowie weitere an den Reisen beteiligte Personen. Es gab – ohne das Wissen von Hartz – offenbar tatsächlich Betriebsräte, die Wohnungen und Frauen in Hannover oder Braunschweig auf Kosten von VW teilten. Hans Leyendecker kommentierte das in der *Süddeutschen Zeitung* mit den Sätzen: »Das schweißt zusammen. So entstehen Männerfreundschaften!«

Einer der beschuldigten Betriebsräte wollte mich beauftragen, Unterlassungsansprüche gegen die *Bild*-Zeitung und andere Blätter durchzusetzen.

Ich hatte ein schlechtes Gefühl und rief vorsichtshalber Ferdinand Piëch an. Was er denn davon halte?

Piëch antwortete: »Kennen Sie seine Frau? Der wird Ihnen jeden Meineid schwören, dass er nichts mit einer Prostituierten hatte!«

Ich lehnte das Mandat ab. Ein anderer, von mir hoch geschätzter Kollege hat sich später mit diesem Mandanten und dessen eidesstattlicher Versicherung vor Gericht ziemlich blamiert. Der Schwur hat sich erwartungsgemäß als falsch herausgestellt.

Höhepunkt der ganzen Affäre war das Strafverfahren gegen den Betriebsratsvorsitzenden Volkert und den VW-Manager Gebauer, der die Rechnungen für die Damen abgezeichnet hatte. Piëch trat als Zeuge auf. Ich war sein juristischer Begleiter. Vorher hatte ich mit dem Gerichtspräsidenten abgemacht, dass wir durch den Hintereingang in das Gerichtsgebäude kommen würden, um nicht an den wartenden Journalisten und Fotografen vorbei zu müssen.

Doch Piëch lehnte meinen Vorschlag ab: »Ich gehe nie durch die Hintertür!«

Am Morgen der Verhandlung standen über hundert Journalisten und Fotografen vor der Tür des Landgerichts. Damit er wenigstens heil in den Gerichtssaal kommen konnte, hatte ich den Konzernsicherheitsdienst informiert, der ihm den Weg in den Gerichtssaal bahnte.

Piëch hatte sich – wie immer – Gedanken über das für die Anreise geeignete Auto gemacht und sich für einen nagelneuen Tiguan entschieden, der gerade auf den Markt gekommen war und den der Konzernchef bei dieser Gelegenheit bewerben wollte. Uschi Piëch, seine Ehefrau und wichtigste Beraterin, fuhr das Auto. Piëch saß auf dem Beifahrersitz, ich saß hinten. Dutzende von Reportern fotografierten uns beim Aussteigen und der Tiguan erzielte die erwünschte Aufmerksamkeit. Wir betraten den Gerichtssaal durch die offizielle Eingangstür, begleitet von Herren der Konzernsicherheit, und setzten uns nebeneinander auf die Zeugenbank. Unseren Auftritt beschrieb das *Handelsblatt* am nächsten Tag unter der Überschrift »Der König und die lästigen Untertanen«.

Die Chance, in einem Prozess erfolgreich zu sein, hängt vor allem davon ab, wie sorgfältig man sich vorbereitet. In diesem Fall hatten wir viel Aufwand betrieben. Der Zeuge war in Topform. Zunächst las er eine Stellungahme vor, die wir gemeinsam formuliert hatten. Darin wies er darauf hin, dass der Volkswagenkonzern weltweit über sechshunderttausend Mitarbeiter beschäftigt, mehr als

Hannover Einwohner hat. Es sei vollkommen unmöglich, eine Firma mit so vielen Menschen so zu führen und sicher zu sein, dass niemand etwas Unrechtes tut. Der Bürgermeister von Hannover könne auch nicht verhindern, dass es unter der Stadtbevölkerung Falschparker, Diebe oder Betrüger gibt. Piëch hatte damit deutlich gemacht, wie verschwindend gering die Wahrscheinlichkeit ist, als Führungskraft auf der obersten Ebene im normalen Geschäftsbetrieb dieses Mammutkonzerns darauf zu stoßen, dass irgendwo Geld für Prostituierte abgezweigt wird.

Nach der Verlesung der Stellungnahme kamen die Verteidiger der Angeklagten zu Wort.

»Herr Professor Piëch, wenn Sie neue Unternehmen dazukaufen, wie Bentley, Ducati oder Lambortschini, dann brauchen Sie doch die Zustimmung des Betriebsrats, oder?«, fragte der prominente Anwalt und FDP-Politiker Wolfgang Kubicki als Verteidiger des VW-Managers Gebauer.

Die Frage zielte darauf ab, dass die Unternehmensleitung doch ein großes Interesse an Zufriedenheit im Betriebsrat haben müsse, um solche Genehmigungen zu erzielen. Im Saal war es nach dieser Frage so still, dass man eine Stecknadel hätte fallen hören können. Das gesamte Gericht und die etwa einhundert anwesenden Journalisten schauten auf Piëch.

Der aber antwortete nicht auf die Frage, sondern sagte: »Das heißt Lamborghini.« Man konnte die Zuhörer im Saal ausatmen hören. Kubicki gab nicht auf und erklärte, er hätte auf der Fahrt ins Gericht die Autobiografie von Ferdinand Piëch als Hörbuch gehört und da wäre der Name dieser Automarke auch »Lambortschini« ausgesprochen worden.

Piëch machte erneut eine lange Pause, bevor er antwortete: »Lassen Sie es mich einmal so sagen – wenn Sie sich so ein Auto leisten können, dürfen Sie es nennen, wie Sie wollen. Bis dahin sagen Sie doch bitte Lamborghini!«

Kubicki war sprachlos. Damit stand es zwei zu null für Piëch und ich brauche nicht zu erwähnen, dass wir aus dieser Verhandlung ungeschoren herausgekommen sind.

Volkswagen ist ein riesiges kompliziertes Gebilde, in das ich tiefe Einblicke nehmen und den Konzern jedenfalls annähernd verstehen konnte.

Am 24. Mai 2008 fand in Wolfsburg ein Wohltätigkeits-Fußballspiel zugunsten der VW-Betriebsratsstiftung statt. Eine VW-Mannschaft sollte gegen eine Schwaben-Allstars-Mannschaft im großen Wolfsburger Stadion antreten. Der Betriebsratsvorsitzende Norbert Rank aus Neckarsulm hatte das Ganze organisiert. Er lud mich ein, im VW-Team mitzuspielen. Ich war geschmeichelt und sagte gerne zu.

Am Tag des Fußballspiels kam ich mit Kollegen meiner Kanzlei nach Wolfsburg. Alle wollten ihren Chef Fußball spielen sehen. Die Schwaben Allstars wurden von Mirko Slomka trainiert, der ein langjähriger Mandant und Freund von mir war.

Als ich in Wolfsburg ankam, sagte er zu mir: »Was willst Du denn hier? Seit wann kannst Du Fußball spielen?«

Ich antwortete: »Mirko, ich kann laufen und zwar stundenlang.«

Und so spielte ich Rechtsverteidiger, unmittelbar gegen ein Mitglied seiner Schwaben-Allstars, nämlich den Stuttgarter Ex-Profi Fredi Bobic. Der Torwart der VW-Mannschaft war Martin Winterkorn. Auf der Libero-Position spielte der Betriebsratsvorsitzende Bernd Osterloh. Winterkorn tauschte später mit Rank, der in seiner Jugend auch Fußballtorwart gewesen war. Das Stadion war voll, die Stimmung super, aber das Spiel endete für mich mit einer Enttäuschung. Im Zweikampf mit meinem Gegenspieler Bobic erlebte ich die größte sportliche Niederlage meines Lebens. Bobic war so schnell und trickste mich so geschickt aus, dass ich überhaupt keine Chance hatte, ihn zu stoppen. Ich war heilfroh, dass ich das Spiel ohne größeren Schaden über die Runden bringen konnte. Bobic ist zwar immer wieder an mir vorbeigekommen, hat aber kein Tor geschossen. Es war ein unvergesslicher Tag in Wolfsburg und festigte meine persönliche Beziehung zu VW.

Als Fußballer im VW-Team mit Audi-Betriebsrat Norbert Rank

Die für alle Seiten peinliche Prostituiertenaffäre hatte ich in enger Abstimmung mit dem Betriebsratsvorsitzenden Bernd Osterloh und dem Geschäftsführer des Betriebsrats, Gunnar Kilian bearbeitet, der später Personalvorstand von VW wurde. Wir verstanden uns aufgrund dieser engen Zusammenarbeit gut. Der Betriebsratschef des Neckarsulmer Audi-Werkes, Norbert Rank, hat ebenfalls sehr dazu beigetragen, mein Verständnis des Konzerns zu verbessern, als er mich anlässlich einer Audi-Hauptversammlung in Neckarsulm durch die Fabrik und die Stadt führte. Er erklärte mir, dass seine Familie dort schon in dritter Generation arbeitete und dass eine Schließung des Audi Werks katastrophale Folgen für die Stadt Neckarsulm hätte. Denn allein der Ausfall all der Audi-Mitarbeiter, die morgens auf dem Weg ins Werk Frühstücksbrötchen kaufen, würde schon mal sämtliche Supermärkte, Cafés, Bäcker und Metzger hart treffen. Die Folgen von Personalabbau für die Betroffenen und ihr Umfeld so weit wie möglich zu mildern, war daher eine besondere Leidenschaft meines Auftraggebers Ferdinand Piëch.

VW ist für mich auch ein Musterbeispiel für das Gelingen einer betrieblichen Mitbestimmung. Bei VW haben alle das Gefühl, im selben Boot zu sitzen. Sie verkaufen attraktive Produkte zu erschwinglichen Preisen. Davon profitieren alle. Die VW-Betriebsräte, mit denen ich zu tun hatte, waren allesamt Fachleute, die etwas von ihren Produkten verstanden und stolz auf sie waren. Sie wollten, dass es der Firma gut geht, damit dort nicht das passiert, was Norbert Rank an die Wand gemalt hatte: Dass eine Stadt stirbt, wenn ein Werk geschlossen wird. Ich freue mich daher heute immer ganz besonders, wenn ich lese, dass VW trotz aller Sparmaßnahmen keine Werke schließt und auch das Werk in Neckarsulm nicht antastet.

Durch meine Arbeit mit Ferdinand Piëch lernte ich über meine Hobby-Autoschrauberei hinaus ungemein viel über Autos dazu. Seine Frau und er nahmen mich mit zum Rennen nach Le Mans, zu den Automobilausstellungen in Paris, Frankfurt oder Genf. Irgendwann schauten wir dabei immer bei Ferrari vorbei – Piëchs

Lieblingsmarke – und ich hatte den Eindruck, dass er jedes Mal ein neues Auto bestellte.

Mein Autogeschmack hat sich in der Zeit mit Piëch eigentlich nicht geändert. Ich liebte schon immer harmlos aussehende Autos mit viel Power. Und so war denn der erste fast neue Volkswagen, für den ich mich nach vielen Käfern und einem gebrauchten Golf TDI entschloss, ein Passat W8, also ein ganz normal aussehender schwarzer Passat, allerdings mit 8-Zylinder-Motor. Später durfte ich alles ausprobieren, was es im Konzern gab. Eines Tages, nach vielen Testfahrten unterschiedlicher Modelle, fragte mich Piëchs Büroleiter, ob ich mir nicht mal ein eigenes neues Auto kaufen wolle. Ich entschied mich schließlich für einen RS6 in hanseatischem Dunkelblau, das bei Bentley *Dark Sapphire* heißt, den Zehn-Zylinder-Kombi von Audi mit fast sechshundert PS.

Piëch legte Wert darauf, dass ich alle Konzernprodukte kenne und bei allen wichtigen Treffen dabei bin, damit ich bei drohenden Rechtsstreitigkeiten sowohl die betroffenen Fahrzeuge als auch die Mitarbeiter und die internen Vorgänge kannte. Der Chef der Marke Bentley, musste sogar seinen nagelneuen Continental GT in *British Racing Green* auf eine Fähre packen und nach Hamburg schicken, bevor es ihn auf dem deutschen Markt überhaupt gab, damit ich das neue Luxusfahrzeug testen konnte.

Piëch hat bis zuletzt auf die Symbolkraft von Autos gesetzt. Als er nach langen Streitigkeiten und der Auseinandersetzung um den damaligen VW-Vorstandsvorsitzenden Martin Winterkorn mit den Familienaktionären entschied, seine Aktien zu verkaufen und nur noch zu einer letzten Aufsichtsratssitzung nach Wolfsburg zu fahren, kam er mit einem eintausend PS starken Maybach Brabus in seiner Lieblingsfarbe Dunkelblau nach Wolfsburg. Auch das war eine Art, den neuen Konzernchefs im VW-Hochhaus, die so ein Auto nicht bauen können, einen Mittelfinger zu zeigen. Die Medien haben häufig unterstellt, dass Piëch seinen Job nur zum eigenen Spaß mache und auch die vielen Unternehmen nur kaufe, um selbst etwas davon zu haben. Als er den Motorradhersteller Ducati erwarb, wurde zum Beispiel behauptet, er mache das nur, weil er so gern Motorrad fahren würde. Richtig ist, dass er auf einzigartige Weise eine strategische Ausweitung der Produktpalette vorgenommen hat. Piëch kaufte erst MAN, SCANIA und dann Navistar, um den VW-Konzern auch als Marktführer im Lastwagenbereich zu etablieren. Bentley, Bugatti und Lamborghini hatte er gekauft, um im Luxussegment der hohen Margen vertreten zu sein. Der Bau des Phaetons, eines besonders schönen Autos, diente dazu, das Image der Marke VW aufzupolieren. Mit Seat und Škoda besetzte er Marktpositionen im Segment unter VW und Audi. Auch hinter dem Erwerb von Ducati steckte eine strategische Absicht. Piëch fand, die Motoren der Autos müssten weniger Sprit verbrauchen und wollte von Ducati lernen, weil der Motorradhersteller im Bau von kleinen, aber starken Motoren die größte Erfahrung hatte. Später ließ Ferdinand Piëch dann bei VW den Lupo produzieren, ein tolles Drei-Liter-Auto. Ob klein oder groß, ob sparsam oder PS-stark, Vierrad oder Zweirad, Piëch ließ alles bauen, was technisch möglich war. Ich durfte ihm dabei über die Schulter schauen. Das war lehrreich und unglaublich spannend.

In vielen Zeitungsartikeln war zu lesen, Ferdinand Piëch sei ein verkniffener Typ und hätte überhaupt keinen Humor. Das war nach meinen Erfahrungen totaler Unsinn. Piëch war ein genialer Mann mit viel Witz, der gern gut aß und trank und es schaffte, den riesigen Konzern geschickt durch alle Unebenheiten zu steuern. Dieses Mandat machte durchgehend Spaß. Auch, wenn es teilweise mit sehr viel Arbeit verbunden war, denn Piëch war nicht einfach, sondern äußerst anspruchsvoll. Wehe, ein Rechtsstreit wäre verloren worden! Aber das ist mir Gott sei Dank nicht passiert.

Besonders liebte ich die Besuche in Piëchs Haus am Wörthersee, um dort laufende Angelegenheiten zu besprechen. Mal kam ich allein, mal mit meiner Frau. Das Ehepaar Piëch war immer besonders gastfreundlich. Es gab sehr gutes Essen und zwischen

Bei Familie Piech am Wörthersee: Sehr gutes Essen und zwischen den Mandatsgesprächen herrliches Schwimmen im See

unseren Mandatsgesprächen konnte man herrlich im See schwimmen. Eines Tages wollte Ferdinand Piëch mir sein neues Segelboot zeigen. Er hatte sich von der finnischen Werft Nautor eine Swan 45 für den Wörthersee bauen lassen.

»Können Sie segeln?«, fragte er mich.

»Na klar«, antwortete ich.

»Können Sie auch Spinnaker segeln?«, fragte er weiter.

Ich bejahte erneut. Die Swan 45 lag hinter seinem Haus vor Anker. Sein Sohn Gregor half uns, das Boot fertig zu machen und dann ging es los. Wir segelten zu dritt, zogen den Spinnaker hoch und überquerten den See so unglaublich schnell, dass man es kaum fassen konnte. Es war ein toller Segelnachmittag, an den ich mich gern erinnere.

Bei einem anderen unserer Treffen am Wörthersee hatten wir vor meiner Abreise noch ein längeres Gespräch in dem Teil seines Gartens, der mit Himbeerbüschen bepflanzt war. Während wir uns unterhielten, pflückten und aßen wir die ganze Zeit herrliche Himbeeren. Sie schmeckten mir so gut, dass Ursula Piëch mir vor der Abreise drei winzig kleine Ableger der Sträucher einpacken ließ. Ich habe diese in unserem Garten in Schleswig-Holstein eingepflanzt und ernte dort jedes Jahr eine ungeheure Menge ihrer Beeren. Mit Wein wäre das nicht gelungen, aber die Himbeeren verziehen uns die Reise nach Norddeutschland und fingen heftig an zu wachsen. Aus den drei Pflänzlein ist eine meterlange Himbeerwand geworden.

Zum achtzehnten Geburtstag unserer Tochter Theresa hatten meine Frau und ich uns eine Überraschung ausgedacht. Wir flogen mit ihr nach München auf dem Weg zu einem geheimen Endziel. Erst als wir dort in ein anderes Flugzeug stiegen, fragte ich Theresa, ob sie irgendeine Ahnung hätte, was unser Ziel und ihr Geburtstagsgeschenk seien.

Ich drückte ihr ein paar Tageszeitungen in die Hand und sagte: »Schau mal nach, wir fliegen zu einer Veranstaltung in Frankreich.«

Als wir landeten, war Theresas Überraschung groß. Wir besuchten das 24-Stunden-Rennen von Le Mans und hatten einen Riesenspaß mit dem Ehepaar Piëch. Theresa durfte als deren Geburtstagsgeschenk während des Rennens in einem Hubschrauber über das Renngelände fliegen.

Eines Tages kurz vor Weihnachten, ich saß bereits seit sieben Jahren im Rollstuhl, rief mich Ursula Piëch an und erzählte mir, dass sie mit ihrem Mann ein Fernsehportrait des querschnittsgelähmten CDU-Politikers Wolfgang Schäuble gesehen habe. Schäuble hätte den ganzen Film über schlecht gelaunt ausgesehen. Es gäbe aber eine Szene, da würde er strahlen und lachen. Da könne man ihn auf seinem Handbike sehen, mit dem er im Urlaub auf Sylt herumfuhr. Ihr Mann wolle mir nun auch gern so ein Handbike zu Weihnachten schenken und sie wollte nur abklären, ob ich mich darüber freuen würde. Das Handbike kam, in Porsche-Rot, und ich habe damit schon viele Kilometer zurückgelegt. Ich liebe es sehr. Handbike fahren ist neben Schwimmen der einzige Sport, den ich noch ausüben kann. Für den nächsten Sommer plane ich bereits an Elbe und Spree entlang eine Tour von Hamburg nach Berlin. Wenige Mandanten habe ich so geschätzt wie Ferdinand Piëch. Er war ein wirklich großartiger Mensch, der mich mit seinen Fähigkeiten immer wieder beeindruckte. Sein Tod 2019 hat mich sehr berührt und ich freue mich, noch heute Kontakt zu Ursula Piëch zu haben.

Klaus Kleinfeld – Ein Weltkonzern in Schwierigkeiten

Am 15. November 2006 durchsuchten zweihundert Beamte, Steuerfahnder und Staatsanwälte Siemens-Büros und Privatwohnungen von ranghohen Mitarbeitern des Konzerns wegen Korruptionsverdachts. Dem Münchner Unternehmen wurde vorgeworfen, mehr als dreihundert Aufträge mithilfe von über zwei Milliarden Euro Schmiergeld hereingeholt zu haben. Kurz darauf meldete sich der Vorstandsvorsitzende Klaus Kleinfeld bei mir auf dem Handy.

Kleinfeld, der von 2001 bis 2003 als Chief Operating Officer die Siemens-Geschäfte in den USA geführt hatte, entwickelte ausgehend von seiner US-Erfahrung sofort die erforderliche Strategie. Er beauftragte die amerikanische Anwaltskanzlei Debevoise & Plimpton mit der Aufklärung des Sachverhaltes. Es ist heute üblich, US-Kanzleien mit solchen Ermittlungen zu beauftragen, weil diese weitreichende Erfahrungen in solchen Fällen haben und vor allem auch die Technik zur Auswertung aller Unterlagen. Die Kanzlei wurde unmittelbar dem Prüfungsausschuss des Aufsichtsrats unterstellt. Eine andere US-Kanzlei beauftragte er, Siemens gegenüber der amerikanischen Börsenaufsichtsbehörde SEC (Securities and Exchange Commission) zu vertreten. Kleinfeld selbst sprach mit der SEC und dem Department of Justice und bot an, jederzeit für Gespräche persönlich zur Verfügung zu stehen und dafür auch in die USA zu kommen.

Er beauftragte Debevoise & Plimpton, als Erstes gegen ihn selbst zu ermitteln, um reinen Tisch zu haben und eine weitere vertrauensvolle Zusammenarbeit zu ermöglichen. Der Kanzlei wurden die kompletten Kopien aller relevanten Siemens-Festplatten zur Verfügung gestellt, damit sie sofort mit den Ermittlungen beginnen konnte. Allein im ersten Quartal fielen so sechzig Millionen Dollar Anwaltshonorare an. Anfang April 2007 teilte der vom ehemaligen Krupp-Chef Gerhard Cromme geleitete Prüfungsausschuss dem Vorstandsvorsitzenden Klaus Kleinfeld mit, dass nichts gegen ihn vorläge. Sämtliche Vorwürfe gegen Siemens bezogen sich auf die Amtsperiode seines Vorgängers Heinrich von Pierer. Auch die Parallelermittlungen der Münchener Staatsanwaltschaft ergaben nichts Belastendes gegen Klaus Kleinfeld. Mehrere langjährige Siemens-Manager hingegen wurden festgenommen und saßen in Untersuchungshaft. Kleinfeld machte sich daher Sorgen, dass das ganze Thema bei der nächsten Hauptversammlung hochgespült würde und bat mich, die dafür erforderlichen Erklärungen entsprechend vorzubereiten.

Der damalige Siemens-Aufsichtsratsvorsitzende Heinrich von Pierer stellte aufgrund der Korruptionsaffäre kurz nach der Hauptversammlung am 25. April 2007 seinen Aufsichtsratsvorsitz zur Verfügung. Mit dem Siemens-Konzern einigte er sich auf eine Schadenersatzzahlung in Höhe von fünf Millionen Euro wegen Verletzung seiner Aufsichtspflicht. Zwei Monate nach von Pierers Rücktritt legte auch Klaus Kleinfeld sein Amt als Vorstandsvorsitzender nieder, obwohl er durch alle Ermittlungen entlastet worden war. Gerhard Cromme wurde neuer Aufsichtsratsvorsitzender und Peter Löscher Vorstandsvorsitzender. Nach seinem Rücktritt habe ich von Kleinfeld eine Weile nichts mehr gehört, bis er Chef des Aluminiumherstellers Alcoa in den USA wurde. Er hat am 6. November Geburtstag wie auch mein Sohn Fidelius. Unsere beiden Familien lieben dieselbe Ferieninsel, was glücklicherweise dazu geführt hat, dass wir den persönlichen Kontakt auch nach dem Siemens-Mandat gehalten haben. Seit August 2018 ist Kleinfeld Verwaltungsratschef des saudi-arabischen Siedlungsprojekts Neom an der Küste des Roten Meeres. Mein Sohn, der eine Zeit lang in New York als Chirurg gearbeitet hat, traf ihn auch häufiger im Big Apple.

Stefan Aust – Der feine Unterschied zwischen Chef und Chef

Stefan Aust war von 1994 bis 2008 Chefredakteur des *Spiegel*. Er hatte zuvor die erfolgreiche Sendung *Spiegel TV* gegründet und nach seiner Berufung zum Chefredakteur den gedruckten *Spiegel* in bis dahin unerreichte Auflagenhöhe geführt. Der *Spiegel*-Verlag hat seit 1974 eine in der deutschen Medienbranche einzigartige Eigentümerstruktur. 50,5 Prozent der Anteile gehören den Mitarbeitern, vertreten durch die Mitarbeiter KG, 25,5 Prozent gehören dem Verlag Gruner + Jahr und 24 Prozent den Erben von Rudolf Augstein. Der 2002 gestorbene *Spiegel*-Gründer war für mich immer eine Lichtgestalt. Mein Vater hat ihn bewundert und geschätzt. Ich selbst habe ihm kurz vor seinem Tod bei einem Abendessen von Gabriele Henkel in Düsseldorf gegenübergesessen, bei dem auch Angela Merkel als Gast zugegen war, und das Glück gehabt, mit ihm ein sehr lebendiges und interessantes Gespräch zu führen.

Nachdem er mehr als die Hälfte der *Spiegel*-Anteile an die Mitarbeiter verschenkt hatte, zog sich Augstein Schritt für Schritt aus dem Tagesgeschäft zurück. Den Vollstrecker seines journalistischen Erbes sah er in Stefan Aust. Doch im Jahr 2007 entschieden die Geschäftsführer der Mitarbeiter KG, sich von Stefan Aust zu trennen. Die Idee, den eigenwilligen Untergebenen Aust durch einen geschmeidigeren Chefredakteur zu ersetzen, hatte die Mitarbeiter KG schon seit längerem verfolgt. Sie warf ihm vor, er agiere zu selbstherrlich, habe das linksliberale Profil des Magazins verwässert und genieße nicht mehr das Vertrauen der Redaktion. Auch die von mir sehr geschätzte Augstein-Tochter Franziska hatte Aust kritisiert und ihm vorgeworfen, der *Spiegel* habe unter seiner Ägide »seinen Rang als Leitmedium verloren«.

Doch so leicht war Aust nicht loszuwerden. Der Geschäftsführer des *Spiegel*-Verlags, Karl Dietrich Seikel, weigerte sich, den erfolgreichen Chefredakteur zu entlassen. Also drängte die Mitarbeiter KG Seikel, unterstützt von Gruner + Jahr, auf eine Verlängerung seines demnächst auslaufenden Vertrages zu verzichten und vorzeitig in den Ruhestand zu gehen. Als neuen Geschäftsführer setzten die

Gesellschafter den Gruner + Jahr-Manager Mario Frank ein und beauftragten ihn, hinter dem Rücken von Aust einen Nachfolger zu suchen. Das tat er dann allerdings so ungeschickt, dass die Suche aufflog. Das Vertrauensverhältnis zwischen Aust und den *Spiegel*-Gesellschaftern war nun endgültig zerrüttet.

Es folgten viele Verhandlungsrunden, in denen Mario Frank und ich in meinem schönen holzgetäfelten Besprechungszimmer in der Tesdorpfstraße versuchten, eine Lösung zu finden. Letztlich geht es in diesen Abfindungsfällen immer nur ums Geld. Und da konnten wir uns nicht einigen. Schließlich kündigte der Verlag Stefan Aust und beurlaubte ihn. Ein unglaublicher Affront gegen den Spitzenjournalisten des Hauses. Aber wer Stefan Aust kennt, weiß dass ihn so etwas nur noch kampfeslustiger machte.

Wir reichten Kündigungsschutzklage beim Arbeitsgericht Hamburg ein. Der Verlag stellte einen Auflösungsantrag, das Gericht möge das Arbeitsverhältnis gegen Zahlung einer Abfindung aufheben, da dem *Spiegel* die Zusammenarbeit nicht mehr zuzumuten sei. Da die vom Gericht festgesetzte Abfindung mit Sicherheit geringer gewesen wäre als die Summe, die wir bei Zurückweisung des Antrags aushandeln konnten, wehrten wir uns gegen diesen Antrag mit gutem Grund: Es gibt ihn nur bei leitenden Angestellten. Zwar glaubte die ganze Branche schon immer, Chefredakteure seien leitende Angestellte, geradezu der Inbegriff eines leitenden Angestellten. Knapp hinter Gott. Im Gesetz wird aber genau definiert, was ein leitender Angestellter ist – eine Person, die selbständig zur Einstellung oder Entlassung von Mitarbeitern befugt ist. Und das wusste ich aus meiner langen Zeit im Umfeld der Verlage: Kein Chefredakteur konnte einstellen und entlassen, wie und wen er wollte. Er braucht dazu immer den Verlagsgeschäftsführer. Folgerichtig griff die beantragte Auflösung des Aust-Vertrages nicht, die Kündigungsschutzklage war erfolgreich und begründete seine Weiterbeschäftigung. Der *Spiegel* musste sich freikaufen.

Austs Karriere war damit nicht zu Ende. Er gründete eine Filmproduktionsfirma, schrieb Bücher und beteiligte sich an einem

Vor Reportern nach der öffentlichen Gerichtsverhandlung

Management-Buyout des TV-Senders *N24*, den der Axel-Springer-Verlag nach erfolgreicher Sanierung für einen hohen Preis erwarb. Später wurde Aust Herausgeber der Springer-Zeitungen *Welt* und *Welt am Sonntag*. Und was viele nicht wissen – Aust ist ein leidenschaftlicher und sehr erfolgreicher Pferdezüchter. Im Landkreis Cuxhaven besitzt er, umgeben von saftigen Wiesen und uralten Bäumen, ein idyllisches Anwesen mit Stallungen und Reithalle, wo ich ihn schon oft besucht habe.

Peter Harry Carstensen – Wer hat was gesagt?

Peter Harry Carstensen war von 2005 bis 2012 Ministerpräsident des Landes Schleswig-Holstein. Bis 2009 führte der CDU-Politiker die Regierung in einer Koalition mit der SPD. Das Bündnis stand mehrfach vor dem Scheitern. Damals wohnte ich an den

Wochenenden häufig in dem kleinen Landhaus in Schleswig-Holstein, in dem ich meine Examensvorbereitung gemacht hatte. Das ganze Gelände gehörte ursprünglich Axel Springer. Friede Springer hat es später an den Optiker Günther Fielmann verkauft, der wiederum ein wunderbares Reetdachhaus am See mit eigenem Steg an Peter Harry Carstensen vermietete. So haben wir uns als neue Nachbarn kennengelernt, aber es gab gleich Arbeit.

Anlass war Carstensens Dauerstreit mit dem SPD-Landesvorsitzenden Ralf Stegner, der in der Regierung Carstensen Innenminister war. 2007 kam es zum Super-GAU. Carstensen verlangte, dass Stegner als Innenminister zurücktritt, sonst würde er die Koalition beenden.

Daraufhin kam es zu einem Telefonat zwischen Carstensen und Stegner, bei dem Stegner, so Carstensen, darum gebettelt habe, Innenminister bleiben zu dürfen, da ihm nur noch kurze Zeit zur Erreichung einer Ministerpension fehle. Das Gespräch der beiden hatte am Telefon stattgefunden. Mehrere CDU-Politiker, die in diesem Zeitraum um Carstensen herumstanden, hatten mitgehört, wie er zu Stegner sagte: »Sie wollen doch jetzt nicht über Ihre Pension mit mir reden.«

Stegner bestritt jedoch, dass es in dem Gespräch um seine Pension gegangen sei. Es kam zum Prozess. Stegner hatte einen Antrag auf eine Unterlassungsverfügung gestellt und war persönlich erschienen, während Carstensen dienstlich verhindert war. Statt Carstensen hatte ich eine ganze Riege hochrangiger CDU-Politiker aus Schleswig-Holstein als Zeugen dabei, die alle Carstensens Version bestätigen konnten. Stegner wurde persönlich befragt. Ich hielt ihm immer wieder lautstark vor, dass er eine falsche eidesstattliche Versicherung abgegeben habe, als er beteuert hatte, dass es in dem Gespräch mit Carstensen nicht um seine Altersversorgung gegangen wäre.

Andreas Buske, der damalige Vorsitzende der Zivilkammer 24, wirkte beruhigend auf beide Parteien ein und der Zeuge Christian von Bötticher, der später in anderen Sachen ebenfalls mein Mandant wurde, bestätigte, dass es in dem Telefonat gut zweieinhalb bis drei Minuten lang einen Dialog über Pensionsansprüche gegeben habe.

Bötticher sagte wörtlich: »Es ging an diesem Abend nicht mehr um Inhalte, sondern nur noch um Herrn Stegner.«

Nachdem das Gericht und die anwesende Presse aufgrund der Aussagen den Eindruck gewinnen mussten, dass Carstensen Recht hatte, konnten wir den Rechtsstreit gütlich beilegen.

Und noch eine kleine Episode am Rande: Nachdem Carstensen in Schleswig-Holstein in die Nähe meines Wochenendhauses gezogen war, wurde er als amtierender Ministerpräsident ständig von der Polizei bewacht. Die Einwohner des Ortes hatten den Eindruck, dass die Bewacher sich mitunter langweilten und nur aus diesem Grund nachts immer mal wieder im ländlichen Schleswig-Holstein Fahrzeuge anhielten, um Alkoholkontrollen zu durchzuführen. Ich erzählte Carstensen von den Sorgen unserer dörflichen Mitbewohner. Danach hat sich niemand mehr über Polizeikontrollen beschwert.

Gerhard Schröder – Leben für die Politik

Gerd Schröder ist ein besonders humorvoller, kluger und gut gelaunter Mann. Ich habe ihn immer sehr bewundert, auch dafür, dass er, wie mein Mandant Kajo Neukirchen, seine weltmännische Klasse und Klugheit auf dem zweiten Bildungsweg erreicht hat.

Bei einem zufälligen Treffen am Ende seiner Regierungszeit sagte ich: »Lieber Herr Bundeskanzler, ich bewundere den Mut, mit dem Sie die Sozialreformen der Agenda 2010 gegen Teile ihrer Partei durchziehen: Das hätte sich doch kein anderer SPD-Führer getraut.«

Daraufhin antwortete er: »Lieber Herr Prinz, ich bin jetzt nur noch etwa acht Wochen Kanzler und da versuche ich, alles richtig zu machen, was man richtig machen kann.«

Richtig war auch Schröders Entscheidung, Peter Hartz mit der Reform des Arbeitslosengeldes II, bekannt als Hartz IV, zu betrauen.

Hartz hatte im Saarland Unternehmen der Stahlindustrie arbeitsplatzschonend saniert, um Entlassungen zu vermeiden. Ferdinand Piëch war das aufgefallen, er holte Hartz als Personalvorstand und Arbeitsdirektor nach Wolfsburg. Auch dort gab es unmittelbar nach Piëchs Antritt als VW-Chef großen Sanierungsbedarf. Hartz und Piëch schafften das Kunststück, den VW-Konzern praktisch ohne betriebsbedingte Kündigungen zu sanieren.

Dem späteren Bundeskanzler Schröder, der ja während seiner Zeit als niedersächsischer Ministerpräsident auch im Aufsichtsrat von VW saß, imponierte das so sehr, dass er Peter Hartz als Bundesarbeitsminister in sein Kabinett aufnehmen wollte. Daraufhin ging Hartz zu seinem damaligen Chef Ferdinand Piëch, erzählte von dem Angebot und fragte ihn um Rat, ob er es annehmen sollte.

Piëch sagte zu ihm in all seiner Weisheit: »Lieber Herr Hartz, lassen Sie das sein. Dort ist für Sie nichts zu gewinnen. Wenn es gut geht, war es Schröder und wenn es schiefgeht, waren Sie es. Ich würde das nicht machen.«

Ein großes Verdienst von Schröder bleibt, dass er die Bundeswehr vor einem Eintritt in den Irak-Krieg der Amerikaner bewahrt hat. Bei einem Abendessen mit Schröder in unserem Hamburger Haus saß links neben mir die amerikanische Journalistin Amy Goodman, die gerade den alternativen Nobelpreis, den Right Livelihood Award, erhalten hatte. Rechts von mir saß Schröders damalige Ehefrau Doris Schröder-Köpf.

Amy Goodman beugte sich über den Tisch und sagte zu Gerhard Schröder: »Dear Chancellor Schröder, I have one question. How was it when George Bush tried to force you in the Iraq war?«

Die Antwort gab wortreich Doris, bis Gerhard Schröder sie streng ansah und sagte: »Doris, ich war Kanzler!«

Nach dem Ende seiner Kanzlerschaft beauftragte Gerhard Schröder mich, seine Autobiographie an einen Verlag zu verkaufen. Das ist auf den ersten Blick keine Aufgabe für einen Medienanwalt, aber auf den zweiten Blick natürlich schon. Durch meine

Berufsausübung kannte ich den Markt und alle Beteiligten. Ich wusste, wen ich ansprechen konnte, und wusste ebenso, worauf es bei den Verträgen ankommt. Außerdem konnte ich als Anwalt mit der in dieser Phase notwendigen Diskretion vorgehen.

Meine ersten Buchverträge hatte ich ganz am Anfang meines Berufslebens für Julius Hackethal ausgehandelt. Das ist eigentlich keine besonders komplizierte Aufgabe. Die wesentlichen Fragen sind: Welche Rechte werden übertragen, wie lange und in welchem Verhältnis wird der Erlös geteilt? Schwierig ist aber die Branchenkenntnis. Wieviel Vorschuss zahlt ein Verlag, welche Marketingaktivitäten werden vertraglich vereinbart? Nur wer weiß, wann, wo, wieviel für den letzten Bestseller bezahlt wurde, kann auch beurteilen, welches Honorar für ein erfolgversprechendes Buch angemessen ist. Das ist natürlich in anderen Rechtsgebieten ähnlich, zum Beispiel im Arbeitsrecht. Wenn man jahrzehntelang die Abfindungen für *Bild*-Redakteure verhandelt hat, dann orientiert man sich in einem neuen, womöglich ganz anders gelagerten Fall, gerne an der Abfindungssumme, die man zuletzt erzielt hat oder gerne gehabt hätte – je nach Betriebszugehörigkeit und Situation.

Den Zuschlag bekam damals der Verlag Hoffmann und Campe mit seinem Verleger Günter Berg, der mir, nun in seiner heutigen Funktion als sehr gut vernetzter Literaturagent, geholfen hat, einen Verlag für diese Autobiografie zu finden. Das habe ich immer besonders an meinem Beruf geschätzt: Man lernt ständig neue interessante und anspruchsvolle Menschen kennen, die einen bereichern, und es ergibt sich daraus ein lebendiges Netzwerk, das viele Möglichkeiten für eine künftige Zusammenarbeit bietet.

III

Frank Jellinek und eine Geschäftsreise mit Hochzeitsfeier

Fred Snyder war an der Harvard Law School der Vertreter des Dekans für Internationale und Vergleichende Rechtsstudien. Ich hörte bei ihm in meiner Harvard-Zeit eine Vorlesung über internationales Recht. Wir verstanden uns sehr gut und kurz vor dem Ende meiner Studienzeit erzählte er mir, dass er beabsichtige, eine internationale Beratungsorganisation zu gründen. Alle Studenten, mit denen er besonders gern zusammengearbeitet habe und die er besonders schätze, wolle er einladen, bei diesem Unternehmen mit dem Namen Cambridge Transnational Associates mitzumachen. Partnerin von Fred war in Boston Alison Sander. Alisons Vater Frank Sander war ein legendärer Harvard-Professor, der sich insbesondere im Bereich alternativer Konfliktlösungen und Verhandlungsstrategien einen Namen gemacht hatte. Alison ist eine der wenigen Personen, die es geschafft hat, zugleich an der Law School und an der Business School zu studieren und beide Examina im selben Jahr abzulegen. Ein wirkliches Super Brain! Ich war geehrt, als junger Anwalt ohne Berufspraxis mit diesen beiden zusammenarbeiten zu dürfen, und wurde Mitglied des Beraterkreises von Cambridge Transnational Associates.

Das erste Mandat, das Deutschland betraf, kam von Frank Jellinek. Seine Firma Erie Scientific in Portsmouth im US-Bundesstaat New Hampshire stellte Deckgläser und Mikroskopgläser her, also die kleinen Glasplatten, die man für das Mikroskop benutzt, um zu untersuchende Substanzen daraufzulegen und abzudecken. Nach dem Kauf einer Braunschweiger Produktionsstätte, die von einem dort schon seit Jahrzehnten tätigen Geschäftsführer geleitet wurde, gab es Probleme. Der Amerikaner und der Niedersachse verstanden sich nicht, weder sprachlich noch menschlich. Es gab immer neue Unstimmigkeiten. Schließlich gründete der Geschäftsführer der gekauften Firma ein paar hundert Meter entfernt eine eigene Fabrik. Danach fehlten in Franks Werkhallen etliche Maschinen.

Wir vermuteten, dass der Geschäftsführer sie demontiert und in seiner neuen Firma wieder aufgebaut hatte. Dieser behauptete jedoch, dass die Maschinen schrottreif gewesen seien und er sie in das Abfallentsorgungszentrum Watenbüttel in der Nähe von Braunschweig gebracht hätte. Ich fuhr daraufhin zu dieser riesigen Deponie und suchte dort nach den Maschinen. Doch sie waren nicht zu finden. Keiner der dort tätigen Mitarbeiter hatte von den Maschinen etwas gehört oder gesehen. Wir erstatteten Strafanzeige und begannen ein Zivilverfahren.

Währenddessen hatte Frank plötzlich die Idee, in Ungarn eine neue Fabrik zu bauen. Der eiserne Vorhang war gerade gefallen und die Länder Osteuropas hatten großen Nachholbedarf, es fehlten Arbeitsplätze und Investitionen. Das war ein neuer Fall für Cambridge Transnational Associates. Mein Freund Leo Specht, Harvard-Absolvent aus Wien, nahm das Projekt mit mir zusammen in die Hand. Wir flogen gemeinsam von Wien nach Budapest. Die ungarischen Grenzpolizisten auf dem Flughafen salutierten. Sie kannten Leo, weil er fast jede Woche in Ungarn war. Ich liebte die Übernachtungen im Hotel Gellert mit den heißen Quellen im Keller und reiste ebenfalls gern nach Budapest. Wir fanden ungarische Partner und ein Grundstück für die Fabrik. Dann begannen die Probleme. Es gab keinen Strom und keine Telefonleitung. Beides könnte schneller zur Verfügung gestellt werden, wenn wir uns ein wenig besser kennen würden, sagte mir unser ungarischer Geschäftspartner. Fraglos ein Code für eine Geschenkerwartung. So etwas kannte ich aus Brasilien. Dort heißt es »Dar um Jeito«, eine Lösung finden. So heißt auch ein Lied von Carlos Santana, der offizielle Song zur Fußball-WM 2014. Bei Pass- oder Führerscheinkontrollen legte man in Brasilien stets ein paar Geldscheine zwischen die Seiten. Nie habe ich erlebt, dass sie nach dem Dokumentencheck noch da waren. Ich rief Jellinek an und erklärte ihm, dass unsere ungarischen Partner für Strom und Telefon offenbar einen Sympathiebeweis erwarteten.

Frank lehnte empört ab: »Die wollen mich wohl ins Gefängnis bringen? Das verletzt den Foreign Corrupt Practises Act!«

Also warteten wir noch ein halbes Jahr, bis wir Strom und Telefon schließlich ohne einen speziellen Sympathiebeweis bekamen.

Frank war ein Unikum und ein erfolgreicher Entrepreneur. Er hatte sein Unternehmen zweimal an die Börse gebracht und später wieder zurückgekauft. Als er mich in Hamburg besuchte, schaute er sich in meinem Wohnzimmer mit den hohen Stuckdecken und dem wunderschönen Parkettfußboden um und sagte: »Matthias, you are my only friend with a private ballroom!«

Ich war häufig zur Beratung bei ihm in Portsmouth. Meistens gingen wir segeln und besprachen dabei unsere Fälle. Auf einem dieser Törns breitete er die Arme aus, zeigte auf sein großes Segelschiff und sagte: »Matthias, microscope slides have been good to me!«

Meine Zusammenarbeit mit Cambridge Transnational Associates und mein Mandatsverhältnis mit Frank Jellinek waren der Grund dafür, dass ich auch nach meinem Studium in Harvard oft an die Ostküste nach Portsmouth, Boston oder New York musste. Meistens im Sommer. Leider ist Frank, der ein begeisterter Pilot war, im Januar 2006 mit seinem Privatjet, einer Cessna 560 Citation, in Kalifornien abgestürzt.

Er war ein guter und verlässlicher Freund, an den ich noch oft zurückdenke, auch weil ich im Anschluss an eine dieser Reisen an die Ostküste, die mit unserer Zusammenarbeit verbunden waren, im Jahr 1990 meine langjährige Freundin Alexandra von Rehlingen geheiratet habe.

Auf unserer Hochzeitsfeier im Garten einer hölzernen Lobster-Bar direkt am Wasser in Maine waren fünf Gäste dabei, Alexandras Mutter, meine Eltern und meine beiden Mitbewohner aus der Law School. Eine Friedensrichterin namens Brenda traute uns im Freien. Im Hauptberuf war sie Feuerwehrfrau.

Wurzeln und Flügel – Meine Familie

Ein Jahr später wurde unsere Tochter Antonia geboren. Meine Frau arbeitete noch voll, wie eigentlich immer, über diese und alle folgenden Schwangerschaften hinweg. Ich war an diesem Tag im Gericht und stritt für eine Hamburger Journalistin, die sich von einem Partnervermittlungsinstitut mit dem wunderlichen Namen »Hundert Jahre Tischler« betrogen fühlte. Man habe ihr hohe Gebühren abgeknöpft, aber dann keine passenden Herren vorgestellt, weil die Agentur offensichtlich keine im Angebot hatte. Sie machte ordentlich Wirbel vor Gericht, während bei meiner Frau die Wehen einsetzten. Alexandra fuhr selbst in die Klinik. Ich nahm mir ein Taxi und raste so schnell wie möglich vom Gericht aus hinterher. So kam ich gerade noch rechtzeitig, um die Geburt unserer Tochter Antonia zu erleben. Die Geburt eines Kindes ist schon ein ganz besonderes, prägendes Ereignis. Das unglaubliche Gefühl, wenn man ein frisch geborenes Baby im Arm hält und als frischgebackener Vater denkt »Jetzt sind wir zu dritt!«, lässt sich kaum beschreiben.

Antonia ist heute Psychotherapeutin in Frankfurt. Mit ihrem Mann Julius hat sie uns zwei wunderbare Enkelinnen geschenkt.

Zwei Jahre später kam Fidelius auf die Welt, der heute Chirurg am Universitätsklinikum Hamburg-Eppendorf ist. Er war gerade ein Jahr in New York am Hospital for Special Surgery, hat dort ein Medizin-Startup gegründet und geht jetzt nach New York zurück, um es von dort aus zu führen.

1996 wurde unsere zweite Tochter Theresa geboren, die von ihrem Großvater und ihren Eltern die Neigung zur Kommunikation geerbt hat. Sie hat Kommunikation in London studiert und bei Kai Diekmanns Storymachine und Carsten Maschmeyer gearbeitet. Aktuell dreht sie einen Dokumentarfilm in Israel.

Sieben Jahre später, im Jahre 2003, kam Donatus, der mit einem chinesischen Kindermädchen aufwuchs, daher mit der

Was führte dieses moderne Paar zusammen? Ein Kind

9 Monate Liebe. Dr. Matthias Prinz, 33, hanseatischer Jungstar-Anwalt, und Alexandra Freifrau von Rehlingen-Prinz, 33, Public Relations. Ein Power-Paar modern. Sie: „Wir haben geheiratet um gemeinsam Kinder zu haben. Das war unser Traum. Wir haben beide lange gespielt. Studiert (Er: Harvard), sind gereist, haben in New York das Leben geschmeckt. Doch dann schrie die Seele nach ihrem Recht. Wir wollten ein Kind.“ Antonia Luisa Alexandrine, 5 Monate. Das Kind ist da.

BUNTE Mai 1991

chinesischen Kultur und Mentalität sehr vertraut ist und mit seiner Nanny in den Sommerferien viele Gegenden in China bereist hat, die kaum ein Tourist je zu sehen bekommt. Er ist anschließend in Kanada zur Schule gegangen und studiert heute Entrepreneurship in Karlsruhe.

Alexandra führt ihre PR-Agentur mit ihrer Partnerin Andrea Schoeller mit großem Erfolg. Sie vertrat und vertritt Lifestyle- und Fashionprodukte wie Ferragamo, Etro, Pomellato und IWC. Ihre Spezialität ist die Organisation großer und kleiner Events. Networking liegt ihr im Blut. Der Job macht ihr unglaublich viel Spaß und wir haben, als die Kinder klein waren, ihre Arbeit so organisiert, dass sie vom Schreibtisch in den Garten schauen konnte, wenn die Kinder in der Buddelkiste spielten.

Die Familie war immer der große Rückhalt für uns beide. Nach Antonias Geburt reduzierten wir unsere Arbeitsbelastung auf eine Sechstagewoche. Sonntags machten wir nun frei und fuhren aufs Land nach Schleswig-Holstein, dorthin, wo ich schon meine Examensvorbereitungen gemacht hatte. Nach der Geburt von Fidelius reduzierten wir unsere Arbeit auf eine Fünf-Tage-Woche und nahmen uns die kompletten Wochenenden frei für das Familienleben.

Wir haben auf dem Lande viel mit den Kindern unternommen. Antonia und Theresa entdeckten den Reitsport und ich fuhr plötzlich morgens um fünf Uhr mit einem Anhänger für den Pferdetransport und meinen Töchtern zu Turnieren durch ganz Norddeutschland. Bei diesen Fahrten habe ich ihren Musikgeschmack geprägt und sie schon morgens mit The Police und Janis Joplin verwöhnt: *So lonely*, *Roxanne*, *Me and Bobby McGee* und *Mercedes-Benz* sangen wir ausgelassen und laut mit. Ich hatte meistens mein Rennrad dabei und fuhr Rad, während die Mädchen auf den Turnierstart warteten. Als ich einmal in kompletter Telekom-Montur mit meinem Telekom-Rad zurück aufs Turniergelände kam, begrüßte mich der Turniersprecher über sämtliche Lautsprecher: »Wir begrüßen Erik Zabel!« Zabel war damals einer

Alexandra mit unseren Kindern Theresa, Fidelius, Donatus und Antonia (von links nach rechts)

der beiden prominentesten Profiradfahrer im Telekom-Trikot, ihn kannte jeder. Das war meinen Töchtern sehr peinlich und ich bin danach immer mit einem neutralen Outfit zu diesen Turnieren gekommen.

Unsere Jungs spielten an den Wochenenden Fußball im Sportverein Eidertal, sodass wir an vielen Wochenenden nachmittags von den Reitturnieren zu Punktspielen wechselten. Beide Jungs haben in den Sommerferien Fußball-Trainingslager besucht, Fidelius beim HSV und Donatus bei St. Pauli. Donatus wurde dort von Michael Lorkowski trainiert, der zuvor mit Hannover 96 den deutschen Fußball-Pokal gewonnen hatte – mit einem Verein aus der Zweiten Liga. Ich hatte in Hannover, bei St. Pauli und in Lübeck seine Abfindungen geregelt und traf ihn nun überraschend als Jugendtrainer beim Kiezclub wieder.

Die Sportbegeisterung in unserer Familie war schon immer groß. Es wurde geradelt, geritten, gesegelt, gelaufen, geschwommen, Tennis, Hockey und Fußball gespielt. Wir fuhren Ski, Langlauf und

Abfahrt, gingen Bergwandern, Kiten, zum Surfen und zum Tauchen. Wir gingen auch gern ins Stadion, ob Volkspark oder Millerntor, und natürlich zum Eishockey.

Wir haben auch einige ländliche Jedermann-Triathlons und kleine Segelregatten zusammen gemacht. Diese Auszeiten und der große Spaß mit unseren Kindern haben mir oft Ablenkung gebracht und damit auch die Kraft und die Ideen gegeben, die ich für meine juristische Arbeit benötigte und noch heute benötige. An normale Arbeitszeiten war ohnehin nicht zu denken. Mitunter ging ich schon fünf Uhr morgens ins Büro, wenn mich ein Schriftsatz die ganze Nacht beschäftigt hatte und ich ihn unbedingt aus dem Kopf bekommen wollte. Mitunter kam ich auch erst fünf Uhr morgens wieder nach Hause, wenn fristwahrende Schriftsätze zu erledigen waren und ich stundenlang daran herumgebastelt hatte, bis sie so schlüssig waren, wie ich es wollte. Mein Plädoyer beim Europäischen Gerichtshof für Menschenrechte in Sachen Hannover ./. BRD ist ein gutes Beispiel für sorgfältige Vorbereitung einer mündlichen Verhandlung. Man kann das Video auf Youtube sehen. Die Ferien mit der Familie waren uns deshalb besonders wichtig, weil wir beide für unsere Berufe brannten. Vor allem wollten wir unseren Kindern zeigen, wie die Welt außerhalb der Hamburger Blase aussieht. Wir fuhren nicht nach Sylt, sondern nach Nantucket. Nicht nach Mallorca, sondern nach Sardinien. Nicht nach Ibiza, sondern nach Kiel. Schleswig Holstein für die Erdung und die große weite Welt für die Phantasie. Die Familie hat meine ungewöhnlichen Arbeitszeiten ertragen und mir Kraft und Rückhalt gegeben, um erfolgreich arbeiten zu können.

Lesefrüchte

Ein Erziehungskonzept meines Vaters war, mir jedes Buch zu kaufen, das mich interessierte, mich ansonsten aber ziemlich kurz zu halten, damit ich motiviert war, selbst Geld zu verdienen. Ich las gerne, Siegfried Lenz, Max Frisch, Günther Grass, Stefan Zweig waren meine Favoriten, besonders gern las ich Lion Feuchtwanger und wie alle damals Carlos Castaneda, aber auch sehr gern amerikanische Literatur von Mark Twain über Ernest Hemingway bis hin zu John Grisham. Bei einer Lesung in Deutschland wurde Grisham von Tom Burow eingeführt, dem ehemaligen Tagesthemen-Moderator und späteren WDR-Intendanten. Burow stellte mich Grisham anschließend mit der Bemerkung vor, ich sei der bekannteste Anwalt Deutschlands und außerdem ein großer Fan seiner Bücher. Spontan erzählte Grisham mir seine Geschichte, die damit begann, dass er ursprünglich auch ein Kollege, also Anwalt, gewesen sei. Die Quintessenz war, dass er niemals ein so erfolgreicher Schriftsteller geworden wäre, wenn er ein erfolgreicher Anwalt gewesen wäre. Er habe immer ab drei Uhr morgens seine literarischen Texte verfasst, bevor er ein paar Stunden später mit seinen Aufgaben als Anwalt begann. Seinen ersten Roman »A Time to Kill«, der eines meiner Lieblingsbücher ist, habe niemand kaufen wollen. Er sei mit seinem Auto von Buchhandlung zu Buchhandlung gefahren, um die im Eigenverlag erschienenen Bücher loszuwerden. Erst sein zweites Buch »The Firm« war ein Riesenerfolg, wurde verfilmt und machte Grisham weltberühmt. Von diesem Zeitpunkt an mussten die Mandanten in Amerika ohne ihn auskommen.

Meiner deutschen Schulbildung geschuldet, hatte ich von Wirtschaftsthemen keinerlei Ahnung und begann erst später in Amerika, mir ein entsprechendes Wissen anzulesen. Vor unseren Sommerferien in Boston habe ich mich immer in einem der besten Buchläden der Welt, bei Waterstones auf der Newbury Street, mit

Fachliteratur eingedeckt. Ich las »Being digital« von Nicholas Negroponte, der alles vorhergesagt hat, was wir in den letzten zwanzig Jahren mit dem Internet erlebt haben. Ich las auch über »Guerilla Investing« und »Rich Dad, poor Dad« von Robert Kiyosaki, ein Buch, das mich besonders beeindruckt hat. Es ist die Geschichte seines Vaters und seines väterlichen Freundes. Während sein Vater, der »poor dad«, hart arbeitet, um am Ende des Monats die Hypotheken für ein zu teures Haus, ein zu teures Auto und ein zu teures Boot abzustottern, verzichtet der väterliche Freund, der »rich dad«, auf diese teuren Anschaffungen und investiert sein Geld stattdessen lieber so, dass Miet- oder Kapitalerträge zurückfließen. Klingt wie Warren Buffet? Ja, das Prinzip ist dasselbe: Compounding of wealth und passive Einkünfte.

Mein liebster Hund

Eines Nachts im Jahre 1966, ich war gerade zehn, schlief mein Vater in unserem Haus in Lochham bei offenem Fenster. Ein Einbrecher kam mit einer Leiter, kletterte hoch ins Zimmer meines Vaters und hielt ihm eine Pistole unter die Nase. Mein Vater wurde wach. Der Einbrecher forderte Geld. Mit der Ruhe und Routine des langjährigen Polizeireporters redete mein Vater beruhigend auf ihn ein, sagte, es seien Kinder im Haus und er möge sich doch nicht für sein ganzes Leben unglücklich machen, sondern bitte wieder gehen. Er habe außerdem überhaupt kein Bargeld im Haus. Mein Vater überzeugte den Einbrecher, mit ihm die Treppen hinabzugehen und das Haus zu verlassen. Auf dem Flur im ersten Stock hörte ich die beiden, öffnete die Tür meines Zimmers, sah den Mann mit der Pistole, griff mir eine Machete aus dem Schrank, die mir meine Eltern aus ihrem letzten Winterurlaub in Kenia mitgebracht hatten, und rannte den Flur hinab auf die beiden zu.

Mein Vater brüllte: »Geh zurück in Dein Zimmer! Verschwinde!«

Das tat ich dann auch. Mein Vater stieg mit dem Einbrecher über unseren afghanischen Windhund Navid hinweg, den wir uns gerade angeschafft hatten und der fest schlief, und lief weiter bis hinunter ins Erdgeschoss. Dort ließ er den Mann aus dem Haus und holte die Polizei. Der Einbrecher wurde nie gefasst. Wir haben von der Geschichte dann auch nichts mehr gehört.

Der verschlafene, reinrassige Afghane Navid hieß eigentlich Gasnavid de Nubilei und war die Antwort meiner Mutter auf meinen unbedingten Wunsch, einen Hund haben zu wollen. Er war ein unerziehbares Tier, das praktisch jeden Tag ausbüxte, von Lochham zum Beispiel bis zum Pasinger Bahnhof rannte und dort schließlich aufgefunden wurde. Er war als Haushund nicht zu gebrauchen und, wie sich spätestens bei dem Einbruch herausstellte, auch als Wachhund vollkommen untauglich. Mein Vater meinte, er könne diesem Hund nicht mehr in die Augen sehen und einer der Polizisten, die noch in der Nacht gekommen waren, erklärte uns, das aus solch einem Hund nie ein Wachhund würde. Der wolle nur laufen: »Nehmen Sie doch einen ausgebildeten Polizeihund.«

So kamen wir zu Armin, einem kleinen zähen und muskulösem deutschen Schäferhund. Navid wurde seiner Züchterin zurückgegeben, die sich sehr freute, dieses Prachtstück zurückzuhaben. Mir war es auch ganz recht, weil er unglaublich langes Haar hatte, das ich ständig bürsten musste.

Armin war im wahrsten Sinne des Wortes ein harter Hund, er brauchte eine ebenso harte Hand. Er war bei der Schutzhundeprüfung der Polizei immer wieder durchgefallen, weil er versucht hatte, Angreifer ins Gesicht oder in den Hals zu beißen und er auch am geschützten Arm nicht wieder losließ, wenn er erst einmal einen gepackt hatte. Und weil ich mir ja einen Hund gewünscht hatte, bekam ich den Auftrag, jedes Wochenende mit Armin auf einen Übungsplatz des Deutschen Schäferhundevereins zu gehen und ihn dort zu erziehen. Er sollte unter anderem lernen, dass er Figuranten, so nennt man die Personen, die mit voller Schutzausrüstung und Stock vor ihm stehen, nur in den Arm beißen darf. Relativ schnell wurde ich selbst zum Figuranten und habe mich jedes Wochenende von mindestens zehn Schäferhunden kräftig beißen lassen. In zweierlei Hinsicht war das nicht einfach. Zum einen muss der Hund aggressiv sein und beißen, wenn der Figurant mit erhobenem Stock auf ihn zustürzt. Viele große und gefährlich aussehende Hunde haben dann überraschenderweise Angst und kneifen. Sie müssen erst zum Beißen motiviert werden. Wenn er denn gebissen hat, muss er dann auch gleich wieder loslassen, wenn Herrchen »Aus!« sagt. Mit Armin habe ich viele Wochenenden beim Training verbracht, bis er endlich in den Arm biss und die Schutzhundeprüfung bestand. Er wurde ein verlässlicher und treuer Partner und war bis heute mein allerliebster Hund, weil wir uns als Team das gemeinsame Leben erkämpft haben.

Auf Armin folgte Glenn. Ein netter Familienhund, der die Nachbarshündin schwängerte. Der Nachbar war so stolz auf seine Welpen, dass er sie für das »Hamburger Abendblatt« fotografieren ließ. Kurz nach diesem Artikel war das Pärchen samt Welpen weg. Es war gestohlen worden. Glenn war eben nicht so ein Wachhund wie Armin.

Als ich meine Frau Alexandra, die in München lebte, kennengelernt habe, besuchte sie mich oft in Hamburg. Ich wohnte gegenüber der Kanzlei in einer Einzimmerwohnung, die dreißig Quadratmeter inklusive Küche und Balkon groß war. Wenn Alex am Wochenende kam, öffnete sie ihren Koffer und die Wohnung war voll. Eines Tages kamen wir auf die Idee, uns einen Hund anzuschaffen. Wir wollten probieren, ob ein Lebewesen bei uns überleben würde. Wir suchten einen Hund, der schon mal vorsorglich kinderlieb sein sollte und gleichzeitig wachsam. So kam Fritzi zu uns, ein Soft Coated Wheaten Terrier. Unglaublich wachsam, unglaublich feindselig zu Fremden und unglaublich lieb zu Kindern.

Nach Fritzi kamen zahlreiche weitere Hunde. Heute haben wir insgesamt drei Mischlinge aus dem Tierheim in allen Formen und Farben. Ich liebe alle diese Hunde, aber keiner ist wie Armin.

Justus Frantz – Einsatz für einen Freund

Meine Frau war in erster Ehe kinderlos mit Justus Frantz verheiratet. Alexandra ist Patentante seines Sohns aus seiner späteren Ehe mit der russischen Violinistin Ksenia Dubrowskaja, und Justus gehört irgendwie mit zu unserer Familie. Er war früher nicht nur als Pianist und Dirigent berühmt und geschätzt. Er war auch ein Fernsehstar mit seiner regelmäßig ausgestrahlten Fernsehsendung »Achtung! Klassik«, in der er das deutsche Publikum an klassische Musik heranführte. Wir haben die Sendung manchmal spöttisch »Vorsicht! Klassik« genannt. Justus trat immer charmant auf die Bühne und erklärte den Leuten, was sie denn jetzt hörten und warum Mozart gerade dieses Stück zu einem bestimmten Zeitpunkt in seinem Leben komponiert hatte. Das Publikum liebte diese Sendung, sie hatte eine für Kulturformate ungewöhnlich hohe Einschaltquote von fünfzehn Prozent.

Justus Frantz gründete zudem gemeinsam mit seinem Freund Leonard Bernstein das Schleswig-Holstein-Musikfestival und leitete es geraume Zeit. 1994 bekam er Ärger mit der Schleswig-Holsteinischen Regierungschefin Heide Simonis. Die beiden verstanden sich überhaupt nicht. Justus war überzeugt, dass Simonis ihn nicht nur für das Minus in der Festivalkasse verantwortlich machte. Sie sei zutiefst beleidigt, dass Frantz sie nicht eingeladen habe, als der damalige Bundespräsident Roman Herzog in Salzau, im Zentrum des Schleswig-Holstein Musikfestivals, zu Besuch war.

Währenddessen begannen die Schulferien und ich war mit der gesamten Familie im Haus von Justus auf Gran Canaria. Er hatte uns eingeladen, die Ferien dort zu verbringen. Die Anspannung vor den Ferien in der Kanzlei und der Stress verschiedener Verhandlungen hatten mich umgeworfen. Am Tag nach unserer Ankunft bekam ich eine schwere Grippe mit vierzig Grad Fieber und lag halbtot im Bett. Da rief Justus aus Hamburg an und sagte, er wolle sich die Auseinandersetzung mit Frau Simonis nicht mehr bieten lassen und als Leiter des Festivals zurücktreten. Ich sollte ihn zu einer Pressekonferenz begleiten, auf der er seinen Rücktritt verkünden würde. Ich bat ihn um drei Tage Pause. Die bekam ich auch, dann flog ich wieder nach Hamburg und saß bei der Pressekonferenz zu seinem Rücktritt neben ihm. Auf den Fotos dieser Pressekonferenz sehe ich noch ganz fiebrig aus.

In meinem Leben habe ich viele Mandanten bei ihrem Rücktritt begleitet. Sie standen meistens so stark unter öffentlichem Druck, dass sie nur noch wollten, dass der Druck aufhört. Die meisten Menschen glauben, dass mit ihrem Rücktritt die öffentliche Demütigung vorbei ist. Doch das stimmt nicht. Die negativen Geschichten kommen immer wieder hoch. Ich rate in solchen Situationen immer vom Rücktritt ab. Stattdessen: Aufstehen und abklopfen!

Künstler mögen kritische Äußerungen zu ihrer Arbeit mindestens ebenso wenig wie normale Bürger. Entsprechend hat sich Justus Frantz häufig über Konzertkritiken geärgert. Er lernte durch mich den juristischen Ausdruck Schmähkritik kennen und hoffte manchmal, unter diesem Begriff Rechtsansprüche zu haben.

Daraufhin musste ich ihm jedes Mal erklären, dass Konzertkritiken nach der ständigen Rechtsprechung »freie Meinungsäußerungen« und daher einer gerichtlichen Kontrolle nicht zugänglich sind. So war es auch einmal in Dresden. Die *Dresdner Neuesten Nachrichten* hatten ein Konzert von Justus Franz brutal verrissen: »Wenn ein Werk von beträchtlicher Länge innerlich erfüllt ist, dann ist es eben die Große Sinfonie in C-Dur; von beträchtlicher Länge ja, von Erfüllung hingegen keine Spur. Aus der Sinfonie der ›himmlischen Längen wie ein dicker Roman in vier Bänden‹ (Robert Schumann) wurde unter des Dirigenten Hand ein zäh dahintröpfelnder Wälzer teuflischer Langeweile. An die Stelle von Beschaulichkeit ward stumpfe Banalität gesetzt, aus dynamischer Rhythmik wurde bombastisches Pathos.«

»Aber ich habe das Stück doch gar nicht gespielt«, beteuerte Justus.

Was war passiert? Kurz vor Beginn des Konzerts hatte Justus das Repertoire des Abends ändern müssen, weil sich herausstellte, dass eine ratternde und tutende Kindereisenbahn die in einem Park

Pressekonferenz mit Justus Frantz nach dessen Rücktritt als Intendant des Schleswig-Holstein-Musikfestivals

geplante Open-Air-Aufführung der Schubert-Sinfonie unmöglich machte. Stattdessen gab es die zur lauten Umgebung passenden Ungarischen Tänze von Johannes Brahms und den Radetzky-Marsch. Der Kritiker der *Dresdner Neuesten Nachrichten* war also offensichtlich gar nicht in dem Konzert gewesen.

Wenn man in ein juristisches Lehrbuch oder einen juristischen Kommentar schaut, stößt man schnell auf die Aussage, dass Konzertkritik dort als die typische Meinungsäußerung bezeichnet wird. Der Jurist, der an dieser Stelle nicht weiterdenkt, wird glauben, dass alle Konzertkritiken zulässige Meinungsäußerungen sind. Das dachten auch die Juristen der *Dresdner Neuesten Nachrichten*, die uns durch mehrere Instanzen zwangen, bevor sie aufgaben. Seither steht fest, dass Konzertkritiken zwar der Meinungsäußerungsfreiheit unterliegen, aber nur dann, wenn das Stück tatsächlich gespielt wurde. Wenn es die Musik gar nicht gegeben hat, kann die Musikkritik nicht richtig sein.

Es ist leider typisch für deutsche Juristen, dass wir diesen Rechtstreit führen mussten. Sie denken häufig nach dem ersten Blick in den Kommentar nicht mehr weiter. Ein amerikanischer Jurist hingegen würde darüber nachdenken, ob das ernsthaft die richtige Entscheidung sein kann. Die Argumente für und wider die Zulassung einer solchen Meinungsäußerung sind schnell gefunden. Wir schützen die Meinungsfreiheit, um den freien und ungehinderten Austausch von Informationen zu ermöglichen. Können Konzertkritiken, die Musik kritisieren, die nie gespielt wurden, einen solchen Beitrag leisten? Ganz klar nein! Im Gegenteil. Sie sind Fake News. Das haben irgendwann auch die Juristen der *Dresdner Neuesten Nachrichten* nach dem Urteil des OLG Dresden vom 14. November 1996 (4 U 2271/96) einsehen müssen.

Wenn die Brücken beben – Marathon in Manhattan

Die ersten Jahre meiner Berufstätigkeit habe ich praktisch durchgearbeitet und mir kaum freie Zeit gegönnt. Das hat mir nichts ausgemacht, da ich meinen Beruf liebte, jede gerichtliche Auseinandersetzung genoss und gern bis in die Nacht Schriftsätze schrieb. Die juristische Arbeit war schon das Richtige für mich. Da meine Frau in ihrer PR-Agentur weiterarbeitete, brauchten wir ein Au-pair, idealerweise englischsprachig, um unserer Tochter von vornherein zweisprachig aufwachsen zu lassen. Alexandra, die neben ihrem deutschen Sinologiestudium in New York an der Parson School of Design studiert hatte, und ich wussten um die Wichtigkeit einer zweisprachigen Erziehung. Wir fanden eine englische Sportlerin, deren Schwester zu dieser Zeit auf Platz Eins der englischen Tennisrangliste stand. Sie selbst lief, schwamm und fuhr Rad. Ich war begeistert von ihrem sportlichen Ehrgeiz und sie motivierte mich, wieder intensiv Sport zu treiben, den ich wegen der vielen Arbeit etwas vernachlässigt hatte.

Unser erster gemeinsamer Run war vom Alster-Anleger Rabenstraße zum Restaurant Bobby Reich. Das sind nicht mehr als vielleicht anderthalb Kilometer, aber ich war kaputt, als wir ankamen. Mit diesem Lauf begann meine Rückkehr in das Sportleben. Von nun an begann ich, meinen schlappen Schreibtischkörper wieder zu trainieren und nahm später regelmäßig an Marathonläufen und Triathlon-Wettbewerben teil. Um immer auf dem richtigen Trainingsstand zu sein, teilte ich das Jahr in drei oder vier Wettkämpfe auf, zum Beispiel den Hamburg-Marathon im Frühjahr, den Berlin-Marathon im Herbst und den New York-Marathon im Spätherbst, dazwischen den Hamburg-Triathlon und den Kieler Triathlon. Nicht alle Wettbewerbe konnte ich wegen meiner beruflichen Belastung alljährlich durchführen, aber der Wechsel von Laufen, Schwimmen und Radfahren tat mir gut und steigerte meine Kondition.

Meine erste Teilnahme am New York-Marathon habe ich Gerhard Strate, dem renommierten Hamburger Strafverteidiger, zu verdanken. Wir kannten uns nicht persönlich, aber grüßten uns morgens manchmal beim Alsterlauf. Wir saßen zufällig nebeneinander im Flieger von Frankfurt/Main nach Hamburg, als er mich ansprach: »Herr Prinz, Sie laufen doch auch jeden Morgen. Haben Sie nicht Lust, mal den New York Marathon zu laufen?« Darüber hatte ich noch nie nachgedacht, war aber fasziniert. Wir sprachen darüber und er schilderte mir seine Erfahrungen. Er hatte den Marathon in New York schon einmal absolviert und wollte es jetzt ein zweites Mal tun. Kurz nach diesem Gespräch über den Wolken sagte ich meine Teilnahme zu. Strate übernahm alle Anmeldungen und Buchungen. Schließlich flogen wir zusammen nach New York. Wir aßen abends in einem schönen italienischen Restaurant eine Menge Pasta zur Vorbereitung auf das Rennen. Obwohl ich es immer wieder geplant hatte, schaffte ich es dann in den folgenden Jahren nicht, ein zweites Mal New York zu laufen. Der Start im November war ziemlich unglücklich, weil ich vor dem Jahresende immer eine Vielzahl von Terminen hatte, die den Terminkalender im Nu füllten und eine mehrtägige Reise nach New York nicht zuließen. Dass ich den zweiten New Yorker Marathon dann doch gelaufen bin, habe ich meiner Frau zu verdanken. Prinzessin Caroline hatte uns zu einer Charity-Veranstaltung nach New York eingeladen, aber ich hatte keine Lust. Da erzählte Alexandra, dass an diesem Wochenende auch der New York Marathon stattfinden würde. Willst du das nicht verbinden und Fidi zu seinem achtzehnten Geburtstag mitnehmen? So kamen wir zu Charity, Marathon und dem Geburtstag unseres Sohnes in einem. Am Tag nach dem Marathon stand ich mit Fidi auf der Aussichtsplattform des Empire State Building, von der man einen fantastischen Blick über Manhattan hat. »Fidi, schau mal« sagte ich, »da drüben ist die Queensboro Bridge, die ist so brutal, der Anstieg bringt einen um. Da hätte ich gestern fast aufgegeben.« Daraufhin sagte ein Mann neben mir: »Dort hätte ich gestern auch fast aufgegeben.« In den Straßen von New York wimmelt es in diesen Tagen von Läufern mit Startnummern und Medaillen, die ganze Stadt fiebert mit den Sportlern mit. Über den New York Marathon allein könnte man ein Buch schreiben. Wie toll es ist, sich morgens mit mehr als fünfzigtausend anderen Verrückten aus aller Welt auf der Verrazano-Bridge zu treffen und dort zu warten, bis der Startschuss fällt. Das Rennen findet immer im November statt und normalerweise ist es bereits saukalt, aber es wölbt sich immer ein strahlend blauer Himmel über der Stadt. Man fährt morgens um fünf Uhr mit der Fähre von Manhattan hinüber nach Staten Island und trägt über den Laufklamotten möglichst wärmende alte Sachen, die man dann im Startbereich auszieht und liegen lässt. Das nennt man als Jurist Dereliktion: die Eigentumsaufgabe. Auf der zweigeschossigen Brücke gibt es drei oder vier Starts hinter- und übereinander. Man schummelt sich nach vorn, um möglichst gut zu starten und dann glaubt man plötzlich, einem sei schlecht geworden. Die ganze Welt scheint zu vibrieren. Tatsächlich vibriert die Brücke, weil fünfzigtausend Läufer losrennen. Ich habe diesen Start zweimal erlebt und war jedes Mal begeistert.

Man läuft über die schwingende Brücke, die Sonne scheint und im Hintergrund leuchtet die Skyline von Manhattan. Auf dem Wasser spritzen Feuerlöschboote Fontänen in die Luft, aus den Lautsprechern schallt der Song »New York, New York«, natürlich gesungen von Frank Sinatra. »If you can make it here, you make it anywhere«. Wow. Wer da nicht zu Tränen gerührt ist, hat kein Herz.

Unglaubliche Emotionen gab es nicht nur in New York, sondern auch bei allen anderen Marathons, die ich laufen durfte. Es beginnt mit dem Training. Man trainiert Ausdauer, also nicht Kraft oder Schnelligkeit, sondern ganz lange Strecken, langes Radfahren oder langes Laufen bei niedrigem Puls. Wenn man zum Beispiel im April in Hamburg einen Marathon laufen will, muss man spätestens im Dezember mit dem Training beginnen. Man braucht eine sportärztliche Untersuchung und idealerweise einen Trainingsplan. Dann wird gelaufen, gelaufen, gelaufen. Das Schöne ist, dass man sich wirklich durch Training steigern kann und dadurch der Schmerz während des Laufens und nach dem Laufen nachlässt. Meinen ersten Marathon lief ich in Hamburg. Ich habe fast fünf Stunden gebraucht und konnte hinterher drei Tage keine Treppen steigen. Ich bin die Treppe zu meinem Schlafzimmer rückwärts Stufe für Stufe hinaufgerutscht, mit dem Hintern auf den Händen abgestützt. Nach dem Hamburg-Marathon im April war ich immer ganz froh, wenn ich das Lauftraining reduzieren und dafür mehr Schwimmen und Radfahren einbauen konnte, weil dann schon der erste Triathlon des Jahres anstand. All diese Wettbewerbe sind eine unglaubliche Selbstquälerei, aber sie machen einfach wahnsinnig viel Freude.

In New York läuft man fast durch die ganze Stadt. Das Ziel befindet sich im Central Park und man merkt zum ersten Mal, dass der Central Park hügelig ist. Die letzten fünfhundert Meter vor dem Ziel geht es steil bergauf. Genau an diesem Anstieg habe ich bei meinem letzten Marathon mit dem mir selbst gesetzten magischen Vier-Stunden-Limit gekämpft und es zu meinem großen Vergnügen unterboten. Ich habe die Strecke in drei Stunden und dreiundfünfzig Minuten bewältigt, mein persönlicher Rekord. In der ganzen Stadt stehen Schaulustige am Straßenrand. Überall gibt es Rockbands, die spielen und einen motivieren, während man in ihrem Geräuschumfeld läuft. Man trägt eine Nummer auf dem Trikot sowie seinen Vornamen in großen Buchstaben, sodass die Zuschauergruppen sich einzelne Läufer herauspicken können, um sie anzufeuern. Man kann sich gar nicht vorstellen, wie motivierend es ist, nach fünfundzwanzig Kilometern Laufstrecke von völlig fremden Menschen angefeuert zu werden. Die Zuschauer lesen die Namen und feuern einen an. »Matthias, go for it!«, »You can do it!«, »You are doing great!«, »Run, Matthias, run!«. So in etwa waren die Zurufe. Der Marathon in New York ist natürlich etwas ganz Besonderes, aber auch die deutschen Marathons machen unglaublichen Spaß. Ich freute mich in Hamburg schon immer auf den Zieleinlauf, der die letzten Male unmittelbar vor dem Hanseatischen Oberlandesgericht stattfand, das ich spöttisch mein »Leibgericht« nannte. Auch das hat mich motiviert, denn ich war bei meinem zweiten Marathon in Hamburg so fertig, dass ich mich nur noch übergeben wollte. Aber ich habe mir gesagt: »Du kannst doch jetzt nicht vor dein Leibgericht kotzen!«

Der Reiz des Triathlon

Auch an Triathlons habe ich gern teilgenommen. In dieser Disziplin ist es gerade der Wechsel zwischen Schwimmen, Fahrradfahren und Laufen, der das Ganze so spannend macht. Es gibt unterschiedlich lange Wettkämpfe. Der berühmte Ironman auf Hawaii besteht aus dreieinhalb Kilometern Schwimmen, hundertachtzig Kilometern Radfahren und dann noch dem Marathon mit zweiundvierzig Kilometern. Die klassische olympische Distanz sind anderthalb Kilometer Schwimmen, vierzig Kilometer Radfahren und zehn Kilometer Laufen. Und schließlich gibt es noch

Impressionen vom Triathlon

Kurzstrecken, die nicht so anspruchsvoll sind. Udo Bölts war ein Radfahrer im Team Telekom, der häufiger an der Tour de France teilgenommen hat als jeder andere Sportler. Er fuhr viele Jahre mit dem Tour de France-Gewinner Jan Ulrich. Bölts ist auch bekannt

Als Triathlet

dafür, dass er Jan Ulrich bei seinem Endspurt zum Titel auf der entscheidenden Bergetappe bei der Tour de France zugerufen hat: »Quäl Dich, Du Sau!« Dieser Satz ist legendär.

Bei einem der Telekom-Trainingslager auf Mallorca saß Udo Bölts neben mir beim Frühstück und ich fragte ihn: »Udo, ich habe gehört, Du hättest den Iron Man auf Hawaii gemacht. Wie war das denn?«

Beim Kite-Surfern

Bölts erzählte, er habe sich gedacht, das Schwimmen kriege ich schon irgendwie hin und dann kommt ja das Radfahren, das kann ich sowieso, danach muss ich nur noch irgendwie nach Hause laufen. Letzteres ist in Hawaii allerdings noch ein kompletter Marathon nach dem Radfahren und dem Schwimmen.

»Und? Wie war dein Lauf?«, fragte ich. Bölts erzählte, er sei beim Schwimmen so seekrank geworden, dass er sich die gesamte Strecke übergeben musste. Entsprechend schlecht war er dann auf dem Fahrrad und beim Laufen konnte er es auch nichts mehr herausholen.

Udo Bölts hat als absoluter Supersportler und Ausdauerspezialist immerhin zehn Stunden gebraucht, während der Sieger nach acht Stunden im Ziel war. Zehn Stunden für den ersten Ironman sind jedoch eine großartige Zeit, die nur ein Ausnahmeathlet wie Bölts im ersten Anlauf schaffen konnte.

Als Skifahrer

Sir Rocco Forte ist ein englischer Hotelbesitzer, der ebenso wie ich triathlonverrückt war. Ihm gehören unter anderem das Brown's Hotel in London, das Hotel de Rome in Berlin, die Villa Kennedy in Frankfurt und The Charles Hotel in München. Forte ist berühmt dafür, dass er sich auf Marathons und Triathlons mit Jogging im Hyde Park vorbereitet, während ein Rolls Royce mit Wasserflaschen ihm hinterherfährt. Anlässlich der Triathlon-Weltmeisterschaft 2007 in Hamburg fragte das *Manager Magazin* Rocco Forte und mich in einem Doppelinterview, wie man als beruflich stark beanspruchter Mensch die Zeit für solche Hobbys findet. Außerdem wollte das Magazin wissen, wie viele Rennräder wir besäßen. Ich war sehr bescheiden und wollte nicht im *Manager Magazin* als Ausrüstungsfreak dastehen. Deshalb erzählte ich nur von meinem ersten Rad, einem schwarzen wunderschönen Gios, das ich gebraucht dem ehemaligen *Stern*-Chefredakteur Werner Funk, einem begeisterten Radfahrer, abgekauft hatte. Rocco war sehr viel offener und berichtete von den vielen Rennrädern, die er besaß. Als ich ihn darauf hinwies, dass nicht weit vom Hotel Vier Jahreszeiten, in dem er wohnte, am Valentinskamp ein toller Fahrradladen sei, gestand er mir, dass Fahrradläden auf ihn dieselbe Anziehungskraft hätten wie Juweliergeschäfte auf seine Frau.

Christo und Jeanne-Claude – Ein Abendessen für die Kunst

Im Februar 1994 planten der US-Künstler Christo und seine Ehefrau Jeanne-Claude, den Reichstag zu verhüllen. Das Ganze war eine spektakuläre Aktion. Wer den verhüllten Reichstag gesehen hat, wird dieses Bild nie wieder vergessen. Doch bevor es dazu kam, musste der Bundestag über die Frage abstimmen, ob das Reichstagsgebäude überhaupt verhüllt werden darf. Und das war stark umstritten. Ich hatte schon davor einen ersten Kontakt mit Christos französischem Anwalt, der ihn bei der Verpackung der Pont Neuf beraten hatte. Er und Volker Skierka, ein befreundeter Journalist, empfahlen Christo, sich an meine Frau und mich zu wenden.

Wir veranstalteten mit den Christos ein Abendessen in unserem Hamburger Haus. Dazu lud Alexandra alle wichtigen Chefredakteure Deutschlands ein. Christo und Jeanne-Claude hielten einen Vortrag. Sie schilderten ausführlich, was sie mit dem Reichstag vorhatten. Nach dieser Veranstaltung kippte die öffentliche Stimmung, die zunächst gegen das Vorhaben bestand, zu dessen Gunsten. Alle von uns eingeladenen Journalisten waren offenbar von der Persönlichkeit der Christos und ihrem Vorhaben so überzeugt, dass sie in ihren Medien für die Reichstagsverhüllung plädierten. Und so kam es dann auch. Nur die Finanzierung war noch nicht gesichert, denn die aufwendige Aktion sollte durch den Verkauf von Skizzen, Fotos und Zeichnungen des Projekts finanziert werden.

Zu dem Abendessen mit Christo hatte meine Ehefrau auch Reinhold Würth eingeladen, den sie als sehr wohlhabenden

Kunstliebhaber und Sammler kannte. Das Kalkül ging auf, Würth und die Christos verstanden sich prächtig. Reinhold Würth kaufte für sein Museum so viele Kunstwerke der Christos, dass diese mit dem Geld den Reichstag komplett in silbrig glänzende Folie verpackt haben. Diese Geschichte belegt ein besonderes Talent meiner Frau, die es immer wieder versteht, unsere Kontakte und unseren mittlerweile gewachsenen Einfluss zur Förderung kultureller oder wohltätiger Zwecke zu nutzen.

Butz Peters und das Medienrechtslehrbuch

Nach der Talkshow-Sendung »River Boat« vom MDR in Dresden zum Thema »Paparazzi-Fotos« am 20. April 1995 sprach mich ein netter Zuschauer an. Er würde meine Arbeit schon lange verfolgen und sei sehr daran interessiert. Ob er denn als eine Art Referendar bei uns in der Kanzlei anfangen könne? Der Mann sah ziemlich alt aus für einen Referendar. Wir unterhielten uns eine Weile und ich stellte fest, dass er schon auf eine lange Karriere als Journalist und Buchautor zurückblicken konnte, obwohl er Jura studiert hatte. Es war Butz Peters, der später insbesondere durch sein Buch »Tödlicher Irrtum: Die Geschichte der RAF« bekannt geworden ist. So kam ich auf eine Idee, die mir schon lange im Kopf herumspukte. Unsere Massen von unveröffentlichten Entscheidungen, die wir in Hunderten von Aktenordnern stapelten, mussten aufgearbeitet, katalogisiert und idealerweise in Buchform gebracht werden, um bestimmte Tendenzen der Rechtsprechung zu dokumentieren. Butz Peters kam als Referendar, blieb bis 2001 als mein Partner und ich konnte ihn von meinem Buchprojekt überzeugen. Auch er hatte bei seiner eigenen Arbeit immer wieder festgestellt, wie wichtig eine gute Kenntnis des Medien- und Persönlichkeitsrechts ist und hatte genauso wie ich den Ehrgeiz, ein auch für Nicht-Juristen verständliches Buch zu schreiben. So machten wir uns

Mit Buch-Co-Autor Butz Peters

ans Werk und produzierten Seite um Seite. In der Spätphase des Buchprojekts zogen Butz, unsere Sekretärin Sandra Ostermann und ich gemeinsam sechs Wochen nach Schleswig-Holstein. Dahin, wo ich mich bereits aufs Erste Staatsexamen vorbereitet hatte. Wir saßen im Garten, inmitten von schnatternden Gänsen, und redigierten die Texte an einem Biertisch. Ich las immer eine Seite und machte meine Anmerkungen, dann schob ich sie rüber zu Butz. Er korrigierte und so näherten wir uns langsam der Veröffentlichungsreife des Manuskripts. Insgesamt gelang es uns, die journalistischen Erfahrungen von Butz, die juristische Expertise unserer Kanzlei, Manfred Engelschalls Kenntnisse sowie meine eigenen Prozesserfahrungen in dem Buch »Medienrecht – Die zivilrechtlichen Ansprüche« zusammenzufassen, das dann 1999 erschien. Wahrscheinlich ist es das praxistauglichste juristische Lehrbuch, das jemals geschrieben wurde. Die Aktualisierung durch eine weitere Auflage wollten wir später einem Partner überlassen, aber Butz war mit der Qualität nicht zufrieden. Der

Kollege, der mit der Überarbeitung beauftragt war, wechselte kurz darauf in eine andere Kanzlei. Das führte dazu, dass eine zweite Auflage nie erschien.

Mit Butz Peters hätte ich gern noch ewig zusammengearbeitet. Er ist ein außergewöhnlich intelligenter, sorgfältiger und origineller Kopf. Aber leider saß eines Tages Eduard Zimmermann in unserem Wartezimmer. Zimmermann war der Chef und wohl auch Erfinder der Sendung »Aktenzeichen XY ungelöst«, die noch immer im Zweiten Deutschen Fernsehen läuft. Butz Peters sollte nach dem Wunsch von Zimmermann künftig als sein Nachfolger die Redaktion leiten und die Sendung moderieren. So wurde Butz zum Fernsehstar und ich verlor einen meiner begabtesten Kollegen.

Das Buch wurde – für juristische Verhältnisse – ein großer Erfolg. In vielen Zeitungen, Zeitschriften und Sendungen wurde es besprochen. Butz und ich wurden auch zu Lesungen eingeladen. An eine Veranstaltung in München im Beck-Verlag erinnere ich mich besonders gut. Dort saß Dirk Ippen, der bekannte Verleger der Münchner Boulevard-Zeitung *TZ* und des *Münchner Merkur*, im Publikum und stellte kluge Fragen.

Das Buch hatte für mich aber noch andere Folgen. Die Freie Universität Berlin, an der ich schon einige Zeit lehrte, nutzte den Zeitpunkt seines Erscheinens, um mir im darauffolgenden Jahr eine Honorarprofessur zu verleihen. Wir feierten meine Professur in Berlin im Restaurant »Schwarzenraben«. Das Ganze war ein akademischer Ritterschlag. Zu den Gästen zählten Justizministerin Herta Däubler-Gmelin und die Hamburger Ex-Justizsenatorin Lore-Maria Peschel-Gutzeit. Auch Otto Rehagel, Monika Griefahn, Lothar Loewe und Peter Boenisch feierten mit. Die Berliner Ernennung war meine zweite Professur. Achim Exner, der ehemalige Bürgermeister von Wiesbaden, hatte mir ein Jahr vorher eine Professur antragen lassen, weil er Interesse daran hatte, den Medienschwerpunkt der Hochschule in Wiesbaden zu verstärken. Aber die Freie Universität Berlin, die nach der Nazi-Zeit gegründet wurde, um in Deutschland wieder freie Lehre und Forschung zu betreiben, hatte natürlich eine andere Qualität. Die Freie Universität (FU) gilt laut internationalen Rankings als beste deutsche Universität für Geisteswissenschaften. Später wurde ich in Berlin zusammen mit Professor Russ-Mohl und dem Dekan Dieter Lenzen Gründungsmitglied der Media Professional School, die es bis zum heutigen Tag gibt.

Home Office auf dem Berg

Nachdem wir viele Jahre die Sommerferien auf Einladung meines Vaters in einem sehr schönen Hotel auf Sardinien verbracht haben, wechselte die Herberge den Besitzer. Das neue Hotelmanagement ordnete an, dass Kinder künftig nicht mehr im Dinner-Saal essen durften. Meine Eltern, die sich das ganze Jahr darauf freuten, zwei Wochen mit ihren zehn Enkelkindern zu verbringen, werteten das als Rausschmiss und fuhren nie wieder nach Sardinien. Ich hatte das große Glück, bei Freunden eingeladen zu sein, die ein Haus am Strand direkt neben dem Hotel Romazzino an der Costa Smeralda haben. Dort wo auch VW seine neuen Modelle präsentiert und der damalige VW-Chef Martin Winterkorn Ferien machte. Heute wäre das Haus unbezahlbar, das der Vater dieser Freunde in weiser Voraussicht gebaut hatte, als neben seinem Strandgrundstück das Hotel entstand. Im Sommer war bei ihm immer eine bunte Schar eingeladen. Die meisten frühstückten sehr spät, so gegen dreizehn Uhr, aber ich war schon immer sehr früh wach, weil ich es liebte, am Morgen Sport zu treiben. Ich lieh mir ein Mountainbike im Hotel Romazzino und fuhr auf den berühmten Monte Nero, den Berg, von dem mir der Aga Khan schon erzählt hatte. Immer, wenn der Aga Khan Zeit zum Nachdenken brauchte, ließ er sich auf den Monte Nero fahren, ging dort ein wenig spazieren, genoss die Aussicht und sammelte seine Gedanken.

»Das ist mein Nachdenkberg«, hatte er mir erzählt.

Bei diesen Radtouren wurde ich oft begleitet von meinem Freund Matteo Thun, dem bekannten Architekten und Designer aus Mailand. Matteo und ich fuhren über Schotterstraßen, bis wir oben auf dem Gipfel des »Monte Nero« waren. Wir schauten auf die wunderschöne Landschaft, aßen jeder eine Banane und tranken etwas Wasser. Dann eröffneten wir unsere Büros, das heißt, wir telefonierten mit unseren Mitarbeitern in Hamburg und Mailand. Rechtzeitig zum Frühstück waren wir gegen dreizehn Uhr wieder in unserem Haus.

Spenden für das Kinderhilfswerk

Am 6. April 2000 veranstaltete meine Frau in Berlin eine Wohltätigkeits-Veranstaltung für die Mentor Stiftung, das Kinderhilfswerk der Königin von Schweden. Es gab ein festliches Dinner und eine Versteigerung, welche der berühmte Schweizer Auktionator Simon de Pury leitete. Unter anderem wurde ein handsigniertes Exemplar des Mammutbuchs SUMO von Helmut Newton versteigert. Helmut und die schwedische Königin waren persönlich anwesend. Helmut Newton war in Gesellschaft ein scheuer Mann und bestand darauf, dass ich neben ihm sitze, damit er sich während des Abendessens nicht langweilte. Als sich abzeichnete, dass für das Buch nicht genug Geld zusammenkommen würde, ging ich zu Königin Silvia, nahm sie an die Hand und stieg mit ihr zu Simon de Pury auf die Bühne. Wir forderten die Gäste auf, darunter auch die Fürstenfamilie aus Luxemburg, deutlich mehr Geld zu spenden. Das wirkte. Insgesamt sechshundertzwanzigtausend Mark kamen schließlich für das Buch zusammen. Ihre Majstät und Helmut waren begeistert. Am Abend saßen wir nach der Veranstaltung mit Helmut und seiner Frau June in der Bar des Four Seasons Hotels. Helmut Newton machte von meiner sehr zufriedenen Frau und mir ein Foto, einen echten Newton.

Spendengala für die Mentor Stiftung von Königin Silvia: Mit Helmut Newton und Königin Silvia von Schweden

Ausklang in der Bar des Berliner Four Seasons Hotels nach der Spendengala: Matthias Prinz und seine Ehefrau Alexandra fotografiert von Helmut Newton

Als Sachverständiger für den Bundestag

Im Jahr 2004 lud mich der Deutsche Bundestag als Sachverständigen zur Beratung einer Reform des alten Kunsturhebergesetzes ein, welches das Recht am eigenen Bild schützt. Es war kurz nachdem ich das Caroline-Urteil in Straßburg erstritten hatte. Ich wurde eingeladen, weil die Parlamentarier von mir hören wollten, wie die Konsequenzen aus dem Straßburger Urteil in ein neues Gesetz umgewandelt werden könnten. Um das zu veranschaulichen, hatte ich eine Powerpoint-Präsentation mit vielen Fotos vorbereitet. Anhand des jeweiligen Fotos erläuterte ich, ob dieses Foto derzeit erlaubt oder verboten ist und ob es nach dem geplanten Gesetzesvorhaben in Zukunft erlaubt oder verboten sein würde. Ich fand es wichtig, dass die Abgeordneten verstanden, welche praktischen Konsequenzen ihr Gesetzesvorhaben haben könnte. Mein sehr sachorientierter Vortrag sollte, so war meine Hoffnung, in ein neues, vernünftiges Gesetz zum Schutz der Privatsphäre und des Rechts am eigenen Bild münden.

Dazu kam es aber nicht. Die Parlamentarier begannen einen Kuhhandel, der mich sprachlos machte.

Da sagte der eine zu dem anderen: »Also, wenn Sie mir bei dem Gesetzesvorhaben entgegenkommen, das wir heute Morgen diskutiert haben, komme ich Ihnen bei diesem hier entgegen.«

Und so ging es hin und her. Die Parlamentarier der Fraktionen hatten offensichtlich überhaupt kein Interesse an einer inhaltlich sachgerechten Lösung. Nicht eine Sekunde gab es eine Diskussion über die Fakten. Es ging ihnen ausschließlich darum, eigene Parteiinteressen durchzusetzen. Ich bin danach noch häufiger als Sachverständiger von Arbeitsgruppen des Bundestages eingeladen worden, aber nie wieder hingegangen. So viel Zeitvergeudung braucht kein Mensch. Dabei sind Gesetze enorm wichtig. Sie sind die Spielregeln unseres gesellschaftlichen Zusammenlebens. Sinnvollerweise sollen Gesetze auch das Verhalten der Menschen so steuern, dass es allen möglichst besser geht.

Der Verlust eines Freundes

Neben Kite-Surfen, Segeln, Schwimmen, Laufen und Radfahren war ich auch begeisterter Bergfan. Ich hatte einen Bergführer namens Hartl Schweiger aus Landeck, mit dem ich jedes Jahr die schönsten Skitouren mit Tourenski, Fellen und Harscheisen lief. Als ich eines Tages wieder einmal aus Hamburg gekommen war und am nächsten Morgen mit Hartl im Lift den Berg hochfuhr, fragte er mich, was ich denn eigentlich in meinem Beruf den ganzen Tag so machen würde. Nachdem ich es ihm wortreich erklärt hatte, fasste er es zutreffend zusammen: »Also, Du streitest Dich den ganzen Tag.«

Das war eine interessante Perspektive auf meinen Job. Aber er hatte wohl recht.

Einige Jahre später starb Hartl in einer Lawine an der Wiesele-Kante zwischen Lech und Zürs. Er fuhr mit einer Skigruppe den Seekopf-Lift hinauf und lief dann abseits der Piste im Tiefschnee zur Wiesele-Kante.

Dort schaute er hinunter und sagte zu seiner Gruppe: »Bleibt ihr mal hier oben. Der Hang sieht nicht gut aus. Ich gehe da jetzt mal rein und ihr kommt nach, wenn ich unten heil rauskomme.«

Kurz darauf brach der Hang. Hartl wurde von der Lawine metertief in einen Bachlauf am Fuß des Berges gedrückt. Er hatte keine Chance zu überleben.

Hartl war jahrelang am Arlberg der Chef der Lawinenkommission gewesen. Er musste entscheiden, wann welche Abfahrten geöffnet oder geschlossen werden. Er war der Erfahrenste aller Bergführer und ist dennoch, wie es so schön heißt, am Berg geblieben. Da Hartl im Sommer noch die Anton-Graf-Hütte im Pitztal auf 2600 Metern Höhe unterhielt, in der es bekanntermaßen den besten Kaiserschmarrn Österreichs gab, war er in Landeck und Umgebung ein sehr bekannter Mann. Ich habe mit Hartl Schweiger einen meiner besten Freunde verloren. Seine Beerdigung in Landeck hat mich tief beeindruckt. Die Solidarität und Sympathie seiner Bergfreunde galt ihm schon wegen seines heldenhaften Abgangs, bei dem er seine Skigruppe gerettet hatte.

Ich kam mit dunklem Anzug von einem Gerichtstermin in München nach Landeck und fühlte mich zunächst etwas fremd. Alle trugen Tracht und es wurde Blasmusik gespielt. Bemerkenswert war, dass die gesamte Skigruppe, für die er seinen Tod riskiert hatte, es nicht für nötig hielt, ihm die letzte Ehre zu erweisen. Keiner war zur Beerdigung erschienen.

Mitglied im World Future Council

Seit vielen Jahren bin ich im Aufsichtsrat der Stiftung des Weltzukunftsrats »World Future Council«, den Jakob von Uexküll, der Gründer des Alternativen Nobelpreises, mit Hilfe von Barbara Seiller, der Familie Otto und des damaligen Hamburger Bürgermeisters Ole von Beust im Jahr 2006 gegründet hat.

Der Weltzukunftsrat zeichnet jedes Jahr Gesetze mit dem »Future Policy Award« aus, die auf besondere Weise der Allgemeinheit nützen und bessere Lebensbedingungen für künftige Generationen ermöglichen. Der »Future Policy Award« wird auch als »Polit-Oscar« bezeichnet.

Einer der ersten Preisträger war das »Belo Horizonte Food Security Program« von 1993. In der brasilianischen Stadt Belo Horizonte hatten die Bauern im Umfeld der Stadt ihre bäuerliche Tätigkeit aufgegeben, weil sie für ihre landwirtschaftlichen Produkte keine Käufer mehr fanden. Die großen Supermarktketten drückten die Preise und die Bevölkerung kaufte lieber dort als bei den lokalen Bauern. Der neu gewählte Bürgermeister von Belo Horizonte, Patrus Ananias, forderte, dass alle Bürger ein Recht auf Ernährung haben und der Staat verpflichtet sei, dieses zu garantieren. Er gründete ein Sekretariat für Ernährungspolitik, in dem zwanzig Bürger aus allen gesellschaftlichen Bereichen berieten, wie gesundes Essen für alle als wesentlicher Teil der sozialen Gerechtigkeit bereitgestellt werden könnte. Unter anderem wurde ein Ernährungsprogramm für Kinder eingeführt, in dessen Folge die Kindersterblichkeit in Belo Horizonte innerhalb von zehn Jahren um sechzig Prozent sank. Um zu gewährleisten, dass das Essen eine hohe Qualität hatte, wurden insbesondere die örtlichen Bauern gefördert und die Bevölkerung über gesunde Ernährung aufgeklärt.

Der Erfolg dieses Projekts war überraschend. Auch die allgemeine Sterblichkeit sowie die Anzahl der Armen gingen zurück. Vierzig Prozent der Bevölkerung haben unmittelbar von dem Programm profitiert. Das Belo Horizonte Food Security Program wurde mit dem Future Policy Award 2009 in der Kategorie »Solutions for the Food Crisis« ausgezeichnet.

So kann Jura sinnvoll sein: Durch kontinuierliche Arbeit an den Regeln, die das Potential haben, unsere Welt besser, gerechter und wohlhabender zu machen. Eigentlich ist diese Tätigkeit des World Future Council nichts als angewandte Rechtsvergleichung, die ich bei Hein Kötz, meinem Doktorvater, gelernt habe. Man betrachtet unterschiedliche rechtliche Regelungen in unterschiedlichen Ländern. Dann prüft man, ob es sich um positive oder negative Regelungen handelt und es bestimmte gesellschaftliche Unterschiede gibt, die eine Übernahme von einer Gesellschaft zur anderen erschweren oder unmöglich machen. Wenn man dann zu dem Ergebnis kommt, dass es in dem einen Land eine übertragbare Regel gibt, die viel besser ist als die in anderen Ländern, dann sollten letztere sie übernehmen.

Beim World Future Council werden allerdings nicht zwei rechtliche Regelungen miteinander verglichen, sondern es wird die eine rechtliche Regelung prämiert, die man für besonders effizient und gut hält. Der Council setzt sich dann für deren Verbreitung ein.

Die Hollywood Connection – Mandate aus der Traumfabrik

Im Sommer 2011 wurde ich zu einer Vortragsveranstaltung in die Schweiz eingeladen. Auf dem Podium saßen neben anderen der Londoner Anwalt Keith Schilling und ich. Wir freundeten uns an, als wir gleich nach der Diskussion auf dem Balkon mit Blick über den Comer See ein Bier tranken. Ich hatte zu diesem Zeitpunkt zwar Erfahrungen mit französischen Gerichten, aber in England hatte ich es noch nicht versucht. Keith Schilling erzählte mir nun, dass die Verfahren dort für die Mandanten schwieriger seien, weil sie als Kläger im Gerichtssaal persönlich auftreten und sich vor Gericht mitunter auch einem Kreuzverhör unterziehen müssten. Insbesondere Mitglieder des Königshauses würden das gern vermeiden. Da hatte ich die Idee, für die englischen Mandanten Verfahren in Deutschland zu führen, weil hier das persönliche Erscheinen im Gerichtssaal nicht verpflichtend ist. Andererseits gibt es in London für Rechtsverletzungen mehr Geld. Die Verfahren kosten allerdings auch mehr, weil man zwei Anwälte braucht. Einen Solicitor, der einen außergerichtlich berät, und einen Barrister, der anschließend das Gerichtsverfahren führt.

Mit Keith Schilling begann eine enge und freundschaftliche Zusammenarbeit, die bis zum heutigen Tag andauert. Die Rechtsanwälte seiner Kanzlei »Schillings« hatten auch verstanden, dass das internationale Recht eine Menge Potential bietet, und begannen mit amerikanischen Staranwälten zu arbeiten. Dadurch haben wir in der Folge ein Geschäft angestoßen, das teilweise gar nicht mehr von unseren Kanzleien zu bewältigen war. Ein großer Vorteil bei meinen Gesprächen in Los Angeles war, dass ich nach all der Zeit im englischsprachigen Raum ein fehlerloses Englisch sprach und amerikanisches Recht verstand. Ich hatte sogar ein wenig Prozesserfahrung in New York sammeln können. Ich war also glaubwürdig, wenn ich die Unterschiede zwischen amerikanischen und europäischen Rechtssystemen erklärte und aufzeigte, wie man diese Unterschiede für die Mandanten sinnvoll nutzen könnte. Wir vertraten, wie schon gesagt, viele internationale Stars, die auch in Deutschland auftraten, wie zum Beispiel Sandra Bullock, Adele und Diane Kruger.

Ich raste von einem Gerichtssaal zum anderen, saß ständig im Flieger und überlegte mir, ein eigenes Flugzeug mit Piloten anzuschaffen, um die verschiedenen Termine besser zu schaffen.

2014 fühlten wir uns auf dem Höhepunkt. Neben den deutschen und internationalen Stars aus Sport und Showgewerbe zählten fast alle großen Wirtschaftsunternehmen der Bundesrepublik zu unseren Mandanten. Dazu ein Drittel der deutschen Spitzenpolitiker. Unsere Kanzlei florierte. Dann kam mein Zusammenbruch.

IV

Im Rollstuhl

Als ich vierzehn Tage nach meinem Zusammenbruch am 11. November 2014 auf der Intensivstation der Asklepios Klinik in St. Georg aufwachte, wusste ich nicht, wo ich war. Ich nahm als Erstes das Alarmgeheul der verschiedenen notfallmeldenden Geräte an den Armen einiger anderer Patienten wahr, die im selben Zimmer lagen, und eine Krankenschwester rief: »Schnell, schnell, der Patient auf Zimmer Siebzehn stirbt!«

Was war geschehen?

Nach meinem Zusammenbruch beim Joggen an der Alster, nahe der Krugkoppelbrücke, bin ich ins Krankenhaus St. Georg eingeliefert worden. Den Herzstillstand von mehreren Minuten hatte ich nur dank glücklicher Zufälle überlebt. Die zufällig hinter mir her joggende Lufthansa-Stewardess Elise Peters hatte es geschafft, durch eine professionelle, heftige Herzdruckmassage mein Herz wieder zum Schlagen zu bringen. Ihr habe ich es zu verdanken, dass ich noch lebe, nachdenken und schreiben kann. Sie massierte mein Herz, bis es wieder schlug und ihre Knie bluteten. Der herbeigerufene Rettungswagen brauchte nur wenige Minuten ins Krankenhaus St. Georg, weil die an der Alster entlanglaufende Sierichstraße ab morgens um sechs bis mittags um zwölf stadteinwärts – und das ist die Richtung zum Krankenhaus St. Georg – eine Einbahnstraße ist, danach darf sie nur stadtauswärts befahren werden. Mein Zusammenbruch erfolgte am Morgen, der Rettungswagen konnte also ohne langen Umweg schnell ins zentral gelegene Krankenhaus rasen. Und, noch ein Glück im Unglück, meine Frau hatte sofort den in St. Georg tätigen Herzspezialisten Prof. Karl-Heinz Kuck alarmiert. Das war ihr nur gelungen, weil wir den international bekannten Mediziner ein paar Abende zuvor bei einem Abendessen kennengelernt hatten und er uns bei dieser Gelegenheit seine Handynummer gegeben hatte. Er wartete also schon auf mich. In der Notaufnahme versorgte mich überdies ein Arzt, den ich ebenfalls schon länger kannte – Burschi Langenstein, Lebensgefährte der ehemals mit Rudolf Augstein verheirateten Autorin Gisela Stelly.

Ich lag im Koma und hatte nach wenigen Tagen auf der Intensivstation ein komplettes Multiorganversagen.

Der diensthabende Arzt sagte zu meinem auf dem Krankenhausflur wartenden Vater: »Wir haben nur noch kurze Zeit! Wenn die Nieren jetzt nicht bald anspringen, müssen wir ihn abschalten.«

Die Nieren sprangen an. Aber als ich Wochen später aufwachte, konnte ich meine Füße und Beine nicht mehr spüren. Von der Hüfte abwärts war ich gelähmt.

An meinem Krankenbett saß mein Sohn Fidelius, damals angehender Arzt, heute Unfallchirurg und fragte: »Papi, kann ich irgendetwas für Dich tun?«

»Ich habe so einen Durst. Kannst Du mir ein Bier holen? Und dann lass uns hier abhauen, Kitesurfen gehen«, antwortete ich.

Diese meine erste Reaktion klingt vielleicht etwas seltsam. Fidelius kann aber bezeugen, dass es so war. Ich wusste nicht, wo ich war, hatte aber sofort die Schnauze voll von diesem Raum, in dem alles lärmte und jaulte und überall Leute hin- und herliefen. Die Intensivstation war nichts für mich. Ich fand die Situation grauenhaft, litt furchtbar darunter, dass ich offenbar zwei Wochen meines Lebens im Koma verpasst und überhaupt mein gewohntes Leben so plötzlich verlassen hatte. Nach den ersten zwei Wochen wurde ich in ein schönes Zimmer mit Alsterblick umquartiert. Dort erst merkte irgendwann jemand, dass meine Beine nicht mehr funktionierten. Daraufhin wurde mir Krankengymnastik verordnet, alle paar Tage zehn Minuten. Ich bestand darauf, schwimmen zu gehen. Es gab zwar einen geeigneten Therapie-Pool in der Klinik, aber es gab keine Mitarbeiter, um mich zu begleiten. Schwimmen war monatelang nicht möglich.

Ich war deprimiert, aber die Ärzte waren begeistert. Was für eine Leistung ihnen gelungen wäre! Ich sei der Einzige, an den man sich erinnern könnte, der jemals eine solch lange Reanimation überstanden hatte. Auch, dass ich aus dem Multi-Organversagen wieder herausgekommen war, beeindruckte alle sehr. Na gut, ich lag im Krankenhaus und konnte nicht aufstehen, weil meine Beine gelähmt waren. Aber ich war immerhin am Leben.

Das Einzige, was meine Stimmung ein wenig aufhellte, waren die Besuche meiner Familie und meiner Freunde. In so einem riesigen Krankenhaus fühlt man sich nämlich völlig verloren, besonders wenn man an das Krankenbett gefesselt ist, und freut sich über jeden menschlichen Kontakt. Mein Vater kam jeden zweiten Tag zu Besuch und brachte mir Matjessalat von Butter Lindner am Eppendorfer Markt, einem Feinkostladen, den ich sehr schätze. Auch meine Geschwister, meine Kinder und einige meiner Mandanten besuchten mich.

Clemens Tönnies, der Fleischfabrikant und Aufsichtsratsvorsitzender von Schalke 04, schickte mir einen riesigen Schinken. Ich freute mich darüber sehr, weil das Essen im Krankenhaus so unglaublich schlecht war. Doch meiner Frau, einer engagierten Veganerin, gefiel das ganz und gar nicht. Alexandra packte den Schinken sofort wieder ein und spendete ihn der Hamburger Obdachlosenzeitung *Hinz&Kunzt*.

Ich werde allerdings weder Clemens Tönnies noch allen anderen ihre Anteilnahme je vergessen.

In der Asklepios Klinik in St. Georg passierte den ganzen Tag über gar nichts bis auf die Physiotherapie alle drei Tage für zehn Minuten. Und das Essen war grauenhaft – da kann kein Mensch gesund werden. Von St. Georg wurde ich ins BG Klinikum Hamburg im Stadtteil Boberg verlegt. Dort gibt es ein Wirbelsäulenzentrum, in dem lauter gelähmte Patienten behandelt werden. Meine Erfahrungen mit der medizinischen Versorgung in Deutschland wurden auch nicht besser. Der Chefarzt dort meinte, ich hätte eine »Critical Illness Polyneuropathie« und müsste nur kurzfristig im Rollstuhl sitzen, es sei eine Erkrankung, die sich von selbst wieder legen würde, eine Lähmung, die nach schweren Erkrankungen häufig vorkomme und nach etwa einem halben Jahr enden würde, ohne dass eine Behandlung überhaupt erforderlich sei.

Weil der Aufenthalt in einem solchen Wirbelsäulenzentrum von der Krankenkasse zeitlich begrenzt wird, musste ich anschließend in eine Reha-Anstalt in der Heide südlich von Hamburg. Dort gab es dann die mit Abstand schlechteste medizinische Behandlung meiner Leidenszeit. Das medizinische Team bestand hauptsächlich aus alten, bereits pensionierten oder nur halbtags arbeitenden Ärzten. Ich war mit einer Herzpumpfunktion von nur vierzig Prozent angekommen und fühlte mich nach ein paar Wochen in dieser Anstalt miserabel. Die »Ärztin«, die mich untersuchte, sah, dass meine Beine dicker geworden waren, und meinte zu meinem Erstaunen, es sei doch schön, dass »die Kraft in meine Beine zurückgekehrt« sei.

Dann fragte sie, ob ich immer so einen schnellen Herzschlag hätte.

Ich antwortete: »Das müssen Sie doch eigentlich wissen, schauen Sie bitte in die Krankenakte.«

Sie verließ mein Zimmer und ich sah sie nie wieder. Tatsächlich waren nicht die Muskeln in meine Beine zurückgekehrt, sondern es waren Wassereinlagerungen, weil mein Herz nicht mehr vernünftig pumpte. Meiner Frau war schon aufgefallen, dass ich seit Beginn meines Aufenthalts in dieser Klinik schlechter aussah als je zuvor. Sie holte mich ab und wir trafen uns mit meinem Lebensretter Karl-Heinz Kuck zum Abendessen in einem vietnamesischen Restaurant in Hamburg.

Kuck schaute mich an und sagte: »Junge, Du siehst aber nicht gut aus! Kannst Du bitte morgen früh gleich zur Untersuchung kommen?«

Deren Ergebnis war, dass ich nur noch eine Herzfunktion von elf Prozent hatte, also eine schwere Herzinsuffizienz. Was das Joggen und meine harte Arbeit nicht geschafft hatte, hätte diese Reha-Einrichtung beinahe geschafft – mich umzubringen.

Nach der Untersuchung durch Karl-Heinz Kuck und der Nachricht, er wolle mich gleich morgen operieren, habe ich noch eine letzte Nacht in der Klinik verbracht. Am nächsten Morgen fuhr ich zur OP nach Hamburg. Dort wurde eine Ablation durchgeführt. Dabei geht man mit einer Sonde vom Becken zum Herzen und verödet mit Stromschlägen Gewebeteile, welche die Herzfunktion beeinträchtigen. Eine unangenehme Prozedur. Danach bin ich nicht in die Heide zurückgekehrt. Ich bekam dasselbe Zimmer in St. Georg und schaute wieder auf die Alster. Ich kam mir vor wie ein Sträfling, der von einem Gefängnis in ein anderes zurückverlegt wurde. Aber von der Klinik in St. Georg, in der ich gut fünf Monate war, konnte ich zwischendurch immer mal nach Hause, sodass ich ohne Murren dort wieder eingezogen bin.

In Wirklichkeit war meine Verzweiflung groß.

Prof. Dr. Karl-Heinz Kuck, der damalige Chefarzt der Kardiologie im Klinikum St. Georg, ist ein international anerkannter Hochleistungsmediziner. Sein Team in St. Georg war beispielslos gut. Der ganze Laden funktionierte wie ein Uhrwerk. Ganz anders als in Boberg oder in der Heide. Meine verzweifelten Reha-Versuche dort scheiterten alle und ich wurde dabei immer schwächer, immer dicker. Ich hatte das Gefühl, dass es immer weiter bergab mit mir ging und dass dieser Niedergang gar nicht mehr aufzuhalten war. Man würde mich nie wieder aus dem Krankenhaus entlassen und ich müsste den Rest meines Lebens dort verbringen.

So saß ich eines Tages in St. Georg im Bett, schaute aus dem Fenster und las die *New York Times*. Auf der Reiseseite wurden eine Reise nach Bangkok und ein Bummel durch die Street-Food-Läden von Bangkok beschrieben. Thailand war immer eines meiner Lieblingsreiseziele gewesen. Ich konnte bei der Lektüre dieses Artikels das Zitronengras riechen, das die Thailänder für ihre berühmte Tom-Yam-Gung-Suppe benutzen. Ich heulte und heulte. Aus einem freien Krieger, welcher der Welt seinen Stempel aufdrückte, war plötzlich ein Gefangener geworden. Ein Gefangener der Krankenhäuser und Gefangener meiner eigenen Beine. Ich konnte ja nicht einmal heimlich das Krankenhaus verlassen. Ich kam einfach nicht mehr weg. Ein paar Tage später kamen meine beiden Söhne Fidelius und Donatus und schoben mich durch die Lange Reihe, eine Straße, die vom Krankenhaus zum Hauptbahnhof führt. Es war mein erster privater Ausflug aus der Klinik seit meinem Zusammenbruch. Wir setzten uns in die Sonne, aßen jeder einen Döner und tranken eine Coca-Cola. Döner und Coca-Cola sind normalerweise nicht so mein Ding, aber an diesem Nachmittag war ich der glücklichste Mensch der Welt.

Mit meinen beiden Söhnen in der Sonne zu sitzen und auch einmal wieder ein wenig das Leben zu genießen, war herrlich. Es gibt ein Gedicht von Wilhelm Busch, da heißt es »So kann man auch mit kleinen Sachen Beamtenkindern Freude machen!« So fühlte ich mich in dieser Dönerbude. Überraschend beglückt durch eine kalte Cola, Döner und Sonnenschein.

Ich erzählte den Kindern von meinem depressiven Abend (die meisten anderen depressiven Abende habe ich meiner Familie verschwiegen) und wir beschlossen spontan, Silvester gemeinsam nach Thailand zu reisen. Keine Ahnung, ob das mit meinem lädierten Herzen und ohne funktionierende Beine gehen würde, aber die Jungs boten an, mich überall hin-, rauf- und runterzutragen. Wir wollten zeitnah Reisepläne machen.

In diesem Sommer wurde ich endlich aus der Haft befreit! Nach dem Desaster in der Heide konnte ich bei meinen behandelnden Ärzten in Hamburg durchsetzen, die weitere Therapie so zu gestalten, wie ich es mir vorstellte – nicht mehr ziellos dazuliegen und auf Therapeuten zu warten, sondern mit viel Physiotherapie und vielleicht Schwimmen am Vormittag, um am Nachmittag auch wieder einmal arbeiten zu können. Ich richtete meine eigene Reha mit eigener Pflegerin in meinem Haus ein und bestellte mir Physiotherapeuten meiner Wahl. An Weihnachten fuhren wir nach Hua Hin in Thailand und verbrachten dort zwei herrliche Wochen.

An dieser Stelle möchte ich eine Randbemerkung zum Schadensersatzrecht machen. Wenn mir die miserable Behandlung in der Heide in den USA passiert wäre, hätte ich Schadensersatz in Millionenhöhe erstreiten können. Die Folge: Die Reha-Anstalt hätte anschließend einen so hohen Haftpflichtversicherungsbetrag zahlen müssen, dass die Klinik pleitegegangen wäre. Das wäre auch richtig, um diese Klinik davon abzuhalten, künftig mit einer derartigen Laientruppe von Ärzten Patientenleben zu gefährden. Was ist gegen eine solche Lösung einzuwenden? In Deutschland verlässt man sich stattdessen auf Aufsichtsbehörden. Statt also Schadensersatzansprüche durchzusetzen, die so hoch sind, dass die Klinik an den finanziellen Folgen leidet und sich unter diesem Druck zumindest bemüht, die Behandlung der Patienten drastisch zu verbessern, wird eine Behörde mit einer Untersuchung beauftragt. Dem einzelnen Patienten hilft das überhaupt nicht. Sein Schaden wird nicht ausgeglichen und deutsche Behörden sind auch nicht gerade dafür bekannt, dass sie Probleme effizient lösen. Es bleibt also alles, wie es war. Der Patient wird mit seinem Schaden im Stich gelassen.

Er könnte zu einem Anwalt gehen und klagen. Der müsste ihm aber sagen: »Lassen Sie das lieber! Das kostet Sie nur eine Menge Geld und Zeit, denn was immer Sie von der Versicherung der Klinik eines Tages bekommen, wird aufgefressen werden durch die Kosten.«

Deswegen habe ich auch nicht geklagt, obwohl mir sehr danach gewesen wäre. In der Heide war meine Herzpumpleistung von vierzig auf elf Prozent gesunken. Sie hat sich nie wieder richtig erholt. Man hat mich dort dauerhaft geschädigt.

Als ich endlich wieder zu Hause war, zog ich in den Keller, weil ich dort über eine Außentür und einen Behindertenlift gut rein und raus kam. Ich versuchte einen Aufzug in das Haus zu bauen, in dem ich mit meiner Familie lebte, aber das Hamburger Denkmalschutzamt untersagte mir das. Wie kann es sein, dass am Harvestehuder Weg mit Alsterblick eine schöne alte Alster-Villa nach der anderen abgerissen und durch neue, sündhaft teure, gesichts- und geschichtslose Appartements ersetzt wird, während ich als Schwerbehinderter nicht einmal einen Aufzug in mein Haus einbauen darf? Gibt es dafür eine legale Erklärung?

Unsere Kanzlei verfügte jetzt sogar über zwei Behindertenlifte und ich arrangierte langsam alles so, dass ich wieder vernünftig arbeiten konnte.

Ich versuchte, so weiterzuleben wie bisher. Wenn man über Monate im Krankenhaus liegt, ist man unglaublich unfrei, man wird bewacht, ist aber auch beschützt und kann ständig auf den roten Knopf drücken. Dann kommt jemand und hilft einem. Nach einer so langen Zeit im Krankenhaus hat man Angst, wieder allein zu sein. Ich brauchte also Pflegekräfte. Für jeden freiheitsliebenden Menschen, zumal einen leidenschaftlichen Sportler, ist es kaum vorstellbar, dass man immer um Hilfe bitten muss, wenn man aufstehen oder sonst etwas erledigen will. Es ist die vollkommene Unfreiheit.

Hoffnung auf Heilung

Fast acht Monate hatte ich in Krankenhäusern verbracht. Professor Kuck hatte mein Leben in St. Georg gerettet. Dann war ich in Boberg. Die Behandlung war ergebnislos und völlig für die Katz. Schließlich kam ich in die Heide. Und dann wieder nach St. Georg. Das war die Endphase meiner Krankenhausaufenthalte. Nun war ich fast schon zu zuhause und konnte selbst entscheiden, an welche Ärzte ich mich wende, welche Therapien ich ausprobiere. Aber auch das war mit vielen Enttäuschungen verbunden, ehe ich den richtigen Weg fand. Nachdem es mir in den deutschen Krankenhäusern und Reha-Centren immer schlechter ging, beschloss ich, mich außerhalb Deutschlands umsehen.

Meine Suche begann in Israel. Shay Efrati ist ein berühmter israelischer Arzt, der zu Sauerstoffbehandlungen forscht. Sauerstoff, der unter Überdruck verabreicht wird, soll das Altern der Zellen verhindern oder sie regenerieren. Ich nahm Kontakt mit Shay auf, er sah sich meine Unterlagen an und meinte, dass er mir möglicherweise helfen könnte. Ende Oktober 2016 reiste ich nach Tel Aviv, um dort mit der sogenannten HBOT-Therapie (Hyperbaric Oxigene) zu beginnen. Ich wohnte in Tel Aviv am Strand, fuhr jeden Morgen in die Klinik und hockte dann zusammen mit anderen Patienten zwei Stunden lang in einem Raum, der an einen S-Bahn-Waggon erinnerte. Wir saßen uns gegenüber und trugen Sauerstoffmasken, durch die wir atmeten. Die Idee dieser Behandlung ist, die mit Sauerstoff angereicherten Zellen zu neuem Wachstum anzuregen und damit quasi eine Art Stammzellentherapie durchzuführen. Ich war zweimal sechs Wochen dort, spürte aber keinen messbaren Heilungseffekt und bin dann nicht mehr hingefahren.

Die Zeit in Tel Aviv war dennoch hochinteressant. Ich habe in den Gesprächen mit den anderen Bewohnern meines S-Bahn-Abteils teilweise viel gelernt. Dana, eine Sängerin, die mit uns im Waggon saß, hatte schon einmal den Eurovision Song Contest gewonnen.

Das Besondere an dieser Behandlung aber war für mich, dass man morgens das Telefon für zweieinhalb Stunden abgeben musste und lesen konnte. Ich habe während der Behandlungen Lion Feuchtwangers Bücher fast komplett gelesen, insbesondere die Trilogie über den jüdisch-römischen Krieg, die auch heute noch aktuell und sehr lehrreich ist. Dazu hätte ich sonst nie die Zeit gefunden.

Der nächste Versuch führte mich 2017 nach Curaçao. Eine Freundin unserer Familie hat nach einem furchtbaren Unfall ihres Kindes einen Verein zur Förderung der Delfin-Therapie gegründet.

Eines Tages kam meine Frau von einem Vortrag zurück und sagte: »Delfin-Schwimmen ist genau das richtige für Dich.«

Diese Therapie geht davon aus, dass die Delfine mit ihrem Orientierungs-Ultraschall gesundheitliche Probleme in anderen Körpern erfühlen und positiv beeinflussen können. Eine der Einrichtungen, in denen die Delfin-Therapie angewendet wird, befindet sich auf der Karibikinsel Curaçao, die zu den Niederlanden gehört. Ich flog also nach Curaçao und schaute mir den Betrieb an.

Die Reise dorthin war so beschwerlich wie alle Reisen, die ich mit dem Flugzeug mache. Ich buche meine Flüge bereits als Passagier mit schwerer Behinderung (Kennwort Charlie). Zum Gate auf dem Flughafen kommen dann zwei Rotkreuzhelfer und setzen mich auf einen besonders schmalen Rollstuhl um, mit dem ich ins Flugzeug geschoben werden kann. In der Kabine werde ich dann auf den Flugzeugsitz umgesetzt.

Aufwendig ist das Boarding auch bei Flugzeugen, die nicht über eine Fluggastbrücke, den sogenannten Finger bestiegen werden, sondern auf dem Flugfeld parken. Dann werde ich in meinem Rollstuhl mit einem Hebewagen zur hinteren Flugzeugtür gefahren und in der Kabine an meinen Platz getragen. Das Ganze ist mühsam und schwer zu organisieren. Wenn ein Familienmitglied mit mir fliegt, darf es mich beim Einsteigen begleiten und betreuen. Mein Reiseslogan lautet »Welcome to Cripple Tours«. Als »Charlie« bin ich zu vielen Prozessterminen von Hamburg nach Stuttgart geflogen, als dort das Strafverfahren gegen Wendelin Wiedeking, den ehemaligen Porsche-Vorstandsvorsitzenden, geführt wurde. Und so fliege ich heute auch Langstreckenflüge nach Curaçao oder Thailand. Ich kann während des gesamten Fluges nicht aufstehen, was das Ganze besonders unangenehm macht.

Nach meiner Ankunft auf Curaçao war ich schon am nächsten Morgen mit meinem persönlichen Delfin Kailoa, unterwegs. Wenn ich den Steg herunterkam, benahm er sich wie Flipper in dem bekannten Film. Er sprang bis zu den Hinterflossen aus dem Wasser, klatschte mit den Vorderflossen und machte die typischen Delfingeräusche. Ein liebenswertes Tier. Wir haben uns schnell angefreundet. Er zog mich kilometerweit durch die Bucht von Curaçao, spielte mit mir Ball und Ringe werfen. Meine Lähmung besserte sich dadurch nicht, aber nach ein paar Tagen kam meine alte Liebe zum Meerwasser zurück.

Ich erkundigte mich, ob es auf der Insel nicht jemanden gäbe, der mit Behinderten tauchen geht. So fand ich Hans Pleil. Hans ist ein toller Typ. Er ist eigentlich Physiker und war für die Sicherheit des Atomkraftwerks der Niederlande verantwortlich. Eines Tages wurde ihm das zu viel und er entschloss sich, eine Tauchschule auf Curaçao aufzumachen. Hans spezialisierte sich auf Menschen mit Behinderungen und war für mich ein großartiger Lehrer. Bei den ersten leichten Tauchgängen, die wir vom Strand aus machten, trug er mich ins Wasser und zog mich hinter sich her. Die Übungen mit Hans in Curaçao führten schließlich dazu, dass ich auch an anderen Orten, in Thailand und auf Sardinien trotz Behinderung wieder tauchen konnte.

Danach folgte das misslungene Experiment mit einem Roboter, der offiziell »Rewalk« heißt und den wir Renate getauft haben. Eine Art Gehroboter, in den ich geschnallt wurde und in dem ich dann mit zwei Stützen gehen konnte. Einmal um den Block und nochmal um den Block. Das viele Gehen mit den Stützen hat mich unglaublich steif gemacht. Links und rechts an den Seiten meines Rückrates fühlte sich alles an wie kompakte Steine. Es bedurfte vieler Massagen, Gymnastik und Yoga, um die Versteifungen wieder zu lösen. Rewalk war keine gute Idee.

Mein Schicksal wendete sich, als ich Aoife kennenlernte. Ich hatte mich mit letzten Kräften wieder nach Thailand geschleppt, um in Phuket eine Fitness/Yoga/Vegan-Kur zu machen. Durch das völlige Fehlen von Sport war ich dick geworden und wollte als Erstes wieder abspecken. Nach einer Woche mit »soup and juice« wollte ich dann in eines der vielen schicken Hotels auf oder in der Nähe von Phuket ziehen, um dort noch ein wenig das Leben zu genießen und zu tauchen. Doch anders als geplant blieb ich drei Wochen in dem Camp und arbeitete jeden Tag mit der Schwimmtrainerin Aoife. Als ich sie traf, saß ich bereits sechs Jahre im Rollstuhl und hatte jede nur denkbare Therapie hinter mich gebracht. Aoife hatte ein ähnliches Schicksal nach einem Verkehrsunfall in San Francisco, der sie sechs Monate ins Krankenhaus brachte, weil sie teilweise gelähmt war. In dieser Zeit hat sie sich intensiv mit Rehabilitation beschäftigt. Sie wusste alles, was man darüber wissen muss. Das imponierte mir.

Ich heuerte Aoife an und trainierte jeden Morgen mit ihr. Alles, was ich an körperlicher Verbesserung verspüre, wie zum Beispiel die Kraft, die in meine Beine zurückkommt, habe ich ihr zu verdanken, auch meiner Ausdauer. Mit Aoife war ich kurz davor, wieder aufzustehen. Dann erkrankte sie und fiel als Coach aus.

Danach versuchte ich es mit Oleg, einem russischen Bodybuilder. Und jetzt glaube ich, den Stein der Weisen gefunden zu haben. Ich war drei Monate in Thailand und arbeitete mit Mo. Die beiden Buchstaben seines Namens stehen für Mohammed. Er ist Ägypter mit französischem Pass. Gefunden habe ich diesen Coach durch die Empfehlung einer Yogalehrerin, welche ebenfalls mit ihm gearbeitet hat. Mo ist Personal Trainer und Chiropraktiker. Und obwohl wissenschaftlich bis heute nicht wirklich geklärt ist, was eigentlich die Ursache meiner Lähmung ist, kommen wir mit dem Training voran. Ich trainiere derzeit drei Stunden am Tag mit ihm und fühle, wie meine Kraft zurückkehrt.

In Thailand gibt es Wellness- und Yoga-Zentren, Spas und Wunderheiler. Auch viele Muay-Thai-Boxzentren, erstklassige Gyms und tolle Therapeuten. Dort arbeite ich im deutschen Winter jeden Tag an Kraft, Muskulatur und Beweglichkeit. Zusätzlich gibt es eine chiropraktische Behandlung, um den Fluss in den beschädigten Nerven wieder durchlässiger zu gestalten. Wir arbeiten mit schweren Gewichten an meinen Füßen, die dazu dienen sollen, die Muskulatur meiner Beine, die nach zehn Jahren im Rollstuhl quasi verschwunden ist, wieder aufzubauen.

Die Kombination aus Chiropraktiker und Trainer ist perfekt, um dreierlei zu erreichen: den Wiederaufbau der Muskulatur. Eine neue Lauftechnik, denn ich muss ja wie ein Baby das Laufen wieder lernen. Und schließlich Kondition, denn je besser das Herz funktioniert, umso intensiver kann ich Sport treiben und die Muskulatur aufbauen.

Im Mai 2025 kam ich nach vier Monaten Thailand zurück nach Hamburg. Mo ist mitgekommen und genießt das Leben in Hamburg.

In seinem Buch »High put out management«, nennt Andrew Asgrove »Five stages of problem solving«. Diese fünf Phasen der Problemlösung habe ich alle durchlebt.

Erstens: *Ignorieren.* Das war die Phase, als ich noch geglaubt hatte, es sei nur eine Frage der Zeit, bis ich wieder aufstehen und laufen könnte. Das haben mir auch die Ärzte nachdrücklich erklärt, weil sie selbst nicht wussten und bis heute nicht wissen, wo die Ursache meine Lähmung liegt. Die Folge war, dass ich die ersten sechs Monate von einer Reha zur anderen geschickt wurde und nie das machen durfte, was ich eigentlich machen wollte – schwimmen, frei sein, an der frischen Luft sein und Sport treiben.

Zweitens: *Verleugnung.* So tun, als wäre nichts. Auch das habe ich versucht, nachdem ich aus den Krankenhäusern raus war. Ich habe wieder angefangen, normal zu arbeiten und mein normales Leben zu führen, nur eben jetzt vom Rollstuhl aus. Leider habe ich dabei gute Mitarbeiter verloren. Sie gingen, weil ich nicht mehr mit voller Kraft vorausgehen konnte und sie die Führung verloren.

Drittens: *Anderen die Schuld geben.* Das ist die Phase, in der man allen anderen vorwirft, an seinem Schicksal schuld zu sein. Leider hat das bei mir nicht funktioniert. Denn bei mir gab es niemanden, dem ich die Schuld geben konnte. Ich war selber schuld. Ich hatte es einfach übertrieben. Zu viel Arbeit, zu viel Sport …

Viertens: Übernimm Verantwortung. Diese Phase, in der man Verantwortung für die persönliche Situation übernehmen muss, habe ich gerade beim Schreiben dieses Buches durchlebt. Mir ist vieles klar geworden, was ich vorher nicht so deutlich gesehen habe. Eine gute Übung für Jedermann. Ich kann das nur empfehlen.

Fünftens: *Problem lösen.* In der Problemlösungsphase bin ich jetzt. Ich arbeite täglich mehrere Stunden an meinen Beinen und werde das fortsetzen, bis ich wieder laufen kann. »Es geht darum, wie hart du Schläge einstecken kannst und trotzdem weitermachst; wie viel du aushalten kannst und trotzdem weitermachst.« (Rocky Balboa)

Letztlich hat man nur die Wahl, sein Schicksal anzunehmen und zu kämpfen oder das Schicksal hinzunehmen und nicht zu kämpfen. Ich war immer ein Kämpfer. Ich will und werde weiter Prozesse führen und ich werde wieder laufen!

Das Leben ist bunt, vielfältig, kann sehr schön sein und voller Abenteuer. Es gibt Höhen und Tiefen und genau diese machen das Leben so einzigartig. Manchmal lernen wir aus Herausforderungen am meisten, aber eines muss immer gelten: Never give up!

Schlussbemerkung und Dank

Bevor ich dieses Buch schreiben konnte, habe ich mir lang Gedanken darüber gemacht, was ich über mein Leben erzählen kann, ohne die anwaltliche Verschwiegenheitsverpflichtung zu verletzen. Ich habe zirka zehntausend Gerichtsverfahren mit entsprechend vielen mündlichen Verhandlungen geführt. Alles, was dort verhandelt wurde, war öffentlich. Auch nahezu alles andere, was ich in meinen vierzig Jahren als Anwalt gemacht habe, war öffentlich, weil ich mich im Wesentlichen mit Medien herumgestritten habe, die unseren Auseinandersetzungen immer die entsprechende Publizität zukommen ließen. Dort, wo Sachverhalte nicht öffentlich wurden, habe ich sie auch hier in diesem Buch nicht erwähnt. Allen Mandanten, die mir ihre Genehmigung für die Veröffentlichung ihrer Fälle gegeben haben, danke ich für ihre langjährige Treue und ihr Vertrauen!

Ich danke außerdem den Rechtsanwälten Sabine Neidhardt, Prof. Dr. Dirk Dünnwald und Dr. Jan Felix Dein für die langjährige juristische Begleitung. Stefanie Schulz, Stephanie Wulff, Ingrid Fritzen und Sabine Rehfeld für ihre langjährige Solidarität und Unterstützung. Es hat immer Spaß gemacht, mit so einem motivierten und klugen Team zu arbeiten.

Ferner danke ich Stephan Burgdorff, der mir bei der Entstehung dieses Buches tatkräftig zur Seite stand.

Letztlich gilt mein Dank meiner tollen Frau und unseren wunderbaren vier Kindern, welche die Entstehung des Manuskripts begleitet und sehr kritisch ergänzt haben.

Bildnachweis

Die Mehrzahl der wiedergegebenen Abbildungen entstammt Privatbesitz.

Der Abdruck der Abbildung S. 251 erfolgt mit freundlicher Genehmigung von Franziska Krug via Getty Images und S. 265 mit freundlicher Genehmigung von Alfred Steffen.

In Fällen, bei denen der Rechteinhaber nicht festzustellen ist, erklärt sich der Verlag bereit, nach Anforderung rechtmäßige Ansprüche abzugelten.

Verzeichnis der Veröffentlichungen

Presse im Wettbewerbsrecht, in: *Fezer, Karl-Heinz* (Hrsg.), Lauterkeitsrecht Teil: Bd. 1, §§ 1–3 UWG, 3. Auflage, C.H. Beck, München 2016, S. 927 ff.

Strukturen und Prozesse juristischer Krisen, in: *Thießen, Ansgar* (Hrsg.), Handbuch Krisenmanagement, 2. Auflage, Springer VS, Wiesbaden 2014, S. 225 ff.

Artikel 29 bis 51 EMRK: Der Europäische Gerichtshof für Menschenrechte in Straßburg, in: *Leutheusser-Schnarrenberger, Sabine* (Hrsg.), Vom Recht auf Menschenwürde: 60 Jahre Europäische Menschenrechtskonvention, Mohr Siebeck, Tübingen 2013, S. 261 ff.

Mündlichkeitsprinzip und Beratungsgeheimnis, in: *Schunder, Achim* (Hrsg.), Festheft zum 65. Geburtstag von Bernhard Töpper, C. H. Beck, München 2011, 40 ff.

Öffentlichkeitsarbeit im Umfeld von Gerichtsprozessen, Pressesprecher: Magazin für Kommunikation 2010, S. 5 ff.

»Sie hören von meinem Anwalt« – Ansprüche und Strategien im Medienrecht, causa sport 2009, S. 1 ff.

Medienrecht für Unternehmen, Bayerisch-Schwäbische Wirtschaft 2009, S. 9 ff.

Abschaffung des fliegenden Gerichtsstands?, ZRP 2009, S. 223 ff.

Persönlichkeitsschutz und Neue Medien, in: *Däubler-Gmelin, Herta/Mohr, Irina* (Hrsg.), Recht schafft Zukunft: Perspektiven der Rechtspolitik in einer globalisierten Welt. Dokumentation des Rechtspolitischen Kongresses 2002 in Karlsruhe, Dietz, Bonn 2003, S. 192 ff.

Welche Berichte Sie sich von Journalisten gefallen lassen müssen – und welche nicht, in: *Kirchner, Alexander/Brichta, Raimund*, Medientraining für Manager. In der Öffentlichkeit überzeugen – Investor Relations und Public Relations optimieren, Gabler Verlag, Wiesbaden 2002, S. 109 ff.

Buchbesprechung: Die neuen Institutionen des Rundfunkstaatsvertrages., NVwZ 2002, S. 971 ff.

Ein filmreifer Fall, Die Woche vom 18. Mai 2001, S. 35.

Persönlichkeitsschutz und Presserecht als Themen des Medienjournalismus, in: *Ruß-Mohl/Fengler, Susanne*, Medien auf der Bühne der Medien. Zur Zukunft von Medienjournalismus und Medien-PR, dahlem university press, Berlin 2000, S. 212 ff.

Der Schutz vor Verletzungen der Privatsphäre durch Medien auf europäischer Ebene, ZRP 2000, 138 ff.

Juristen als Manager. Kommentar zum Beitrag von Georg Vorbrugg, in: *Held, Barbara/Ruß-Mohl, Stephan* (Hrsg.), Qualität durch Kommunikation sichern: Vom Qualitätsmanagement zur Qualitätskultur. Erfahrungsberichte aus Industrie, Dienstleistung und Medienwirtschaft, FAZ-Institut für Management-, Markt- und Medieninformationen, Frankfurt am Main 2000. S.119 ff.

Prinz, Matthias/Peters, Butz, Medienrecht: Die zivilrechtlichen Ansprüche, C. H. Beck, München 1999.

Pressefreiheit durch Waffengleichheit, Sage & Schreibe 1998, S. 38.

Schädigung durch Pressebericht: Berichterstattung über ein Kreditinstitut. Mody-Bank ./. Focus, Urteilsbesprechung – Landgericht Hamburg – 324 O 69/96 vom 11. Juli 1997, EWiR 1998, S. 171 ff.

Sollen die Persönlichkeitsrechte von Prominenten gesetzlich ausgeweitet werden? WirtschaftsWoche Nr. 27 vom 4. September 1997.

Absolute Personen. Wo Pressefreiheit und der Schutz der Menschenwürde kollidieren, Die Zeit vom 11. September 1997.

Chapter 5 Germany, in: *Cambell, Christian*, International media liability: civil liability in the information age, J. Wiley & Sons, New York 1997, p. 199 et seqq.

Justiz und Medienöffentlichkeit, in: *Prinz, Matthias* (Hrsg.), Medienrecht im Wandel: Festschrift für Manfred Engelschall, Nomos Verlag, Baden-Baden 1996, S. 243 ff.

Die Kunst des Interviews, Sage & Schreibe 1996, S. 36 ff.

Justiz und Public Relations, SchlHA 1996, S. 237 ff.

Geldentschädigung bei Persönlichkeitsrechtsverletzungen durch Medien, NJW 1996, S. 953.

Wie weit darf Persönlichkeitsschutz gehen?, Medien Dialog 1995, S. 18 ff.

Der Schutz der Persönlichkeitsrechte vor Verletzungen durch die Medien, NJW 1995, S. 817.

Ein lehrreiches Spektakel, Die Zeit vom 10. Februar 1995.

Live im Gerichtssaal: Wer hat Angst vor der Kamera?, Sage & Schreibe 1995, S. 45.

Reform des Presserechts: Wie weit darf der Persönlichkeitsschutz gehen? Vortrag vor dem Gesprächskreis Politik und Wissenschaft des Forschungsinstituts der Friedrich-Ebert-Stiftung am 15. Dezember 1994 in Bonn, Gesprächskreis Politik und Wissenschaft, Reihe Recht und Politik, Friedrich-Ebert-Stiftung, Bonn 1994.

Hat die Presse zuviel Freiheit? – Mehr Schutz für den Bürger, Deutsches Allgemeines Sonntagsblatt vom 1. April 1994.

Der Wandel zum europäischen Presserecht, Die Welt vom 22. Februar 1994.

Gegendarstellung: Das Rotlichtgesetz aus Saarbrücken, AnwBl BE 1994, S. 416.

Zeugnisverweigerungsrecht : Der Informant bleibt unerkannt, Sage & Schreibe 1994, S. 34 ff.

Informationsrecht oder Intimsphäre? – Im Schlafzimmer der Politiker, Sage & Schreibe 1994, S. 38 ff.

Nochmals: »Gegendarstellung auf dem Titelblatt einer Zeitschrift«, NJW 1993, S. 3039.

Der juristische Supermann als Maßstab, VersR 1986, S. 317 ff.

Anwaltswerbung. Eine rechtsvergleichende Darstellung des deutschen und amerikanischen Rechts, Europäische Hochschulschriften, Peter Lang, Frankfurt am Main u. a. 1986.

Der neue Codigo Civil Brasiliens, Mitteilungen der Deutsch-Brasilianischen Juristenvereinigung e. V. 1984, S. 5 ff.

Consumer Interest and legal Ethics, Harvard 1983.